*1957*年中國大冤案 漢陽事件

全 紀 實 文 本

劉富道 著

E-mail

大著真實，機智，也一如你往常的大著好讀。

你的真實做得這樣，我滿意了。

你的機智做得這樣，我滿意了。

我還有一個重要的滿意：沒有淺表的幽默，沒有淺表的風趣——有的是深沉。

這個難得呀。你的文字一向以幽默風趣著稱，這個文本不是你對自己的反動，是你面對的深沉，面對的苦難，面對的共和國挫折，面對的人類命運，讓你深沉起來。

一部書稿，便是深沉的靈魂拷問。

靈魂拷問也拷問著作家的熱忱，作家的良知，作家的生命。

我感受到了你的靈魂的顫抖，靈魂的充血，靈魂的生動。

我當向你致敬。

我當為你筆下的靈魂欣慰。

——趙金禾　於美國匹茲堡

終於讀到這部全紀實文本。

沒白白認識你。

我感覺你血管裏流淌著忠誠和誠實。

——網友N

有智者認為，自嘲是人生最高境界。

作家為自己對漢陽事件的假設自嘲：

「我知道我說了一句廢話。」

作家為自己對漢陽事件真相披露自嘲：

「我寫這部書的一個理由是，不想再看到歷史的輪迴，希望人們共同阻斷荒誕的複製，那麼我的廢話就會變廢為寶了。」

多麼希望和說著「廢話」的作家一道，看著作家的廢話不斷變廢為寶。

——Fans D

前記

　　這部書寫了七年。為了讓我的靈魂得到安寧。作為一名中共黨員，一名中國作家，我沒有給這些名份蒙羞，我盡到了一份歷史的責任。

　　七年的光陰，加上精力，加上淚水，加上其他付出，得到的總和是一個字：值。

　　早先計畫於2007年出版，那一年是漢陽事件的50周年。拖延幾年，得到許多意外收穫。其中廈門大學教授謝泳先生提供的資料，香港中文大學中國研究服務中心提供的資料，使我對書稿做了多處改寫。因此我說，拖延數年，減少訛誤，又增色不少，值。

　　手裏有個書號，在付印的最後一刻，決定暫時不用。想再聽聽各方面的意見，得到更多的文獻資料，出版一個功德圓滿的版本。

　　近些年來，我得了一種怪病，自稱為廢墟恐懼症，害怕災害突然降臨，居所變為廢墟，將電腦文件化為烏有。因此，隨時將書稿拷入筆記本電腦，拷入U盤，拷入移動硬碟，甚至從我的一個電子郵箱發送到另一個電子郵箱裏保存。

　　今天看著電子文本就要落到紙本上，我的恐懼症將不治而愈。也不怕突然喪失寫作能力，後來人有了這個版本，可以繼續做功德圓滿的事情。

　　我珍惜每一位與我同泣的讀者的每一滴淚水。但願淚水能夠洗滌我們民族精神的塵垢。

在電腦前曠日持久的勞作，母校漢陽一中，我的老師們同學們，我的同行們網友們，給我提供珍貴文獻支撐的朋友們，還有許多向我伸出援手卻不曾謀面的同仁們，一直是我最富有親情的後盾。

謝謝了，謝謝了。

劉富道

2011年春分

秀威版補記：本書對徵求意見稿進行過校訂，並增補了少量重要資料。功德是否圓滿，尚不敢言。作者　2011年立冬又及。

目錄

百人考察團進駐漢陽一中

圍繞學代會的離奇審訊

楊煥堯怎麼牽扯進來

楊松濤為何免於一死

死亡名單上的鍾毓文

人民法院院長王志成

從程序上看三個無辜死刑

誰為漢陽事件定性

新聞人推波助瀾難辭其咎

漢陽事件在境外海外的影響

詞語注釋專欄

立此存照

中華人民共和國最高人民法院刑事判決書　1957年度刑複字
第203號　350

緒章

校園裏響起了槍聲

　　我曾經無數次努力忘掉這段歷史，唯恐它從我的記憶中洩漏出來，以致招來不測之禍。

　　那時的日記本、作文本、畢業合影，全都銷毀了。在那兩本日記上，有我寫作的詩歌，記有一些校園趣事，還有一些朦朦朧朧的情愫。我的兩位語文老師在我的作文本上，分別寫過「未來的文學家」、「小說的雛形」的評語，正是老師的這些評語，促成我在輟學之後，默默地踏上文學之路。

　　當年同學的名字，漸漸遠離了記憶，也不想知道他們會在何方。

　　漢陽一中──一個令我痛苦難堪，令我恐怖驚悸，令我不敢記憶的學校。我們的畢業合影照片，背景是學校大門，漢陽一中的校名赫然懸在頭頂上，因此必須銷毀它。

漢陽一中老校園

然而，有些記憶又揮之不去，那些令人不寒而慄的情景，常常讓我被壓抑得喘不過氣來。

今天我又重新拾取那些記憶的碎片，小心翼翼地把它們拼接縫綴在一起，那一段段往事又歷歷在目。

1956年我於湖北漢陽二中初中畢業，臨近升學考試，我與同村的同學劉成道一起到學校探聽考期消息。班主任周定武老師通知我們，成道被保送到孝感師範，我被保送到漢陽一中。周老師向我們說些鼓勵言辭，隨即將吊在房頂的紙卷取下來，從中抽出一張紙片交給我。我一看，臉刷地發熱了，原來這是我一年前寫的檢討書。那時我是班上年齡較小的一個，一位同學以強凌弱在寢室裏欺負我，我以尖刻的語言回敬他，彼此動用了肢體攻擊。如今，在我初中畢業之時，這份檢討書完璧歸趙了。

這是令我終生感動的一件事。因為這件事讓我永遠記住了周定武老師。

被保送到漢陽一中，令我喜憂參半。喜者，無失學之虞，也無備考之累。憂者，此前的漢陽一中只是一所初級中學，這時所辦高中部只有一年級，被形象地稱之為戴帽高中，我的直覺是由初中老師來履行高中教學。那時全地區可以選擇的老牌高中有兩所，一所是孝感高中，另一所是咸寧高中，而孝高、咸高都與我無緣了，我為讀來讀去走不出漢陽縣境而暗自不悅。更想不到，命運的安排，在一年以後，我成為漢陽一中這所人間煉獄的一名受難者。

漢陽一中的前身為漢陽府晴川書院，漢陽府中學前堂，始建於20世紀之初，位於漢陽府城，後來成為漢陽中學。中華人民共和國誕生之後，於1950年隨同漢陽縣府撤出漢陽城區，遷往漢陽縣蔡甸鎮，成為漢陽縣第一所初級中學。1956年漢陽一中開辦高中，一次招收4個班，我是高一（1）班，學號為59012。這個學號將在以後發生的事件中出現一個令人啼笑皆非的插曲。

1957年6月12日至13日，震驚中外的漢陽事件，發生在漢陽一中。

新華社主編的供上層人士閱讀的《內部參考》，刊登了當月17日的報導〈漢陽縣發生一次暴動性的中學生鬧事事件〉，隨後又刊登7月2日的報導〈漢陽縣第一中學暴動事件詳細情況〉。

此事驚動了毛澤東。1957年是一個多事之秋，權延赤在他的《毛澤東與赫魯雪夫──1957～1959年中蘇關係紀實》一書中，把從全國各地傳到毛澤東面前的報憂資訊，比做「雪片」。他這樣寫道：

> 驀地，毛澤東掀起眼簾，目光從那堆積桌案和床鋪上的「雪片」一掠而過。
>
> 旋即合上眼。
>
> 鳴放和辯論者中，有人不滿足於批評個別弊病，而是對整個社會主義制度的基本原則發起了挑戰！特別是武漢發生的規模不小的學生示威遊行，竟呼喊出「歡迎國民黨！」、「歡迎蔣介石！」比匈牙利事件的規模小，性質卻更加惡劣。匈牙利還沒人喊「歡迎法西斯」、「歡迎霍爾蒂」！

6月8日，中共中央發出的黨內指示〈組織力量反擊右派分子的猖狂進攻〉，直言不諱地警告全黨，中國「有出『匈牙利事件』的某些危險」。果然，6月12日在武漢近郊的小縣城裏，發生一個「小匈牙利事件」。不過飛到毛澤東面前的這個「雪片」失真了，沒有人告訴他真相。

漢陽事件，其實是一次真正意義上的自發性學潮，當時被妖魔化為有組織、有計劃的反革命暴亂，以現行反革命暴亂罪判處了3人死刑。在被判處徒刑的師生中，包括一位哺乳期的28歲的女老師，一位年僅16歲的高一（2）班同學。

被處決的3人是：漢陽一中副校長王建國、漢陽一中語文教研組組長鍾毓文、漢陽縣文化館圖書管理員楊煥堯。他們被稱為「漢陽一中反革命暴亂事件」的首犯或主犯。

那一天是1957年9月6日。號稱一萬二千人大會，在我們學校的大操場上舉行，刑場在我們寢室後面的土坡上。當3聲槍響（有人聽見4聲槍響），人們像潮水般地湧向土坡，又從土坡上陸續退下來。我來到土坡上

1949年秋縣長彭懷堂兼任漢陽一中校長

時，看客已經不多了，眼前情景慘不忍睹。地上躺著的是我們年輕的校長，年輕的老師，和一位65歲的無辜老人。年輕校長的長褲和鞋，已經被人脫走，雙腿雙腳赤裸著。他的同事回憶說，那是一條灰色的長褲，料子比凡尼丁好些，好像是灰色的畢嘰。楊老頭站在臺上時，一直不停地哆嗦，如果沒有兩位警員架著，早癱倒在地上，這會兒一動不動地躺下了。這塊崗地已經被人們踐踏得寸草不留。

我不能在這裏描述我當時看到的一切，那是令我終生難忘的一幕，我無數次想在頭腦中抹去這段記憶，又做不到。上帝在設計人類大腦時，本應該裝上一個Delete鍵，讓人們可以隨意刪除不需要記憶的東西。

那個土坡東面坎下，有一口小小的池塘，池塘終年不涸，清洌洌的池水，菜農用來澆地。我們那幢宿舍有些同學，每天早晨就近在這裏打水洗漱。有位中年菜農每天早早守候在這裏，用警惕的目光緊緊盯著我們，不讓我們把肥皂水倒在他的菜地裏。自從校園裏響過響亮的槍聲之後，同學們都心照不宣，不再到這裏來取水洗漱，自覺地到校門口去用井水，這位中年農民再也不用早早來這裏看守了。他是一位間接的受益者。

全國各大報紙都報導了這一事件。一些大報連篇累牘地發表了消息、通訊和社論。還攝製了新聞紀錄片在全國播放。

漢陽事件在海外必然引起社會主義國家的密切關注。蘇聯《真理報》作了跟蹤報導。匈牙利社會主義工人黨代表團，朝鮮國家元首金日成，先後到湖北秘密訪問了漢陽事件之後的漢陽一中新校長。

當時駐中國大陸的唯一西方記者路透社漆德衛，向全世界發出了漢陽事件的新聞。

當時中美尚未建交。美國青年代表團出席莫斯科世界青年聯歡節之後，有十多位美國青年來到中國，專程前往漢陽縣城，到漢陽一中進行實地調查訪問。

水井在教師和女生宿舍院前面

　　《胡適全集》第34卷，收錄有1957年9月8日他在美國寫下的日記，記錄了一則英文報紙的標題——

　　10,000 See 3 Executed In China

　　編者注釋為：萬名中國人觀看三人被處決。

　　臺灣國民黨當局跟著忙乎了好一陣子。他們以為大陸真的出現了「反共義士」，蔣介石親自題寫了匾額，以示褒獎紀念。

　　1959年4月的一天，在我們校園裏的大操場上，又一次舉行宣判大會，刑場同樣在我們寢室後面。1957年因漢陽事件被判處10年徒刑的數學老師鄒振鉅，這次加上越獄逃跑罪，也被處決了。

　　不知道是為什麼，刑場屢屢選定在這裏。策劃者們的目的，究竟是要讓青年學生們，一個個變得膽大，還是一個個變得膽小呢？

　　因漢陽事件蒙受不白之冤直接受到懲處的有70人之多，其中教職員22人，學生33人，縣直屬機關幹部14人，城關居民1人。數百名學生的學籍檔案內，裝進了參與漢陽事件的卡片。除了被處決者外，這些老師和同學以及其他受牽連者，數十年間，家無寧日，禍及子女。當年漢陽一中受到株連的學生，背井離鄉者有之，改名換姓者亦有之。

　　漢陽事件本是初中三年級學生為提高升學率的一次自發行動，那時我已坐在高中一年級教室裏，與這個事件無涉。而且，在班主任嚴加看管之下，全班沒有參與罷課遊行，連出去看熱鬧的人也沒有。校園裏響過槍聲之後，一場紅色恐怖又席捲校園，我僅僅因為說了「我的心是肉做的」一句話，被批鬥過3次，以致兩年後高考升學無望。

　　我僥倖地離開了漢陽縣。我小心翼翼地走過來了。我在校時學校的正式名稱是湖北省漢陽一中。我填寫的各種履歷表，從來都是真實的，不過我表述為：湖北省漢陽縣第一中級學校。這樣填寫，給人直觀感覺，或許不會馬上聯想到漢陽一中吧。

　　憑著這類小小的生存智慧，我幸運地避開了可怕的劫難。

遲到的公正：宣告王建國、鍾毓文、楊煥堯無罪

漢陽事件是中華人民共和國成立以後最早發生的一大冤案。所有被告人沒有一個人認罪。在長達30個年頭裏，上訪上訴的當事人從未間斷。即使在政治高壓的年份，也有寫著「王建國是好人」的紙片悄然出現。甚至有受害學生秉筆直書，匿名向報社投稿，揭露某大報對漢陽事件的不實報導。然而，多少年來，在漢陽縣、在湖北省、以至在北京，沒有人敢於觸動這樁明明白白的冤案。被判刑10年的女教師胡斌，自1978年中共的十一屆三中全會以來，向地方到中央各級相關部門寫申訴信89件之多。所有接待上訪者的官員們都諱莫如深地說：這個案子，是中央定的，經過「御批」的，沒法平反。

所幸，胡耀邦擔任中央組織部長之時，全力推進平反冤假錯案的工作。早在1978年9月25日，他剛正直言：

> 落實幹部政策的根據是什麼？是事實，也就是幹部過去的實踐。判斷對幹部的定性和處理是否正確，根本的依據是事實。經過對實際情況的調查核實，分析研究，凡是不實之詞，凡是不正確的結論和處理，不管是什麼時候，什麼情況下搞的，不管是哪一級組織，什麼人定的、批的，都要實事求是地改正過來。總之，對待一切案件，都要尊重客觀事實，這才是徹底的唯物主義。

耀邦當年提出的「兩個不管」，可謂驚世駭俗之舉，展示了中國共產黨人的坦蕩胸懷，為中國當代沉冤昭雪鋪平了道路。

胡耀邦在中共中央總書記任上，漢陽事件終於回到「事實」的天平上，從中央到地方啟動了法律程序，還蒙冤者以清白。

1986年1月25日，中華人民共和國最高人民法院，1986年度刑再字第7號刑事判決書全文如下：

　　原審被告人王建國，男，生於一九二四年，湖北省蘄春縣人，原係湖北省漢陽縣第一中學副校長。

　　原審被告人鍾毓文，男，生於一九二五年，湖北省漢陽縣人，原係漢陽縣第一中學教員。

　　原審被告人楊煥堯，男，生於一八九二年，湖北省安陸縣人，原係漢陽縣文化館圖書管理員。

　　上列原審被告人因現行反革命暴亂一案，經湖北省漢陽縣人民法院審理，於一九五七年八月二十三日以（57）刑特字第8、9、10號刑事判決，以現行反革命暴亂罪判處王建國、鍾毓文、楊煥堯死刑，立即執行。王建國、鍾毓文不服，提出上訴。經湖北省孝感地區中級人民法院審理，於一九五七年八月二十八日以（57）刑上字第113、114號刑事判決，維持原判，駁回上訴。王建國、鍾毓文、楊煥堯仍不服，提出申請覆核。經本院審核，於一九五七年九月四日以1957年度刑複字第203號刑事判決，核准判決王建國、鍾毓文、楊煥堯死刑，立即執行。後同案原審被告人胡斌等不服，提出申訴。湖北省高級人民法院複查後於一九八六年一月十三日報送本院審核。

　　本院依法組成合議庭，對此案進行了重新審理。本庭認為，原判決認定王建國、鍾毓文、楊煥堯為首策劃、組織和指揮漢陽縣第一中學的現行反革命暴亂的犯罪事實全部失實，原以現行反革命暴亂罪判處王建國、鍾毓文、楊煥堯死刑不當，應依法糾正。特改判如下：

　　一、撤銷本院1957年度刑複字第203號刑事判決和湖北省漢陽縣人民法院（57）刑特字第8、9、10號刑事判決以及湖北省孝感地區人民法院（57）刑上字第113、114號刑事判決；

　　二、宣告王建國、鍾毓文、楊煥堯無罪。

這個判決書的全文告訴世人——
王建國是無罪的。
鍾毓文是無罪的。
楊煥堯是無罪的。

最高人民法院的這個判決回到了公正的天平上。

從此歷在漢陽人頭上的一塊巨石掀掉了，漢陽人心頭的陰影從此抹去了，漢陽人的尊嚴恢復了。

王建國的長女文佳原來不知道自己的父親是一個什麼樣的父親，看到這份判決書她寫道：「一個剝奪我父親生命的政治謊言，終於大白於天下了。我終於可以大膽地喊一聲：我愛我的父親！我終於可以大膽叫一聲：爸爸，我愛你！」

現在，我可以堂堂正正說自己是漢陽一中的學生，漢陽一中是我的母校。

就在漢陽一中校慶之際，我應約為母校題詞：「愛我母校　學生於1959年畢業於漢陽一中，從此以此學歷安身立命而無憾，是母校給我志，給我識，給我膽。」

我說沒有遺憾，那是因為文學的懷抱接納了我。對於一個躊躇滿志者來說，沒有經歷高等學府的薰陶，又怎麼能說沒有遺憾呢？

2004年夏天我回到母校探訪，年輕的校長方勇軍一行人，陪同我參觀校史室。我一眼就看見牆上有我的照片。一個曾經被漢陽一中遺棄的學生，今天回來了，回到一個全新的校園裏，回到恢復尊嚴的行列中，母校以此規格表示對我的認可，我當然激動得熱血奔湧。就在這一時刻，還沒等我好好激動一番，我又看見漢陽一中歷任領導人的欄目裏，一張既陌生又熟悉的照片，吸引了我的目光。啊，那是我在校時崇拜的王建國校長，那是曾經教導我們用知識武裝頭腦的先師。剎那間，眼淚奪眶而出，我趕緊轉移視線。當我的目光再次投向這張照片時，還是忍不住流淚。我只好離開校史室，獨自站在走廊上，一任淚水流淌。

王校長這幀清白的照片，歷經了多少歲月多少風雨，才堂堂正正地掛在這面莊嚴的牆壁上啊。在這張照片裏，又隱藏了多少尋覓和製作才得以復原的故事啊。

經歷了漢陽事件──

知道了批判語言的一般格式。

知道了何謂上綱上線，上掛下聯。

知道了人民的名義也有被盜用的時候。

知道了報紙上說的事情，也有很多內容並不真實。

知道了當假的被認定是真的時候，選擇隨聲附和，還是選擇沉默，其結果迴然不同。

知道了英雄的光芒，也可以在記者作家筆下杜撰出來。

讓你永遠不知道的是，在某個場合你的表態，給你帶來是幸運還是不幸。

一個帶引號的左字之外

1986年1月27日，在最高人民法院下達判決書的第三天，中共湖北省委發出了〈關於為「漢陽事件」徹底平反的通知〉，明確指出

> 「漢陽事件」是漢陽一中部分學生為升學率問題自發地進行罷課鬧事的事件。原來認定為「反革命暴亂事件」沒有根據，是在左傾錯誤思想影響下造成的一起冤案，應予徹底平反。

同時指出

> 考慮這一冤案是在當時「左」的錯誤思想影響下造成的，對具體辦案人員不宜再追究責任。

同時又指出

> 平反工作中，要嚴防別有用心的人乘機挑唆煽動，要通過對「漢陽事件」的平反，切實總結經驗教訓，進一步調動各方面的積極因素，促進和鞏固安定團結的大好形勢。當前要抓緊時間扎扎實實做好工作，現在不登報、廣播，在處理好善後工作後，視情況再作適當安排。

漢陽事件的的確確徹底平反了，在政治上沒有給任何人留下任何尾巴。

在平反那年，連年過半百的魏培祖老師，也如願以償地恢復了中國共產主義青年團團籍。

在經濟上的補償，也遵從了「適當從優」的原則，主要受害人或家屬，得到人民幣4000元、2000元或1000元的撫恤金。

但是這個公正來得太遲了。有人早已死在了監獄裏，有人盼不到這一天，絕望地自尋短路，當年被處以極刑者的親人再也找不到掩埋死難者的墳墓。

那些撫恤金或補助款，不是太多了，也不是太少了；而是無論多少，都不能買回受害者的生命或青春年華。

胡斌老師走進監獄時28歲，走出監獄時38歲，反革命帽子戴到48歲，隨後便開始了漫長的上訪上訴歷程。等到徹底平反再回到漢陽一中，她已經超過退休年齡1年，象徵性恢復工作1年，便無可奈何地接受了退休的通知。

沒有人能夠賠償胡斌老師的青春。

沒有人能夠賠償受害同學們的青春。

從平反工作開始，迄今已有20多年了，沒有出現任何「別有用心的人」製造的事端。所有得到平反的人們，如解倒懸，如沐天恩，感戴不盡，並無份外之求。很多人以為這個冤案永遠翻不過來，如今翻過來了，也就心滿意足了。

我沒有想到，被平反者或家屬，他們的要求非常之低，他們想到的是國家有困難。王建國之妻受其株連被劃為右派，兩個女兒無人照顧送外婆家寄養，外婆一大家人僅有14平方米住房。王建國大女兒楊文佳要求分給一室一廳住房。楊煥堯遺孀曹素馨獨身一人，住武昌胭脂路公房，只有7平方米，也是要求分給一室一廳住房。被錯判的陳天順死於沙洋勞改農場，遺孀在漢口當小學教員，一家四代六口住17平方米，還是要求分給一室一廳

作者與胡斌老師

住房。失去的是一條人命，要求得到的是一室一廳，沒有人提出補發長達29年的工資。

自1986年以來，人們在默默地等待著，將平反的消息大白於天下。但是，「視情況再作適當安排」的這樁事兒，不知道應該由誰來再作安排，所有當事人全都忘記了。

當年可是全國大報小報、紅頭文件、電臺廣播、小冊子、畫報鋪天蓋地公諸於眾呀，當年可是境內境外海內海外弄得沸沸揚揚呀，那時沒有電視，可是有胡編亂造的新聞記錄片《鐵證》在全國各地播放呀。當年的死刑判決書可是在一張大報上全文刊載了呀。

平反已經過去20多年了，沒有人向當年具體辦案人員追究責任，所有的責任都由一個「『左』傾錯誤思想影響」全部包乾了，都由一個帶有引號的「左」字完全承擔了。到頭來，你不是妖怪，我不是妖怪，誰也不是妖怪。

漢陽事件是一個無須任何人承擔責任的冤案。

我一直沒有弄明白，究竟是哪個環節出錯，以致釀成如此悲劇。

人們今天回顧這段不堪回首的歷史，也無意於追究什麼人的責任，只是希望漢陽事件的歷史永遠不再重演，只是希望所有的當事人，也包括一些受害很深亦害人不淺的受害人，都在道德的天平上，檢討自己。這樣做大約不會過分吧。

我研究了這段歷史，結論是發生漢陽事件不是偶然的，在當時的背景下，如果不在漢陽發生這個事件，也會在其他地方發生類似的事件。但是，造成漢陽事件這樣慘痛的結果，卻有著許多偶然的因素：一個決策人的一句話，可以斷送一條無辜的生命；一條不負責任的舉報線索，可以把一個人送上斷頭臺；一份違心的檢討書，招來的是數年冤獄之苦。

一批新聞人參與了對無辜者的圍剿。他們道聽塗說，捏造事實，公開報導，密送內參，製造了一系列的輿論假象，為決策者提供了錯誤的依據。今天，當然可以不去追究這些新聞人的責任，也從來沒有人追究過他們的責任，但追問一下他們的道德良知、職業操守可以不可以呢？

歷史無情地記錄了一些「禍福相依」的事實，很多人在政治高壓下違心地整治他人、舉報他人、誣陷他人，到頭來自己還是難脫干係，也被整得20多年不得翻身。

當年有人出賣他人，也有人出賣自己，企圖通過假坦白獲得從寬處理，其結果是再想回到真實上來，就不那麼容易了，以致走上不歸路。

從漢陽事件中撈到好處的當然大有人在，但是數十年來他們心靈受到了煎熬，就像那些冤魂時時刻刻纏繞著自己一樣。

一位當年的主事人，面對著漢陽事件複查組成員的調查，嚇得雙手哆哆嗦嗦，因為他清楚他當年扮演了什麼角色。

也有人寧願身受重刑，卻不願出賣自己的良心。

當年也不是沒有人敢於出面秉公直言，也不是沒有人站出來維護法律的尊嚴，但是未能阻止那股執意「快辦快殺」的勢力，反而受到不公正的待遇，而且殃及子女。今天，歷史證明這些人是光明磊落的，是無私無畏的，是真正的人。

一位複查組人士說得好：我們不追究責任，不等於不分是非。

複查組的領導人張思卿說得好：不追究個人責任是回事，但經驗教訓要搞清楚。

我們只是需要理性的懺悔。

讓每個人都明白，從今往後，一言一行，務必對歷史負責，對自己負責。

在漢陽事件中——

你說過什麼？

你做過什麼？

結果是什麼？

今天面對昨天，有愧還是無愧？

山雨欲來風滿樓

　　1957年3月25日，中央下達了寅字第48號文件，指出：「就全國範圍內說來，少數的罷工、罷課和群眾性的遊行請願一類事件的發生還是完全可能的」，「不得以軍警包圍或以其他方法使用暴力。」這是一種山雨欲來風滿樓的形勢。這份公文表明，中央已經充分注意到國內形勢中可能出現的問題，並且做到了未雨綢繆，對處理各種突發事件提出了指導性的原則。

　　為了全面瞭解漢陽事件，這裏首先給讀者提供一些背景材料，讓不熟悉這段歷史的人瞭解這段歷史，讓熟悉這段歷史的人重溫這段歷史。

背景之一：漢陽這個地方

　　所謂漢陽事件，核心口號只有三個：「公佈招生比例」、「縮小城鄉差別」、「全國統一招生」。漢陽事件發生在中考前夕，漢陽一中學生發起這次學潮，目的在於提高農村學生升學比例。1957年全國中學招生比例驟減，各地發生學潮事件已在所難免，為什麼唯獨漢陽一中首當其衝，成為一個敏感點呢？

　　有必要先說說漢陽這個地方。

　　我把武漢的地形比做一個大寫的英文字母Y，左邊粗重的一筆代表長江，右上角輕輕的一劃代表漢水。武昌在長江南岸，漢口在長江北岸，漢陽

在長江和漢水之間的夾角裏。這個Y字，可以形象地表現武漢三鎮的兩江交匯、三足鼎立的城市格局，也可以形象地表現出漢陽的特殊地理位置。

在長江漢水的夾角裏，有座大別山，俗名龜山，歷史上的漢陽府治和漢陽縣治，位於龜山南麓。民間有個傳說，因為漢陽有個龜山，所以漢陽人出外謀生，不論走多麼遠都要回來，不論走多久都要落葉歸根。

漢陽這個地方，人稱知音故里，馬鞍山下俞伯牙與鍾子期以樂會友的動人故事，經久不衰地感動華夏兩千年，知音文化今天依然是華夏文化的精髓。

我出生於漢陽縣參山之麓小參湖畔，我有一種根深蒂固的漢陽情結。儘管今天漢陽縣建制已不復存在，這塊土地已成為城市的一個區，但在我骨子裏，我依然是一個漢陽人。只有那片依然長著莊稼的土地，才是我真實的故鄉。

歷史上的漢陽縣，版圖比現在大得多，除了在兩江交匯的夾角內向西延伸120公里之外，還有漢水以北的大片土地，其中包括漢口城區的全部土地。自清朝末期以來的百年間，漢陽縣的版圖經歷了一次次的縮水。最早的一次縮水是在光緒二十五年（西元1899年），湖廣總督張之洞的一紙奏摺，得到皇太后和皇上的恩准，從此漢陽縣屬的漢口鎮另立門戶，成立與漢陽縣平起平坐的夏口廳，同屬漢陽府。

漢陽縣的這次縮水，也是最大的一次縮水，丟失了武漢三鎮之一的漢口鎮。

我有個漢陽鄉下出生的心結，由此我常常無奈地想，我們漢陽曾經還管轄過大漢口呢。

漢陽與夏口分治，舊稱「陽夏分治」，張之洞的理由非常充分。「自咸豐年間創辦通商口岸以來，華洋雜處，事益紛煩。近年，俄、法、英、德、日本各國拓展租界，交涉之件愈形棘手。」此其一。「開辦盧漢、粵漢南北兩鐵路，現在北路早已興工，南路亦正勘路，紛雜萬端。將來告成，漢口尤為南北各省往來要衝，市面愈盛，即交涉愈多。」此其二。「乃漢陽縣與漢口，中隔漢水，遇有要事，奔馳不遑。」此其三。所以，「自非有正印專官駐紮漢口不足以重交涉而資治理。」

我曾這樣想過，為了行政方便，是不是可以把漢陽縣治移到漢口呢？也不行。當年那個奏摺，寫得天衣無縫，張之洞說已經與地方官員商議過了，結論是如將漢陽縣治移駐漢口，仍不免顧此失彼。自此漢口鎮及周邊數鄉從

漢陽縣析出，漢陽縣所轄漢水以北之地，北至灄口，西至滠口，橫約60公里，縱約20公里，這一大片地方全交出去了。

張之洞是中國洋務派的領軍人物之一，他當年提出的「陽夏分治」方略，無疑對推動漢口的城市發展，起到積極作用。不過，也開創了一個先例，即城市的擴張，是以犧牲廣闊鄉村利益為代價，城市在佔有縣級政權的部分轄地的同時，要將縣級政權連同廣大鄉村剝離出去。也就是說，讓城裏人去過城裏的生活，讓鄉下人去過鄉下的生活。

後來，到了中華民國時期，乃至進入中華人民共和國時期，在相當長時間內，在變更行政區劃時都沿襲了這條思路。

自1899年後的50年間，漢陽縣治仍在漢陽城區。不過，漢陽城區又經歷了被劃過來劃過去的多次變動，與此同時漢陽縣也經歷了被甩過來甩過去的多次變動。1926年（民國15年），北伐軍攻克武漢，漢陽城區併入新設立的漢口市。次年元月，國民政府遷至武漢，設立一個只維持了8個月的京兆區，轄漢口市、武昌和漢陽城區。到了1930年，漢陽城區又回到漢陽縣。

有個現象在今人看來匪夷所思，漢陽縣本來就在武漢懷抱之內，而它的隸屬關係卻總是要捨近求遠。1931年漢陽縣隸屬蒲圻專員公署。蒲圻在哪裏？在鄂南靠近湖南的地方。

1949年5月人民解放軍進入漢陽之後，漢陽城區劃入新成立的武漢市，漢陽縣府仍在漢陽城區，而漢陽縣隸屬沔陽專員公署。沔陽在哪裏？沔陽首府在仙桃小鎮上，位於漢陽西面，向東看慣了的漢陽人，卻要回首西望了。

1950年8月26日，漢陽縣人民政府從漢陽城區撤出，遷至蔡甸鎮，從此與漢陽城區徹底分手。1951年漢陽縣隸屬孝感專員公署。孝感在哪裏？當年從蔡甸到孝感，要先搭乘漢江上的輪船東下漢口，再乘坐京廣線火車北上才能到達。

那時為什麼沒有人想到讓武漢市來管轄漢陽縣呢？說到底，就是讓城裏人去過城裏的生活，讓鄉下人去過鄉下的生活，而決不讓鄉下人同城裏人一起生活。

1959年，時來運轉，漢陽縣終於隨同孝感專署劃歸武漢市管轄了，可惜好景不長，到了第二年，漢陽縣連同孝感專署又被武漢市甩了出去。

從1953年到1979年，漢陽縣先後有四成土地劃歸武漢市和洪湖縣，其中有武漢市洪山區的一部分，又有漢水以北的一片土地成為武漢市東西湖區，

境內還有一塊飛地成為武漢市漢南區。僅有數萬人的漢南區，竟然比漢陽縣高出一個行政級別。

直到1975年，漢陽縣才從孝感地區析出，成為武漢市的一個郊縣。

1992年撤縣建區，漢陽縣變成蔡甸區。

在我的意識裏，我依然是漢陽人。

如今，在蔡甸區的土地上，只有幾處依然保留著漢陽的名稱，其中就有我的母校漢陽一中、漢陽二中。還有漢陽三中、漢陽四中和漢陽五中。

我最初產生鄉下人的自卑感是在1953年。那年夏天，我和遠房兄長劉成道結伴，下漢口

成道和富道（左）

報考中學。從那年起，漢口、武昌的中學不再接收漢陽縣的學生，唯有漢陽區的中學允許我們報考。那時的漢陽區對我們沒有多少吸引力，我們只好掃興地打道回府，回到我們自己的鄉村，考取了位於檀樹坳的漢陽二中。

這是我第一次下漢口，第一次感受城市與鄉村的距離，第一次感受城市的高傲與無情。

漢陽事件是在城市與鄉村被人為分離之後，由於受教育權利的不平等，在中國20世紀50年代上演的一出悲劇。

漢陽縣不管屬於不屬於武漢市，它從來都是武漢市的近郊。漢陽縣的村村灣灣，很多人都在城裏就業謀生。以往，來來去去，不受戶籍限制，像我的父親，很多年是在漢口西商跑馬場做事，後來又回到鄉下種田，還在鄉下給榨油坊做工。以往到城裏做工，沒有農民工一說，做工就是做工。現在即使在城裏做工，頭銜還是個農民工。Google線上翻譯將農民工譯為Migrane workers。如果再將Migrane workers轉譯為中文，就成了移徙工人。英文裏移徙工人的組詞，沒有農民的印記了。

正因為存在城鄉差別、工農差別，而且這些差別正在日益擴展，城市漸漸變成只屬於城市人的城市，城市招生比例高於鄉村幾成定規，這條定規從此開始長期考驗農民的心理承受力。當年的初中學生，為要掙脫農村的苦

海，唯有升學一途。當他們的升學美夢即將破滅之時，他們當然有可能做出一些過激的表示。

因為漢陽縣曾經是漢口的老子，因為漢口曾經是漢陽縣的兒子，因為漢陽縣長期是城市的近郊，因為漢陽縣學生從來都有到武漢城區求學的慣例，而現在漢陽縣學生進城求學之路被切斷了，漢陽縣人可以隨意進城務工之路也被堵死了，當漢陽一中學生得知當年升學比例明顯低於城區時，當然會比其他地方表現得更加敏感更加激動。

背景之二：1957年教育發展計畫

儘管讀者拒絕枯燥的數字，我卻不能不提到〈1957年孝感專區教育支出預算指標基本數字表〉，其中有關漢陽縣高中招生計畫如下：1957年漢陽縣全縣有初中畢業班20個，畢業生有1001人，高中計畫招生1個班，招生人數為50人。

只需要簡單的心算，就可以得知升學率為5%。

這是一個千真萬確的事實。

這一事實是誘發漢陽事件的起因。後來在處理漢陽事件一案時，被認定為學校教師傳播的謠言。

上一年度初中畢業生升學率為90%。由90%過渡到5%，這個落差顯然過大。於是，對於即將回鄉參加農業勞動的初中畢業生進行勞動教育，就成為刻不容緩的課題。

1957年3月8日，漢陽縣文教局向中共漢陽縣委報告〈當前學校教師和家長對勞動教育方面的一些思想情況〉。其中寫道：

> 一中三（5）班的王傳志說：黨！你救救農村吧！意思是黨你究竟把農村的生活改善得怎樣？由於有這些思想的存在，所以普遍地是不願意回到農村去。據一中三個班的調查，沒有一個願意到農村去，不是堅決要求升學，就是要政府分配工作。

漢陽一中在升學問題上成為一所頗為敏感的學校。

1957年4月5日《教師報》，在「問題討論」欄目內，發表一位讀者的來信〈這是不是製造矛盾？〉，披露了一個重要的招生資訊，即「二十個初中生中間只有一個能升高中」，也就是5%的升學率。其實，5%升學率這一資訊的源頭，早就在這裏了。這是一份公開報紙，不是什麼國家機密。

1957年4月10日，湖北省教育廳〈關於做好中學應屆畢業生及其他年級學生政治思想教育工作的通知〉寫道：

> 今年是我省教育工作從不正常現象開始走上正常現象的第一年，大家思想準備不足，而去年升學率大，今年升學率減低，彎轉得急，其次，今年不能升學的畢業生的出路主要是從事農業生產，而當前學生對農業生產和農業合作社還存在一些片面看法，加之輕視勞動特別輕視體力勞動和害怕艱苦的思想未能很好解決，思想阻力較大，需要艱苦而細緻的教育工作。

特別提到：「畢業學生中出現了埋怨、抵觸情緒和緊張不安現象。」

從全國的形勢看也是這樣，1956年招生規模發展迅猛，1957年全面緊縮跌入低谷。中央已經在輿論上做了部署。《人民日報》4月8日發表社論〈關於中小學畢業生參加農業生產勞動問題〉，全文長達11000字。

緊接著，6月5日，又有〈中共中央關於安排不能升學的中、小學畢業生的指示〉，中央辦公廳機要室於6月7日用電報發至縣級，可謂十萬火急。

次日，6月8日，中央辦公廳機要室又用電報發出更正通知，將「中央決定中等技術學校今年不再招收新生」一句，更正為「中央決定中等技術學校今年不再從中學畢業生中招收新生」。可謂字斟句酌，慎之又慎。

中共中央文件已經提到：「按照《人民日報》4月8日的社論，統一思想，統一語言，不要隨便開口許願，即使有部分學生遊行、請願、鬧事，也不要改口。」

就在幾天之後，6月12日，發生了漢陽一中遊行請願的事件。

背景之三：國內外形勢咄咄逼人

　　1956年到1957年間，毛澤東稱之為多事之秋。1956年，共產黨執政的國家，相繼出現一些震驚世界的大事件。先是2月份蘇共二十大召開，蘇共中央總書記赫魯雪夫做了〈關於反對個人崇拜及其後果〉的秘密報告，披露了蘇聯社會大量鮮為人知的陰暗面，從而引發了國際反蘇反共的浪潮。隨後在6月份發生了波蘭的波茲南事件。緊接著在10月至11月間發生了匈牙利事件。波匈事件，是國際共產主義運動史上，最早出現的共產黨執政危機。國際上出現的這些問題，在中國國內勢必產生相應的負面影響，年輕的共和國也在經歷著嚴峻的考驗。發生在1957年的漢陽事件，被當時國內外媒體稱之為「小匈牙利事件」。由此可以看出，漢陽事件的發生，還有國際形勢的背景。作為中國執政黨的中國共產黨，它的最高決策層，當然會密切關注國內外事態的發展，同時尋求應對國內人民內部矛盾的辦法。

　　1957年3月，湖北省召開了全省教育工作會議。3月27日，中共湖北省委書記王任重在武昌黃鶴劇院作了重要報告。漢陽一中團委書記周秉賢隨同副校長王建國參加了這次會議。在他的記憶裏，王任重在所做的總結報告中說，我們贊成搞小民主，反對搞大民主。校長回去應該開展小民主，廣泛吸收學生意見。能解決的馬上解決，不能解決的分期分批解決。萬一搞起大民主，團的幹部打入進去，掌握情況，究竟是哪些人在操縱。

　　1957年3月的全省教育工作會議，漢陽二中、漢陽三中都由校長出席，唯獨漢陽一中，縣委指派副校長王建國出席。指派王建國出席如此重要的會議，我不認為這是一個圈套，而恰恰相反，是相信王建國擔當如此重任，比指派沒有治教經驗的韓建勳更合適。

　　在周秉賢當年的筆記本上，還有同年5月17日王任重「關於人民內部矛盾的報告」。這肯定是傳達毛澤東在最高國務會議上所作的〈關於正確處理人民內部矛盾的問題〉的報告。

　　在當時的孝感地區內，咸寧、應城、漢川都已發生過學生罷課。

《毛澤東選集》第五卷第431頁所收〈組織力量反擊右派分子的猖狂進攻〉一文，標明寫作時間為1957年6月8日，注釋為「這是毛澤東同志為中共中央起草的黨內指示」，是不是毛澤東親手起草不得而知。這份文件講到了「反動分子猖狂進攻」的嚴峻形勢，指出：「總之，這是一場大戰（戰場既在黨內，又在黨外），不打勝這一仗，社會主義是建不成的，並且有出『匈牙利事件』的某些危險。現在我們主動的整風，將可能的『匈牙利事件』主動引出來，使之分割在各個機關各個學校去演習，去處理，分割為許多小『匈牙利』，而且黨政基本不潰亂，只潰亂一小部分（這部分潰亂正好，擠出了濃包），利益極大。」他寫道：「亂子總有一天要發生。」

就是在這樣的形勢下，我們學校按照全省統一佈置，訂於6月8日召開旨在消除隱患的學生代表會。

胡平軒時任漢陽縣文教局副局長，此前任漢陽一中教導處主任，他為漢陽事件獲刑15年。他在1957年9月7日的〈筆供〉中寫道──

> 學代會前幾天，在一中辦公室，王建國等說：「根據應城學生鬧事情況看，我們的學代會要注意從學生方面解決問題，注意從這方面撤導火線，只要這方面的問題解決了，勞動教育的問題也自然得到解決。」他並說：「學代會貫徹勞動教育，是主觀主義的搞法，解決了生活問題，也就解決了勞動教育。」我說：「是的，從應城情況看，是要從這方面撤導火線，只要這些問題解決了，也就解決了勞動教育。」
>
> 學代會前一天，楊書記電話通知我，說一中高一（3）班學生對運動會意見很大，要貼標語，有鬧事苗頭，當我到一中時，學校行政已決定韓校長召開班主任會議，韓校長要各班撤導火線。我參加了這個會議，但未發表意見。

學校體育運動會舉辦的時間是5月4日，由教導處副主任楊松濤擔任總裁判。由於兩個優勝班之間發生糾紛，作為優勝班之一的高一（3）班，情緒表現得異常衝動，差一點貼出標語。這種誤判的現象，在體育競技場上屢見

不鮮，而在漢陽事件之後，卻被認定是楊松濤有意破壞裁判規則，故意挑起事端。此事為漢陽事件出現之前發生的幾個小風波之一。當時的高一（3）班，給人的印象是火氣旺，班主任鄒振鉅年輕，倒是能跟學生親密無間，卻不能控制班級局面。另外一個小風波，是在一個星期六的晚上，按預訂計畫學校組織看電影《上甘嶺》，由於當時爆發流行性感冒，學校宣佈改期再放映。高一（3）班同學大喊要罷課抗議，並且擁到辦公樓，直到學校答應當晚放映才算平息下來。還有一件事是初三（9）班教室側面有個廁所，他們要求學校遷走，由於學校一時沒有答覆，同學們也提出罷課，直到學校馬上拆除這個廁所，才沒有鬧起來。

當時學生中的確有某種情緒在滋生，一點不順氣的事情，那怕是飯裏有沙子，都可能成為一哄而起的學潮苗頭。

讓我們看一看當年漢陽一中初三（1）班舒遠華作文〈我的志願〉的全文：

　　天空是萬分明朗的，我在一片遼闊的田野上慢慢地走著，和暖的太陽照射在我身上。暖暖的春風夾雜著芬芳的香味，鑽進我的鼻孔裏，使我感到萬分的舒坦。此時，我的腦子裏是雜亂的，不知是在思索著什麼呢？突然間，我的腦子好像從夢中醒過來似的，開始清楚地思索著我的志願和前途問題。

　　志願這兩個字在我的腦子裏是很熟悉的，在以前也是很高興的，那時候我有一個美好的志願：是繼續升學。這是我唯一的理想。如果我的理想達到了，前途也就變得光明了。然而這時候呢？現在提起志願這兩個字來，使我心中禁不住害怕起來，悲哀起來，痛苦起來，也使我悔恨起來。自從學校裏進行了勞動教育以來，我的心中如亂麻一般，從今以後我那愉快的心也就將要變得死沉害怕的心了。我時常想著我的志願是不能實現了，理想不能達到了，前途也就破滅了。於是我開始死氣沉沉起來，在床上我做著惡夢，使我害怕得喊出聲來。在地上難行一步，因為我的前途是黑暗的。於是一些死活、自殺、投水

等一系列的事情在我的腦子裏浮現出來，使我害怕得快把眼睛遮住，不能再思索下去了。

　　同學們，年青的小夥子，我們的熱血在我們的胸膛裏沸騰起來，燃燒起來，要拿起我們鬥爭的武器——拳頭，來打倒阻止我們志願的人，打倒破滅我們前途的人，打開我們光明的道路，使我們的志願永遠無違，前途永遠光明，生活永遠幸福。

　　舒遠華在作文中表露的這種極端情緒，在當時初三畢業班學生中普遍存在。王建國4月19日的批語是：「你能這樣寫是很忠實的表現，〈漁父〉裏有『聖人不凝滯於物』的句子，望你多加體會，何況回農村生產是最光榮之事。」這篇作文在考察團的報告中，被稱之為「反動文章」，原文中「打倒阻止我們志願的人」，被改寫為「打倒阻止我們升學的惡人」。這篇作文當時確實在一些班級中公開過，在其他班級公開它的目的，當然還是想通過教育引導同學們樹立正確的目標，但從後來發生的事件來看，學生的情緒已經進入了失控狀態，這種引導已經顯得微弱無力了。

　　本來這一年漢陽縣的招生比例，已經從年初的5%，逐步調整到了30%左右，但這樣的資訊並沒有及時向全縣教師和學生公佈。資訊的不透明是禍根之一。

　　在這次事件中領刑12年的初三（8）班班主任余心平，在1957年7月4日的〈筆供〉中有這樣一段話——

　　　　6月8日，我到教室去，教室人很少（姜詩信、徐世斌等等），我記得有同學說過一句話：「武漢學生在漢口雙洞門貼標語，被警員捉去了。」我問誰知道，有人答：「是蕭詩勇（好像是他）親眼看見的。」我問貼的什麼標語，他說：總不是反動標語。我說應該捉。

　　　　我去找姜詩信談。我問他（因為他說的激昂一些）說：你的看法怎樣呢？是不是你也想鬧一下呢？他說：別人鬧我還是要鬧的。我說：鬧沒有用，應該把事情搞清楚，事情是可以談的。說了幾句話以後，他沒有表示態度，我也就走了。現在我想起來，說話的態度不鮮明。

再則，對鬧怎樣的才算鬧呢，我搞不清。最重要的一個是，王建國在會議上傳達毛主席的報告說：可以罷課，可以遊行，可以示威。

怎麼才算鬧呢？當時全校師生，對於怎麼叫「鬧」，也許只是一個模糊的概念，但這個「鬧」字已經經常掛在口頭上。這時學校的整個氛圍，如同乾柴烈火一般，到了一觸即燃的地步。

當時學校沒有飯堂，學生就餐就在伙房周圍的露天地裏，雨雪天就在平房教室的走廊上和禮堂內。學校聽取了學代會的意見，準備在6月12日下午學代會閉幕之後的第二天，派總務主任姜茂堂前往孝感地區專員公署反映情況。可是，沒有等到姜主任出發，也沒有等到6月12日下午舉行閉幕式，就出事了。

漢陽事件原始記錄

　　漢陽事件，又稱漢陽一中事件，在漢陽本土則稱之為一中事件。這次事件發生於1957年6月12日中午，13日繼續，於14日平息。有一種說法是，只有一天半時間，不把第三天計算在內。這裏整理的原始記錄，大都是援引當事人當時的文字資料，其中有檢討書、舉報信、審訊筆錄或筆供。這些資料的可信度比較強。漢陽事件平反之後有些當事人寫了回憶文章，那些回憶文章各說各話，存在一些明顯的記憶誤差。我在引用這些資料時，經過了反覆甄別。

1957年6月12日

　　進入6月中旬，蓮花湖荷花盛開，蔡甸鎮處處彌漫著荷花的馨香。這是蔡甸最美的季節。

　　然而，漢陽一中初三的同學們，卻無心欣賞爭奇鬥豔的荷花，他們正在為升學考試做最後的準備。本屆初中畢業生，年齡普遍偏大，一部分已經到了談婚論嫁的年齡。他們既升學心切，而數理化成績又大多不好，既怕升學沒有指望，又無心復習功課。

　　6月12日上午，初三（4）班的第四節課是化學復習課，任課的是年輕時尚的女老師李穗。這位剛出大學校門的女老師，還缺少三尺講臺的足夠經

驗，儘管她的廣東普通話軟綿綿的那麼好聽，同學卻不太能聽懂她所講授的內容。快要下課了，面對同學們表現出來的焦躁情緒，李穗老師覺得有必要向他們提出一點警示：「你們這種學習態度，這樣的學習成績，怎能考上高中呢？今年的招生比例又低！」同學們聽說招生比例低，當即追問招生比例究竟是多少。不諳世事的年輕女老師猶豫了一會兒，終於沉不住氣了，她說：「聽說二十個中只取個把。」我們當地人所說的「個把」，是指一個或一個多點的意思，廣東人李穗也入鄉隨俗，使用了當地人的口語。過了一會兒，下課鐘聲響了，一位王姓同學第一個跑到李穗老師跟前追問升學率，李穗隨口說，5%。同學們問：「這是真的嗎？」李穗回答：「不是心裏想著說的，是聽別人說的。」這時王姓同學情緒失控，拍手哈哈大笑起來，隨之，吳姓同學、蕭姓同學也拍手大笑起來，同學中間蔓延一種反常的情緒。

如果升學率為5%，一個班50人，能夠升學的就只有兩個半人。

臨近升學考試以來，這個消息就隱隱約約在校園內傳播著，只是未經證實。

現在李穗老師用她軟綿綿的廣東口音的普通話證實了。

初三（4）班頓時亂哄哄的。

這是1957年6月12日上午11時30分。

下課了，開飯了。初三（4）班王姓同學在飯堂高聲叫著：「我們不讀了，反正考不取，算了！」並告訴別班同學，「今年招生只有5%！」

5%的消息，以最快的速度，在初中9個畢業班中傳開。這9個畢業班的總人數為459人。

學生得到的消息，北京的招生比例為六分之五，西安的招生比例為65%，武漢的招生比例為50%。

為何農村的招生比例只有5%呢？

憤怒的學生們，已經無法自持，無法冷靜下來。

一場學潮，來勢洶洶。

李穗下課之後，回到宿舍稍事休息，正準備去就餐，聽到有人拍打房門。來人是楊詩惠老師。

「你在班上講過升學率的事沒有？」楊老師問。

「講過。有什麼事呀？」李穗回答並反問。

楊詩惠不知道該怎麼說好，轉身走了。

李穗並不知道自己一句話引起的嚴重後果，她照常去食堂吃飯，吃過飯照常回宿舍睡午覺。這時辦公樓樓裏樓外已經出現騷動。

同學們紛紛來找學校領導人，證實5%升學比例的消息的真偽。有學生找到教導處副主任楊松濤，楊松濤肯定地說：「5%不對，30%是對的。」接著又說，「韓校長那裏有公文。」

一些老師看到學生情緒激動，也向學校領導人打聽確鑿的升學比例。陳淑斌老師後來證實說，6月12日吃午飯時，將李穗在初三（4）班談到升學率5%這件事，告訴了副校長王建國，王建國的回答很明確：「30%是對的，5%是謠言。」王建國說過以後就去睡午覺。

到了中午12點，校長韓建勳（同時任中共漢陽一中支部書記）正準備午休，突然被一群學生圍住，要他告知升學比例。韓建勳一口答覆：「今年升學比例是13.4%。」這又是一個版本，這個版本見於韓建勳的自述文章。同學們不相信校長的說法，以為校長在欺騙他們，激憤地發表各自的意見，有的學生揚言要上街遊行示威。韓建勳見事態發展不妙，便給縣人民委員會文教局和中共漢陽縣委文教部打電話，報告學校出現了緊急情況。韓建勳站在樓梯上，面對群情激憤的學生喊話：「同學們！你們對升學比例有意見，可以派代表坐下來談，不要上街，不要遊行。」

下午1點半，管文教的副縣長傅彥明，文教局副局長胡平軒，文教部副部長張靖，來到學校辦公樓。韓建勳向三位領導人做了簡短彙報之後，請求他們趕快出面講話，勸阻學生上街遊行。據韓建勳回憶：「他們三人在樓上你要我講，我要他講，推來推去延誤了時間，都沒有出面講話。」

教師余心平在〈筆供〉中寫道──

> 6月12日午間，大約1點多，韓校長向學生說是30%，但是他們不聽。接著胡局長又解釋答覆，學生們沒有安靜下來。回到教研室，同學們隔著窗子問：老師們，我們罷課你們支持不支持？唐老師說：5%是不真實，你們不要信。假若是5%的話，我們也不同意。不僅你們罷課，我們還要罷教咧。未必鄉村老師比城市教師差一些。我希望你們

安靜下來上課去。我也和唐老師一樣的說法,加以了解釋。同學根本不聽,可是也沒有不滿的表情。

李穗照常去上課,走到操場上,發現聚集了許多學生,正在憤怒地吵吵嚷嚷。她問學生是怎麼回事,一問才知道自己闖禍了。李穗忙向同學們解釋:「這是我聽說的,不知道是真是假,考不考得上,關鍵在自己的努力,不要計較比例。」但是,誰也不會相信她的解釋,誰也不聽她的勸阻,她被眼前的局面嚇呆了,不知所措,逢人便哭。

午睡以後,李秋屏同學去教室上課,看見辦公大樓周圍站滿了同學。過一會打上課鐘,教室裏只有幾個同學,她就在教室裏做代數作業,同學們不准她做,她就出去了。在操場上,看見同學們一起吼著,進了正在上課的二年級幾個班。她當時覺得好笑。又走到黑板報欄旁邊站著,聽見兩個同學在罵:「她們有愛人負擔,總是依靠別人,還鬧什麼,真可恥!」李秋屏又看見辦公樓貼著一張標語:「漂亮的小姐們『歡樂』吧,可恥!可恥!」她再也沉不住氣了,同班上的女生回到教室,也寫了一張標語——「支持你們的罷課!」——覆蓋在「漂亮的小姐」那張標語上。這時集合鐘聲響了。

漢陽一中當年的辦公樓

怎麼上課時間打集合鐘呢？

集合鐘聲長久地響著，李秋屏以為是校方向全校發出的集合號令，又和同學們一起來到操場上。

莊白雲是走讀生，回學校等待上課，卻聽到集合鐘聲，不知道發生什麼事情，也來到操場上。

> 我在家裏睡午覺後來到學校。當預備鐘打了，又沒有老師來上課，過了一會教室裏男同學都走光了，有兩個女同學到寢室去了，教室裏只留下我們7個女同學。我們聽樓下有同學喊：「漂亮的小姐們，可恥，可恥，真可恥！」我們幾個聽了很生氣，跑下樓一看，到處貼滿了標語，其中有這樣的標語：「袖手旁觀是敵人！」並且余心平老師也寫了標語支持，我們被這些標語激動了，所以我們也去了。
>
> （莊白雲1957年6月21日《自我檢討書》）

我們高中部同學，也為初中同學憤憤不平，吃過午飯就在寢室外面慷慨激昂地發表議論。不知是誰喊了一聲：「午睡午睡，起床再說！」我們就各自就寢。

我們班下午第一節課是世界歷史。歷史老師陳天順的模樣，極像一位歷史老人，長得又高又瘦，面部缺少肌肉，講話時雙頰凹陷下去。他所講的那些枯燥無味的東西，往往使我們十分厭倦，對於我來說無異於催眠曲。就在我心不在焉地聽這位歷史老人講課之時，校園內突然響起了集合的鐘聲。這鐘聲聽起來慌慌張張的，不像平時專職校工敲得那樣有節奏，而且不時停頓一下。同學們都能感覺到出事了。

後來我們知道了，敲響集合鐘的不是校工毛師傅。當時學生請毛師傅敲集合鐘，被毛師傅斷然拒絕，學生搶奪鐘繩自己敲鐘，又遭到毛師傅的阻攔。緊接著來了很多學生，從毛師傅手中搶過神聖的鐘繩，自作主張地敲響集合鐘聲。

敲響集合鐘聲的學生，是初三（8）班的曾昭林。

曾昭林寫出了罷課的第一張標語：「反對5%的招生比例，堅決罷課。」

　　過了一會兒，樓下初中三年級的學生，看我們班上沒有出去的意思，就在樓下對著我們教室高喊口號：「支持我們的正義行動！」「不支持罷課，就是叛徒！」樓板也被樓下捅得咚咚咚地響。還有學生向樓上扔瓦片。一塊瓦片穿過窗口，直向講臺飛來，歷史老人彎下身子，躲過了一難。發生了這樣的情景，陳天順老師也不管我們的情緒，繼續鼓動他那兩片凹陷的雙頰，講他的世界歷史。

　　班主任朱希武老師也前來督陣，全班同學一個也不能出去。事後看來，他做了一件功德無量的事情。

　　下午第一節課，學生集合出發，走上了大街。

　　我們高一（1）班沒有上街。

　　當年的蔡甸鎮，主要街道一條是正街，一條是河街，正街與河街之間，有短短的蝙蝠街相連，這些街道都是青石板路面。當年漢陽縣政府，稱為漢陽縣人民委員會，俗稱縣人委或人委會。縣人委會位於王家塘，這是一條與河街相連，與蝙蝠街平行的小巷。中共漢陽縣委員會機關，位於正街西頭，當時稱為縣委會。後來人們習慣稱之為縣委，而在當年縣委即指縣委委員。漢陽一中在正街最西頭，學生們遊行示威的路線是，出校門沿正街東行，經縣委會，到蝙蝠街，直奔王家塘。

　　校長韓建勳跟隨學生隊伍走到縣人委會，他意識到學生要找縣長答話，搶先一步與縣長韓茂林通氣，告訴他今年升學比例是多少，並且說只是會議精神沒有正式文件。

　　副校長王建國跟隨學生來到王家塘。他在學生中間做疏導工作，防止學生幹出違法亂紀的事情來。

　　學校還派一些老師參與到學生隊伍中去，以便及時掌握學生的動向。

　　學生們擁擠在縣人委機關門口，向裏面喊話，求見韓縣長。過了一會兒，出來一位劉姓幹部，自稱是韓縣長的秘書，對學生們說，韓縣長不在家，請學生回校，不要在這裏鬧事。對於這樣的答覆，學生們自然不會滿意，於是一窩蜂擁進辦公樓。政府機關作息時間比學校晚半小時，這時縣人委辦公室沒有人，學生如入無人之境。他們到處翻看尋找有關升學文件，一無所獲。

於是，一些學生開始就地取材，找來紙張墨水，書寫標語。一些學生氣急敗壞地摔東西，砸了一些玻璃板和墨水瓶，撕毀了一些報紙和圖表，弄得幾間辦公室一片狼藉。

總務主任姜茂堂同校醫劉少丹兩點多鐘趕往王家塘，護士徐世秀帶著藥箱一同前往。姜茂堂見到的情形是，整個王家塘一條小街，被數百名學生和數不清的圍觀人群阻塞了，根本看不清人委會門前的活動，只聽見學生阻止拍照的叫嚷聲。縣長韓茂林沒有露面。激動的學生高喊：「所謂的人民縣

總務主任姜茂堂

長爬出來，床底下是躲不住的！」一位李姓副縣長和宣傳部的一位領導人站出來答覆學生提出的問題，動員學生回校上課，毫無效果。

學生在人委會沒有找到韓茂林，也沒有找到有關升學比例的正式文件，聽有人說縣長在縣委會，就轉身去縣委會，要找縣委書記趙連吉。

到縣委會已是下午4時許。幾個學生率先衝進縣委會大院，大院內兩個青年幹部迅速關上鐵柵子，阻止後面學生繼續湧入。兩個幹部年輕氣盛，抓起學生便打。被阻隔在外的學生，看見同學在裏面挨打，更加來氣了。同學們搭起人梯，翻越院牆進入大院，一場混戰發生了。

縣委大院是西式圓拱門，進門是棟老房子，是從私人手裏贖買過來的，從這棟老房子穿過去，才是辦公主樓。這幢紅瓦紅牆的兩層樓房，當年是漢陽縣最高權威的象徵，中共漢陽縣委組織部、宣傳部、統戰部都設在其中，縣委主要領導人也在這裏辦公。這個神聖的機構，第一次出現從來沒有過的情形，受到一群膽大包天的學生們的挑戰。幹部們出面說，我們是黨委機關，不管升學，你們去找政府。而學生們一定要找縣委書記，當面問個究竟。縣委會沒有一位領導人出面，學生們忍無可忍，就在辦公室內自己找文件。

王建國下午3點就到了縣委會，向趙連吉書記彙報過後，看見有幹部與學生打鬥，嘶啞著嗓門大喊，叫學生迅速回校。同學們陸續從縣委會撤出。

當年中共漢陽縣委辦公樓今還在

　　初三（7）班同學周萬安這一天的經歷，使他當天莫名其妙地受到同學們的冷遇：

　　　6月12號，同學們在辦公樓下要求學校行政答覆，秩序很混亂，我沒有作聲。當時，周秉賢老師叫我將班上同學喊回教室，胡老師也叫我喊，我就喊了幾個同學出了辦公樓，有幾個同學不肯走，並且對我不滿，我就沒有堅持喊人，自己出了辦公樓，和胡斌老師一起站在花園邊。

　　　〔在縣委會〕一個房間桌子上放著檔案袋，我知道檔案是非常重要的，所以我不停地喊：「不要動檔案，這拿金子都買不到的！」站了半天，然後就下樓，跟田人鈞同學一起回學校睡覺。吃晚飯前，我進教室，但同學們把門關著，我喊十幾次後，但同學們都不打〔開〕門。這時田人鈞同學才把門打開，我進去了，同學們都帶著敵視我的神氣，不和我講話。到吃飯時有的同學就直接威脅我說：「周萬安，注意就是的，小心捱打！」我對抗幾句就算了。

　　飯後我站在外面，同學們在報紙上寫著「吳林、范賢仕，叛徒」，但寫得很不清楚。同學們就拉著叫我重寫一道，我沒有辦法，就只好寫，這是我這次最大的恥辱，寫了一張，我實在後悔不及。

　　同學們捆上官局長的時候，我知也不知道。胡斌老師叫我上會議室開會，我和楊榮洲去了。王校長、周秉賢老師、胡局長等人都叫我們幹部將在兵役局的人喊回，我們就各班喊各班的同學回去。

　　周萬安的這份檢討書，本來可以作為周秉賢、胡斌阻勸學生的書證材料，可惜不被考察團採信。當時考察團的批語是：看了一般化。

　　漢陽縣兵役局局長上官明顯，佩戴大尉軍銜，我們上街有時可以見到他的英姿，聽到他的黑色皮鞋在青石板路面發出清脆的碰擊聲。他是我在本縣境內見到的最高級別的軍官，但不是我想像中的那種粗獷的軍人形象，他像一介白面書生。

　　當學生衝進縣委會大院時，上官局長以職業軍人的敏感性，立即挺身而出，阻止學生們在機關大院的過火行動。學生們哪裏聽得進。上官局長嚴厲地勸導大家：「同學們！你們不要上反革命分子的當！」就是這句話，引起軒然大波。當時還有未經證實的傳言，說上官說過「一中是反革命窩子」，從而極大地刺激了學生們敏感的神經。

　　當天發生兩起使漢陽事件走向升級的行動。一件是共青團漢陽縣委幹部胡子樵被學生帶到了學校。胡子樵下鄉回來，剛剛走進大院，看到一大群學生在院子裏，聽說學生要找書記趙連吉，隨口說了一句「烏合之眾」，激怒了學生，當場就被學生用拔河比賽用的繩子捆住，推推搡搡帶往學校。學校團幹周秉賢跟著走了一半路，團縣委副書記楊行舫趕來拉住他，要他趕快救胡子樵，他就跟著來到學校的大操場上。學生要求胡子樵寫出檢討書，在蔡甸鎮張貼，登《長江日報》。周秉賢站在團幹的立場上，從中說了一句話：檢討書可以在蔡甸鎮貼兩份，登《長江日報》不行。學生們仍然不讓步，申明學生是正義行動，不容受到誣衊。楊行舫對周秉賢說，你接受它。周秉賢也就答應了學生們的要求。胡子樵被學生們嚇住了，也答應下來。

這件事後來對周秉賢產生了不利的影響，那是後話。

另一件事更為嚴重，一群學生在晚飯後到兵役局找上官局長論理，找到樓上時被阻攔住了。據說二樓有軍火庫，這就構成後來所謂「搶軍火」的罪行。我有過多年軍旅生活經歷，我知道一個縣兵役局（後來改制為縣人民武裝部）的軍火庫是怎麼回事，那個年代儲備的槍支，多為戰爭時期淘汰下來的老槍，供民兵訓練比劃之用，那幾條槍怎麼可以「暴動」呢？學生隨後到縣委會找到了上官局長，推推搡搡地把他弄到學校裏。在幾百米的路途中，上官局長鋥亮的皮鞋脫落了，據說被調皮學生扔進了蓮花湖。

有很多文件寫道，上官局長被學生關進學校辦公樓前的花園內，實屬誇大其詞。我們學校辦公樓前的花園，不過圍著一圈低矮的籬笆，哪裏關得住人。上官在花園內委屈地站了一會兒，被站在樓上的韓校長看見，隨即被請到樓上。王建國當時就批評同學們：「你們這樣搞太不對，會引起敵人對我們學校的破壞，我們不應該捆人。」

夜幕降臨了。幾個學生手持標槍，煞有介事地守衛校門，名曰護校保產。一個身材魁梧中年人走過來，被站崗的學生擋駕。中年人說：「你們把上官局長弄來了，我去看看。」學生說不讓看。中年人說：「你們不放心，就把我關起來。」學生還是不讓進。同中年人一道去的轉業軍人對學生說：「這是韓縣長。」那時沒有電視，見到縣長不容易，學生都不認識縣長。但見這個中年人，一副有別於本地人的北方人面孔，守門的學生聽說是縣長，也就馬上放行。韓茂林直接上了辦公樓，找到王建國，說：「把上官弄來幹什麼，快讓他回去！」王建國立即送上官明顯出去了。

初三（2）班共青團員程世壽在檢討書中說：第一天「到人委會，但沒到屋裏去，並且很早回來了。」「第二天一清早便回家了，因為怕同學稱我是叛徒。」

程世壽在檢討書中承認，第一天遊行之後，「吃飯時在黑板上寫了幾句」：

怒火燃燒縣一中，

教室寢室盡皆空，

只為城鄉要平等，

　　學生遊行街道中。

　　這幾句詩展示了程世壽的文學才智，他日後成為一家大報的記者，再後來又當上大學新聞學教授。當年的漢陽一中學生，可謂人才濟濟，可惜大多數人沒有獲得程世壽這樣的機會。

　　當晚，縣委會、人委會、縣委文教部、縣文教局，都來了人，在一中會議室召集全體教師開會，瞭解學生罷課遊行情況。

　　因為當天學生的行動呈現無組織無紀律的狀態，所以，學校當局當晚強調應該「有組織有紀律」地反映意見，後來被演化為煽動學生「有組織有紀律地鬧」。

　　這裏有一份最為原始的記載，那是初三（8）班女生李秋屏寫給考察團負責人的信，信中比較翔實地記述了當天上街遊行的情景。

李秋屏寫給考察團負責同志的信
〔此標題或許是複查組加上的〕

　　最近在我校發生了一件不幸的事情──學生罷課，上星期四的下午午睡以後看辦公大樓的周圍站滿了同學，過一會打上課鐘，教室裏有幾個同學，我在教室裏做代數〔作業〕，同學們（曾昭林、龔德元、姜詩信、楊元蘭）不准我做，我就出去了。在操場上跟楊珍英（三六班）一起看見了同學們一齊吼進去二年級幾個上課的班。當時我還在笑。在黑板〔報欄〕旁邊站著聽見同學罵我們（李安膜，還有一個同學不知道叫什麼，是三七班）說我們有愛人負擔，總是依靠別人，還鬧什麼，真可恥。同時又看見辦公樓貼著一張標語（「漂亮」的小姐們「歡樂」吧，可恥），所以激起了我，我和我班上的同學在班〔裏〕寫了一張貼在漂亮的小姐們那張標語上（支持你們的罷課）。在教室裏寫了一張沒有貼（罷課堅持勝利）。在教室裏聽見學校裏打集合鐘，過了很久才去。在教室裏的同學和班主任當了是學校裏打集合鐘，叫我們去集合。

我們到操場上，操場上沒有人站隊，只見從校門口走了一些人，還站著10多個三年級和二年級的一些同學。我和三（7）班的女生和我班上的女生鍾家秀、劉惠蘭、吳玉俠到人委會去，一路上看見街上貼滿了標語，有粉筆寫的，報紙寫的。走到人委會，樓上站滿了人。我和幾個同學跑上去了，走到辦公室，看見桌子上有白紙，我就寫起標語來：城鄉一致、全國統一招生、堅持罷課、要求升學、畢業就是失業（是在街上看見別人用粉筆寫的），學習先烈精神的口號。〔之後〕就到外面站著。

不知是誰寫張標語放在國徽上，鄒振鉅老師和我們都喊起來了，叫小孩把標語拿掉，結果拿了。還看見上樓梯玻璃破了幾塊。我在寫標語時看見一個男同學把「學生畢業就業計畫」撕了。三（1）班的一個同學厚乾正給我說，還等10分鐘要縣長出來解答，如果不出來再進行。說了以後，我和吳玉俠、鍾家秀、劉惠蘭回學校裏來了。

回來洗澡，把衣服洗了，到教室準備吃飯，我看見大操場裏站滿了人，我把碗放到教室去了以後，我就跑到大操場，聽見周秉賢老師給大家說，要那個被同學捆來的幹部寫檢討書登漢陽報，那個幹部接受了以後就走了，同學們就回到教室裏吃飯。吃了飯以後，我從教室出來，看見標語寫著要捆尚官〔應為上官〕局長，捉拿上官局長。有人通知吃飯後全體集合到廣播站去廣播我們的正義行動（三九班啟）。〔天〕快要黑了的時候，聽人說有很多同學到兵役局去了，我和鍾家秀、吳玉俠上街去，兵役局裏圍滿了人，聽同學說，上官局長跑了。同學們站在那說，上官局長為什麼要說我們是反革命，有的同學說上官局長在縣委會。我到縣委會去，周老師不准捆人，結果同學們就拖拖拉拉的把上官局長推到我們學校裏來了。

在學校裏，王校長跟我們講：「你們這樣搞太不對，會引起敵人對我們學校的破壞，我們不應該捆人。」班主任要我們同學在教室裏集合，在教室裏選出6個代表（曾昭林、楊元蘭、姜詩信、蕭永池、蕭昌雄、朱本利）。

李秋屏同學的敘述顯然具有客觀性。我本來可以做做文字的整理工作，但我還是保持了克制，讓它保存原貌，只是為了閱讀方便，劃分了幾個段落。

當天晚飯後，我們高一（1）班有個小小的聲援行動，由一位毛筆字寫得好的同學，在舊報紙寫了幾條標語，內容大體是「支持你們的正義行動」之類，用磚塊壓在老大門內的花壇上。

1957年6月13日

大清早，學校辦公樓前貼出了大幅標語：「武漢市學生罷課勝利了，招生名額增加一萬人，把鄉里的招生比例由30%降低到5%！」

那時學校的早餐，每天毫無例外地吃稀飯，「吃稀飯」即等於早餐，並成了一個特定的時間概念。不過這天的早餐破例，稀飯變得稠了，還有油炸黃豆佐餐。校方如此之舉，並非對學生上街遊行的嘉獎，而是力求避免學生藉故擴大事端。吃稀飯以後，一部分學生就開始行動了。初三（9）班劉賢臣、冷厚先等同學最先把本班同學帶出教室，沿著兩棟紅樓房轉了一圈。

初三（4）班吳林是學生會副主席。劉賢臣見他還在教室裏，就讓幾個同學去叫他出來。他出來以後，就去找韓校長，沒有找到。這時縣文教局副局長胡平軒和學校教導處副主任張良紹正在辦公室裏，吳林就問他們該怎麼辦，他們讓吳林先到學生中去瞭解一下情況。辦公樓前面已有學生等在那裏，有人來向吳林要校旗。吳林推脫地說，不知道校旗在哪裏。吳林站在體音美教研室裏，從窗戶看外面的動靜。這時

紅樓房是初中部教室

有同學直接向韓校長要校旗，也沒有要到。於是，同學們就想辦法，用上圖畫課的布，寫上「漢陽一中」幾個大字，權當一面出征的旗幟。

操場上已經聚集許多同學，吳林隨著找他的兩位同學走進隊伍。吳林對同學們說：「同學們，今天不能像昨天那樣鬧了。」吳林的說法，引起同學的不滿，有人拉著他，有人罵起來。操場上頓時響起了口號聲。有些教室裏還在上課，有同學去推教室門，請老師出來，督促同學到操場上集合。

眼看遊行隊伍就要出發，王建國佈置副教導主任楊松濤、張良紹留在學校，照管上課的老師和學生，自己帶著一部分老師跟著遊行隊伍，向學生做勸阻疏導的工作。

初三（9）班率先走出校門，吳林便追趕上去。同學們看見吳林，吼著要他趕到隊伍前面，一同學拉著他趕到了隊伍前面。

遊行隊伍一路上呼喊口號，今天的口號除了要求提高升學比例、要求全國統一招生、消除城鄉差別等內容之外，還加上了「毛主席萬歲」「共產黨萬歲」。

李秋屏在她的檢討書中，有這樣一段記載：

> 遊行示威走到蝙蝠街，張友生把口號〔單子〕給我叫我喊，口號的內容是龔德文寫的，他們要女同學能發生作用，意思說實在招生太少，連女同學也要學習。

向縣人委請願的學生，排著隊站在機關門前。學生選出的代表進入機關內，由韓茂林縣長親自回答同學們提出的問題。同學們要求看招生公文，韓茂林說，你們要看公文，我這裏沒有公文。學生提出要求全國統一招生，韓茂林說，我一個小小知縣，怎麼能夠答覆你們全國統一招生呢。學生要求韓縣長帶領他們一道，到省政府去看公文，韓縣長說，我不能跟你們一起去。韓縣長要求學生迅速回學校去復課。

等在外面的同學們，頂著火辣辣的太陽，一個個滿頭大汗，大聲吼著要求進去。吳林聽到外面嘈雜的喊聲，出來請同學們安靜下來。稍稍安靜了一會兒，又有同學大聲叫起來。吳林找到初三（9）班一個吃甲等助學金的同

學和劉賢臣幫助維持秩序。大家又喊口渴，吳林就到縣人委廚房裏說好話，得到一位師傅的同意，把茶水挑出來了。

據吳林回憶，同學們正在喝茶，一位學生代表忽然從機關內衝出來，大聲喊道：「韓縣長不是給我們解釋問題，是在說我們的錯誤。」這下子同學轟動起來，直往縣人委機關裏衝，幾個同學把縣長擁出來。縣長站在板凳上給大家講道理，學生們聽不進去，大聲吼叫，要求回答招生的具體比例和人數。這時，韓茂林和文教局副局長胡平軒進去，給孝感專區打電話，得到答覆以後，就把招生的比例和人數寫在一張紙條上。學生代表、高一（3）班許斯武接過紙條，向在場同學們念了一遍，一些同學已經沒有意見了，還有一些同學認為這是謊言，縣長依然沒有被解圍。

政府幹部朱家永、滕良知，緊貼縣長左右，保護縣長不受衝擊，與學生發生摩擦。有學生就把這兩個幹部捆將起來，拉拉扯扯送往學校去。他們途經縣委會，被縣委會幹部和炊事員王大才攔截下來。不服氣的學生們，與縣委會幹部發生爭執，有3個學生被縣委會幹部抓住，帶進了縣委機關院內。有同學立即趕到縣人委，通知吳林趕到縣委會來。吳林給幹部們講道理，又請來團縣委副書記楊行舫給雙方做工作，才把這3位同學帶出來。

縣長被學生圍著，雙方僵持著。

王建國吹響哨子，大聲喊同學們回校。聽到王校長嘶啞的喊聲，同學們陸續撤退了。

初三同學吳正新，從縣人委會過來回校，路經縣委會門口，遇上調集來的搬運工人陳蛤蟆、王天才，把他拉進了縣委會鐵柵欄內。陳蛤蟆是陳厚餘的外號，此人大塊頭、大嘴巴。吳正新回憶說：

> 當時在場的有趙連吉，有喬書義和喬書義的愛人。陳蛤蟆、王天才二人把我拉進去就用拳頭打我，各人打了我幾拳記不清。把我的胸部打腫了，我去劉德志那裏吃了將近個把月的藥。打了後當時趙連吉說把我逮捕起來，我說我從街上走，回去吃飯，沒犯法，你憑麼事逮捕我。趙連吉就沒說了。這時韓建勳來了，我正因他們把我的秋衫撕了要他們賠，韓建勳要我回去，說他賠我的衣服。接著余世中來把我

拉著叫我走。這時同學們聽說我挨了打，我後面的同學轉去送信，同學們排著隊來了。陳蛤蟆等人就出來守著鐵柵子門，不讓學生進去，把鐵門推開了個縫，把我和余世中推出來了。我和余世中走了100米遠，工人來了，拿的棍子、棒子，也有的沒有拿東西來的。幾十個工人。後來余世中就把我拉到醫院劉德志那看傷。後來工人打沒打學生我就不知道了。我看傷的錢是學校付的，是憑藥條子去學校報的，是在總務處宋進生手裏報的，只有幾塊錢。以後吃藥是我自己的錢，我沒去報銷。

從縣人委轉來的同學們，看到了吳正新的傷口，都無比憤怒。同學們又沖向縣委會。楊行舫對吳林說，你的任務是不准同學們衝進來。吳林遵令，守住大門口，把衝進去同學往外推。吳林的行動，引起同學的反感，受到幾個女生的同聲指責，又被一位同學從裏面拖了出來。與此同時，有一幹部也被同學從裏面拖出來了，他的手被同學死死抓住。吳林看到同學們是要把這位幹部拖到學校去，趕緊強制同學們放了他。

莊白雲有一段記述當時情形的文字：

> 後來聽一個同學說，我們班上賀賢義同學被打了，我們很生氣，我們幾個女同學一起來到縣委會，這時縣委會的門快要被同學們擠開了，不一會同學們擁進去了，我們也跟著進去了，在人群中非常混亂，我準備出來，看見蕭少勤手上是血，當我問她，她說是幹部打的，我聽信了，我看見一個幹部就說：「你們難道忍心打一個女同學嗎？」我把蕭少勤拉著，怕她又挨打，但拉不住，後來我和三（7）班幾個女同學站在牆旁邊，韓校長叫我們回學校，我就回學校去了。

朱元珍的「檢舉」這樣描述6月13日上午上街的見聞：

> 王建國與王政一起走到縣委會來了，當時有兩個幹部把一班〔即初三（1）班〕厚乾正同學的頸子卡倒，王建國站在黨委會門口就喊：「幹部同志們，不要打同學，同學打不得的。」一會就有同學跑出來說，王校長要你們回去，當時在前面花園的同學，連我在內聽了話就回到學校來了。

同學們包圍縣委會不多久，一大批工人沿湖邊馬路開過來，從縣委會後門進入到大院，他們是聽從縣委召喚，到工人俱樂部集合，到這裏來保衛縣委會。600多名工人的介入，使矛盾更加激化。

手持棍棒扁擔的工人農民進入校園，揮舞拳頭，高呼口號，以勢壓人。

特別是那些人高馬大的搬運工人的拳頭，具有極大的威懾力。

有些學生家長聞訊趕來，把挨打的學生拖回家。蔡甸鎮上的家長說：「搬運站的張××這狗東西，街裏街坊的，打學生下手太重。」

初二（4）班教室裏出現一條標語：「六・一三慘案」。

初三（2）班楊育炎在黑板上寫上兩個大字：「學喪」。

楊育炎在檢討書中說：

> 這天晚上，我想到我們的同學被別人打了都要慘〔原文如此〕，所以我在黑板上寫了兩個大字：學喪。當時班主任看見了，問是誰寫的，我不敢做聲，這時我想了一會兒，覺得不應該寫，所以過了一下，我就去抹了。

當時也有幹部受到傷害。縣委辦公室的李邦禎，右手被踩得抽筋，被抬到醫院住了幾天。縣委組織部女幹部嚴欣敏，上身單衣被女生撕扯破了，弄得十分不雅。機關幹部高選梅的眼鏡鏡片，被柵欄外飛來的石子擊碎了。

當晚，學生代表聚集「四中」，舉行緊急會議。「四中」位於漢陽一中東北角，原為準備開辦漢陽縣四中興建的校舍，後來作為一中的學生宿舍。

由於「四中」宿舍燈光灰暗，會場轉移到灰樓房高一（4）班教室裏。這個會議據說先後由學生會主席范賢仕，以及滕永俊、吳方亮、許斯武等4人輪流主持。會議主題是，學生被幹部和工人打了，學生應該如何應對；縣裏不能答覆招生比例問題，如何組織到省裏請願。並起草了〈告全國同胞書〉〈告武漢市民書〉。這個由初中三年級各班派代表參加的公開會議，後來被稱之為「秘密會議」。

灰樓房教學樓

告全國人民書

親愛的全國公民和同學們：

　　我們相信你們都討論了憲法，上面明確規定著「每個公民都有言論、集會、結社、遊行示威的權利」「每個公民都有受教育的權利」。這是眾所周知的。但當我們聽到城市50％、鄉村5％的招生比例的消息時，我們感到氣憤。難道一個新中國的青年就沒有受教育的權利嗎！城鄉就應有這樣大的差別嗎？我們──一群新中國的中學生為了爭取我們享受教育的權利，舉行全校性的罷課遊行示威時，由縣政府和縣委會一手控制、一手操縱，扯起了陰險的幕布，煽動工人、農民將我們痛打一頓，罷課──這是正義的行為，這是人民內部的矛盾──政府和黨卻用解決敵我矛盾的辦法解決，這是我們不能容忍的。我們向你們反映控訴這種血腥的罪行。

　　6月12日下午，當我們聽到城鄉不平均的消息後，我們湧出大門，湧到縣政府前面，他們束手無策，都躲避了，使我們幹站了一下午，毫無結果的回到學校。13日我們更加憤怒，一齊湧到縣委會面前要求縣長答覆，根本不知道他們布好圈套，假詩〔斯〕文戴著眼睛〔鏡〕像騙子一樣，站在同學面前漫話的答覆著，一面叫人打電話到紅星酒廠、搬運站和其他工人，又打電

話給農民，要他們放下機器和農具，圍到縣委會面前來將我們包圍起來，更可恥的是周秉賢和韓建勳兩個叛徒，他們介紹暴徒，誰是代表，指一個，工人就打一個，於是一場流血的鬥爭就開始了，我們為了自衛和他們打起來，但是怎能敵上他們那樣鐵的拳頭呢？縣委會關上鐵門逮捕了一百多個同學，並將一個同學吊起來你一拳我一腳的打著，鮮紅的血從皮膚裏湧了出來，鐵砸斷了手指，暴徒們還抓住了我們女同學的頭髮一耳光一耳光的打著，血染紅了襯衣，衣服碎片在天空飄揚，我同學們抵不住，都回學校，暴徒們追到學校，高傲的呼著口號，檢閱自己的隊伍。還將我們的主任追的像燕子一樣的逃竄。統計結果有140多人受傷，兩人有生命危險。

親愛的全國公民和同學們！你們一定看見了那一群一群滿身鮮血濺腳濺手的人，你們一定聽見了那慘痛的呻吟，請問縣政府的先生們和縣委會的老爺們，你們是懷著怎樣的心，你們可恥真可恥，比過去都不如啊！過去反動派能明目張膽的鎮壓，而你們現在借刀殺人，多麼陰險毒辣的手段啊！又請問暴徒們，你們都是寡婦和單身漢嗎？你們充當了劊子手難道你們願〔原文如此〕心打我們嗎？你們難道沒有子女嗎？又請問周秉賢和韓建勳，我們的母親把我們交給你們是叫你們這樣可恥的叛徒，你們為了自己的安全而犧牲我們的生命，請你們記住血是會一滴一滴討還的，是會找你們算賬的。

親愛的全國公民和同學們！我們是你們的子女，是你們的同志，我們的痛苦是你們的痛苦，我們受到的侮辱也是你們受到的侮辱，我們的鬥爭受到挫折，但是我們決不屈服的，我們要求懲辦縣委會二個叛徒及暴徒們，我們正在血泊中呻吟，但也在鬥爭中，請你們聲援我們，支持我們，從各地彙聚到我們蔡甸鎮來和我們並肩一起鬥爭到勝利！

〈告全國人民書〉開宗明義地對全國公民和同學們說「我們相信你們都討論了憲法，上面明確規定著『每個公民都有言論、集會、結社、遊行示威的權利』」，這正是當時年輕學生的天真之處。大家都以為憲法上寫有的權利，就是自己的權利，就可以馬上實行。其實，這部憲法所載有的這些公民權利，在現實生活中實行起來，並非那麼容易。民主的實現，是一個漸進的過程，如果操之過急，勢必會遇到麻煩。

這份油印傳單由高一（3）班同學唐憶慈起草，當晚送給王建國看過了，王建國指出其中有些不實之詞，所言學生受傷人數被誇大了，沒有同意發出。但王建國又不敢強行壓制學生的行動，又說了一句退而求其次的話：你們實在要發出，必須要修改。

滕永俊・2004年

這份傳單沒有發出去。

就在這個晚上，學生會幹部、高一（2）班同學滕永俊，參加了在高一（4）班教室召集的學生代表會議，當晚也起草了一份〈告全國同胞書〉，還有一份〈告二中三中同學書〉，不過他沒有拿出來示人，自行銷毀了。受審查時他都作了如實交代。

在漢陽一中學生罷課請願的一天半時間裏，整個蔡甸鎮上，到處傳播著危言聳聽的謠言：什麼反動標語滿街都是，什麼學生準備搶軍火、炸電廠、劫監獄。

中共漢陽縣委連夜召開會議，討論漢陽一中出現的問題，參加這個會議的有一位特殊人物——中共孝感地方委員會秘書長趙克艱。趙克艱這段時間駐在漢陽縣委會指導工作。他親眼目睹了學生衝擊縣委會的情景，又聽取了各方面的彙報，其中就有關於學生準備搶軍火、炸電廠、劫監獄的資訊。趙克艱說：「大家都感冒了，嗅覺不靈了，這重的火藥味都沒有聞到？這是敵我矛盾。」他當即拍板：「按省裏的意見辦。」至於這個「省裏的意見」，出自何處，從何而來，這是一個懸疑的問題。就是這個會議，確定了漢陽事件的反革命性質。同時決定：1、抽調百餘名縣直機關幹部到城關、城郊發動工人農民寫標語，譴責學生的非法行為。2、將兵役局的槍支分發給部分機關幹部站崗放哨，把守車站碼頭，阻止學生去省裏請願。3、由在縣裏幫助工作的地委秘書長趙克艱帶領一批幹部到一中，宣佈學生罷課請願是「敵我矛盾性質」。

縣公安局部署,在電廠周圍拉上了電網並通上電流,並有巡邏人員整夜值守。但一夜無話,並未發現有學生去騷擾,原來虛驚一場。

縣公安局內,將槍支埋到地下,對機關和監所加強了警戒。也沒有任何動靜,更沒有人劫監獄。

這是一個不平常的夜晚,都以為這一夜要發生什麼大事,可是什麼事情也沒有發生。被稱之為「最恐怖的一個夜晚」,其實是由謠言製造者杜撰出來的,又成了給漢陽事件定性的依據。

1957年6月14日

6月14日,星期五。

一個黑色星期五。

中共漢陽縣委和駐漢陽縣的中共孝感地委領導人採取了一系列穩定局勢的措施。

蔡甸鎮的水陸通道,都派有工人把守,以阻止一中學生上省裏請願,阻止一中學生到二中、三中以及鄉下串聯。當時蔡甸到武漢不通汽車,唯一代步的交通工具就是輪船,從河街碼頭上船,到漢口王家巷碼頭下船。因此,河街的船碼頭,就成為重點守護目標。

推選的上省請願代表約有100人,大多數代表感覺形勢起了變化,沒有出來。只有幾個代表單個出校,分散在幾個碼頭上船,約定到漢口集合。他們到漢口後,沒能集合起來,又摸不到門路,只好打道回府,於當晚回校了。

上午,一中召開全體教師會。地委秘書長趙克勤到會講話,宣佈一中學生罷課請願,「是敵我矛盾。問題不在樓下,在樓上。現在你們的任務,就是把學生逼進教室,帶隊到工人俱樂部開會,你們的任務就完了。」樓下意指學生,樓上意指老師。並且宣佈,學校教職員工,未經允許,一律不得外出。

緊接著在縣工人俱樂部召開全校師生大會,會場內外佈滿軍警執勤人員,戒備森嚴,氣氛壓抑。趙克勤宣佈學生罷課請願為「敵我矛盾性質」,在學生中間引起了騷動,但是懾於武裝包圍的威力,沒有人敢於站出來表示抗議。

趙克艱秘書長所作的報告，並沒有完全嚇唬住學生。學生會幹部滕永俊邊聽報告邊在底下說：「講得太片面，政府的工作人員，總是維護政府工作人員的。不想聽就伏在椅子上睡覺。」看來，學生們並不知道他那番講話的分量，也不知道它的來頭有多大。

初三（1）班同學李遠英在1957年6月16日所寫的檢討書中寫道：「星期五我聽了趙秘書長的報告後才知道已經成了敵我問題。但是我聽了報告後覺得片面了，直到昨天聽了韓校長的報告後才知道事實真相。」

縣委會抽調百餘名幹部在城關鎮及附近農村進行「宣傳教育，揭發謠言」的工作，並勸導學生家長出面，阻止學生繼續參與罷課。

當天晚上，中共漢陽縣委書記趙連吉，在縣人民廣播站向全縣發表廣播講話，按照「敵我矛盾性質」的口徑，講述「事件的經過與敵人的破壞活動」，「表明了黨和政府對這一事件的態度，要幹部群眾提高警惕，注意和防止社會上敵人的活動，維持生產秩序。」

這天上午，還發生一件不為人知的事情。省裏派來一船荷槍實彈的公安部隊，船隻停靠在蔡甸下游城頭山江邊，為「制止暴亂」做準備。船上有人身著便衣到鎮上進行偵察。縣公安局將此事向縣長韓茂林報告了。據韓茂林回憶，他當即答覆，已經沒有事了，平和了，他們沒有必要來。這支部隊沒有上岸就乘船走了。

次日下午，總務主任姜茂堂到文教局辦事，看到縣人委機關一片狼藉，樓上房間門都敞開著，還未恢復正常辦公。文印室門口有學生留下的字跡：「韓茂林落荒而逃」。這天上午，組織全縣幾百名鄉村幹部，以及漢陽二中、漢陽三中的學生代表，到這裏參觀過現場。

百人考察團進駐漢陽一中

　　1957年6月15日，由中共孝感地委、漢陽縣委組成百人考察團，浩浩蕩蕩進駐漢陽一中。這個考察團兩個多月的工作，當年號稱「超過土改的聲勢」，把漢陽一中師生推向人人自危的境地。

　　孝感地區副專員兼公安處處長劉佑鈞擔任考察團政委，考察團團長由漢陽縣縣長韓茂林出任，副團長有漢陽縣兵役局局長上官明顯，漢陽縣委組織部副部長李毅。期間，中共孝感地委秘書長趙克艱一直駐守在漢陽縣，直接指導漢陽事件的考察和處理工作。

　　考察團按工作對象分為3個組：教師組、學生組、社會組。

追查幕後指揮者

　　考察團對學校實行嚴格管制，只有走讀生可以出入校門，校內師生不得出校，校外人員不得進校。本縣黃虎小學校長董碧娟家住漢陽一中，丈夫就是總務主任姜茂堂。這年她到孝感師範學校行政班學習半年，8月份結業後回來，被擋在校門外，有家不能回，只好轉身到街上找房子住下來。由此可以想見當時學校成了什麼樣子。

　　考察團成員周良善，時任漢陽縣文教局視導股長，他這樣回憶考察團進校工作的情況：

　　14日，韓茂林等同志其中也有我進入一中，劉佑鈞和地區來的人也陸續進入一中，組成考察團。進入一中後，首先要王建國通知全部老師集中學習，要求不准離校，不准請假，不准與外界和學生接觸，學校門口也由考察團人員把守。老師集中後，要老師每個人搜腸刮肚對學生鬧事進行分析，進行揭發。為了發動群眾，第一批就抓了幾個，這樣老師就更緊張，就積極發言，學生也揭發了一些問題。接著開鬥爭會，老師學生更緊張，都紛紛揭發。與此同時，也把學生集中到教室展開揭發，揭發工作搞了二十幾天。

　　考察團在全校組織開展聲勢浩大的揭發批判運動，教師與學生有分有合，需要學生背靠背揭發老師就分，需要學生當面批判老師就合。在學生中間，進行憶苦教育、算賬教育、上當教育。所謂憶苦教育、算帳教育，就是進行新舊社會生活水平和教育發展水平的對比。所謂上當教育，就是讓學生認識到自己參與罷課，是受了老師或社會上壞人的指使，勇敢地站出來揭發罷課幕後指揮者，老實交代自己在罷課中的表現。考察團幹部分頭進駐一些重點班級，督促學生寫檢討書、檢舉書。

　　本書第二章引用的李秋屏、莊白雲等同學的檢討書，比較客觀地講述了自己的親身經歷。

　　看看胡秋雲同學的〈自我檢討書〉吧：

　　6月12日下午，剛開頭我是和同學站在一起看，後來，由於考慮不周到，思想不冷靜，立場不穩，因此看牆上的「漂亮的小姐們，你們歡樂吧！可恥！」標語後，就和同學們進教室去了，等劉佩蘭同學寫好標語──「我們堅決支持你們正義鬥爭」和「不取得勝利決不收兵」寫好後，又同全體女同學貼在牆上，其中有一張是我貼的。後來到縣政府去後，我在一樓上寫了一句「要求全國統一招生」，又在木板上寫了一句「縣長落荒而逃」的極不對的錯誤說法，這是我對黨的極重大的錯誤。關於打公物，撕文件，寫反動標語，這等等我都絕對

沒有做，也沒有打任何人。後來還跟王校長爭了幾句，不信他說的不是百分之五的說法。

初中三年級的女生們，大都同胡秋雲一樣，受了「漂亮的小姐們」標語的刺激，參與到遊行請願的行列。胡秋雲的自我檢討，也道出了王建國當時勸導學生的真實情況，這樣的書證當然也不會被考察團採信。

在考察團的啟發誘導之下，一些同學開始被迫承認錯誤。請願時被搬運工人打得很慘的初三（1）班錢宏毅同學，在6月17日呈學校共青團總支部的檢討書中寫道：

> 茲有團員錢宏毅在本次事件中不顧事情的黑白，受了反革命分子的利用，這在我說是很嚴重的，身為一個共青團員，應為黨的助手，然而自己不但不為事實所符合〔原文如此〕，反而做出反黨反人民的罪惡，特此申請上級給予組織處分，使我今後改正錯誤，為社會主義事業而奮鬥。

在這份檢討書之後，還有一大段小字「附言」：

> 我在這次事件中，曾經貼了標語的，然而標語不是反動的，現作的行為是不對的，關於標語呢，是別人寫了的：由於盲目得很，這樣寫了些「要求全國統一招生」，「我們要升學」，「號召市民響應我們」等口號。並寫了「中國共產黨萬歲」等標語。並且和一些縣幹部談了很多問題：如叫他回答升學數字，為什麼現在還不公佈數字等。在人委時踩了一個被打亂的算盤，幫著別人向縣幹部要了一些墨水，複印紙等。

當時所說複印紙現在叫複寫紙，紙面塗有蠟質顏料，用於複寫。

1957年6月21日，錢宏毅又寫了「補充檢查」。他搜腸刮肚，把自己說過的話，甚至想過的話，用一個個「並且」串聯起來，全部寫給了考察團：

〔12號〕當天晚上我並說了：（因為上官局長說我們是反革命的原因）我們和上官局長是敵對的，我們和人民站在一道的，那麼我個人判斷，說他是反革命分子。在當天晚上並說我們要堅持到勝利，我們應該鬧下去，不解決問題決不甘休。12號中午，我並說了什麼縣長，簡直是怕死鬼，連同學們的問題都不答覆，嚇得跑了，不敢在同學們面前露頭，什麼用都沒有，還當縣長，太不瞭解同學們的問題，太官僚了。13號還諷刺了一個文教局的負責同志，因為我要他回答升學比例數，然而他說等他研究研究再答覆。並說，我們老師上課還要備課。因而我說難道一個升學數的比例數字還要備課嗎？中午我還說工人把我們學校包圍了，完全不成學校，校長什麼用也沒有，我們生命完全無保障。下午我還說了這成什麼黨員，簡直不成黨員，破壞黨的名譽。並且曾幾次說縣委會是刑場。並說了在黑板上寫了，同學們，團結起來到明天，準備著新的勝利。並且覺得在共青團裏面沒有什麼好處的錯誤言論，在心裏想著。並在當天下午覺得現在情況在我們看來太恐怖了的想法，還說政府的雖然沒有派軍隊，然而現在工人打人比軍隊的鎮壓學生還凶。並在14號說：（在縣人民政府）縣裏的幹部簡直在喝稀飯，有什麼用。在15號全班簽了名（是一個向高級法院控訴我縣打人兇手的與我縣幹部無能的情況的一張條子）。並支持代表到省城去，選代表等，阻止別人不願鬧而要回家的同學，不讓他們回家等事情。

從他的這幾段文字中，我們感覺到是很實在，既沒有隱瞞什麼，也沒有誇大什麼。

從我閱讀的一些檢討書原件看，在最初的上十天裏，大體上是有什麼寫什麼，是什麼寫什麼，沒有什麼添枝加葉杜撰編造的痕跡。

後來有少數學生被逼無奈，按考察團所定的調子亂說一氣。當然也有同學為了謀求自己過關，或希望以積極的表現謀求升學的機會，站出來違心地揭發批判自己的老師。

用階級分析方法搜索敵人

考察團進駐漢陽一中，陸續炮製出幾個考察報告。第一個是6月30日以漢陽縣委名義的〈關於漢陽一中學生與教員鬧事並進行反黨反蘇宣傳及破壞活動的情況報告〉，第二個是7月17日孝感地委批轉的趙克艱同志關於漢陽一中事件情況的報告，下發各縣委並報省委，第三個是8月8日孝感地委轉發的劉佑鈞同志〈關於漢陽一中事件的調查和處理情況綜合報告〉。這些考察報告，形成了對漢陽事件的基本認識。

認定漢陽事件為反革命暴亂性質的所謂事實依據有3條：

1. 學生衝擊了中共漢陽縣委、漢陽縣人委、縣兵役局、縣郵局等機關，捆綁了幹部。
2. 遊行中出現了反動標語口號。
3. 預謀炸電廠、劫監獄、搶軍火庫。

以上第一、二條，有一些真真假假的統計數字：

> 縣委會、人委會、兵役局、郵電局4個機關被他們搗毀和擾亂了，損壞拿走了電話機2部，自行車4輛，大小辦公用品406件，文娛用品58件，捆打機關幹部29人，工人11人，張貼塗寫反動標語474條。

這些真真假假的數字中，所謂張貼塗寫反動標語474條，最為離譜。

第三條完全是捕風捉影。

考察團的第一份考察報告——〈關於漢陽一中學生與教員鬧事並進行反黨反蘇宣傳及破壞活動的情況報告〉，從標題上看，最初對我們學校的罷課遊行，還只是用「鬧事」一詞來表述，並沒有定為反革命暴亂事件。

這個報告所羅列的「反黨」言論，實際是一些教師對本校黨支部，對幾名黨員的工作狀態，發洩不滿情緒的說辭。考察團在確認教師對學校黨支部的意見為「反黨」言論的同時，另一方面又認定這個黨支部確實「不能在師

生群眾中起到核心領導作用」。那個年代，黨內可以自己總結經驗教訓，而不太喜歡他人說三道四。

漢陽事件前夕，反右鬥爭尚未進入向「右派」反擊的階段，一些老師和同學的確產生某種錯覺，以為真的可以隨隨便便發表言論了。當報紙上出現一些向共產黨開火的過激之詞時，也有一些老師同學不計後果地壯著膽子說三道四了。也就是從那時起，「反黨」成為了一個固定的詞兒，成為一頂嚇人的大帽子，一些掌權者正是以此排斥民眾監督和輿論監督。

所謂「反蘇宣傳」，實際是對蘇聯有不滿情緒，對國家實行的向蘇聯「一邊倒」的政策表示疑慮。當時考察團在漢陽一中搜集的所謂「反蘇標語、口號、言論」有以下一些：

> 蘇聯人不應該在中國領土上居住。
>
> 外國（蘇聯）殺豬都是工程師。
>
> 世界上有著名的鋼琴家，可是蘇聯說：「農民比他彈得還好。」
>
> 蘇聯東西，越貴越有人要，中國的棺材還沒有人要。
>
> 三次世界大戰爆發，蘇聯一定要失敗。
>
> 中蘇友好條約不平等，玉門油礦本來是中國的，為什麼蘇聯占60%，中國只有40%，我非常憤恨。
>
> 符拉迪沃斯托克是中國的，蘇聯為什麼不還給中國呢？
>
> 伏洛希洛夫來了，各個報紙登了讚揚他的消息，這是盲目崇拜。
>
> 報紙上光談蘇聯對我國的幫助，可是把我國的東西（肉油）拿走了就不說。反對盲目崇拜蘇聯，算術上的單位，用盧布計算，連殺豬也要向蘇聯學習，武漢有一個蘇聯殺豬工程師，一個月賺700多元，比10個農民收入還多。
>
> 美國沒有蘇聯人多，為什麼大學生比蘇聯多些？
>
> 胡斌：「蘇聯打個屁都是香的。」

這些言論或許都有。那時，在上世紀50年代之初，蘇聯被中國人稱之為老大哥，在武漢推銷過蘇聯出產的花布，帶有指令性地要求中國人購買。

我父親就穿過那種大花布襯衣。後來，作為蘇聯援建項目的武漢肉類聯合加工廠，有許多消息不脛而走，傳播到學校裏。其中之一，就是武漢肉聯的蘇聯工程師，月工資為人民幣700多元。這在鄉下人聽起來就匪夷所思了。殺豬也要工程師？700元是什麼概念？那時我們每月伙食費才6元，700元就相當於116個學生一個月的伙食費。了得！武漢人對蘇聯人的認識，源於過去的對俄租界的俄國人的認識，稱俄國人為俄國苕，武漢話裏的苕是傻的同義詞。加之歷史上的領土問題，軍事基地問題，學生中間自有一些與公開宣傳的不同看法，我覺得這很正常。中國與蘇聯的領土如何劃界，那是國家的事情，作為國民站在自己祖國的立場上，發表一些自己的意見，難道也錯了？

我想起一個題內話。日本海海域的兩個小島及礁岩群，韓國人稱獨島，日本人稱竹島，雙方都稱對其擁有主權。前幾年有多起韓國男子斷指，還有一對母子斷指，對日本佔領獨島表示抗議。難道這些韓國國民斷指，宣洩自己的愛國情懷，還要考慮政府的主張，還要經過誰批准嗎？

在蘇共二十大之後，毛澤東本人對蘇聯的看法，其實已經發生了微妙的變化，對蘇聯領導人也頗多微詞。中國有句俗話，只許州官放火，不准百姓點燈。普通青年學生，出於民族大義，對歷史問題和現實問題發表一些看法，也都成了罪過。中國社會就是從這個時候起，逐漸形成一種不正常的局面：只需要一個人思索，只需要一個人的聲音。而這樣一種觀念，又恰恰違背了這一個人所倡導的主義。毛澤東並沒有不叫人民說話，並沒有不讓青年學生說話呀。一忽兒全國「一邊倒」，一忽兒全民批蘇修，都是在一種不正常的政治環境中的產物。

考察團一方面搜集各種「反黨反蘇」言論，一方面用階級分析方法對全校師生進行摸底排隊，找出真正的對立面人物，重點是在教師中找反革命。

很快就找到了。

全校學生1248人中，工人、貧、中農和其他勞動人民的子女1154名，占總數的92.5%；地主、富農、資本家同官吏的子女94名，占總數的7.5%。64名教職員的政治面貌，經過各項政治運動，也基本弄清，歷史上沒有問題的15名，占總數的23.4%；有政治歷史問題的49

名，占總數的76.6%（特務和特嫌10名，有重大歷史問題的13名，反
動黨、團員21名，一般偽軍政人員3名，一貫道2名）。其中家屬親
友在臺灣的18名；本人被鬥、被關的12名；親屬被鎮壓的5名。由於
這一情況，加之學校黨的政治思想工作薄弱，沒有抓緊思想領導，大
鳴大放以來錯誤地採取了放任態度，致使反革命分子有隙可乘，陰謀
煽動學生使用暴力對待黨和政府。據統計，參加和支持鬧事的教員51
人，占總數的76.6%，其中9人是這次事件的組織者和領導者；參加鬧
事的學生986名，占學生總數的80.3%，表現積極的計有204名，占參
加鬧事學生總數的20.6%。其中表現極為反動、帶頭寫反動標語、呼
喊反動口號、行兇打人的58名，屬於反革命分子派遣指使鬧事的有16
名；有階級仇恨、乘機報復的有9名；品質惡劣的有7名；思想糊塗、
輕信妄動的26名。

　　以上文字摘自〈關於一中暴亂事件考察工作總結報告〉。1957年8月30
日，以中共漢陽縣委名義向地委、省委寫的這份總結報告，集中反映了考察
團的工作成果。對於這一事件性質的最後認定，對於事件中的責任人的刑事
判決和行政處理，基本依據就是這個文本。這個文本將在本書中多次引用，
為了閱讀便利，我將這個文本簡稱為考察團報告，不再另加任何符號。

　　上述報告中的資料，早在考察團進駐漢陽一中不久，就在向孝感地區的
報告中使用過。

　　截止到7月2日，被揭發出來的教師有幾個人。一位是歷史教員陳天順，
說因為他講過：「如果第三次世界大戰打起來，蘇聯一定會失敗的。」一位
是語文教員王政，說因為他講過：「過去中國人受美國人的欺騙，現在還是
受外國人的欺騙！」還有一位是副校長王建國，說因為他講中國近代史說：
「抗日戰爭不應全抹煞國民黨的作用，說成是共產黨領導的。這與事實不
符。」同時還移花接木地杜撰王建國在教員中散佈「漢陽縣委是黑暗的」、
「漢陽縣沒有真理」。還有楊松濤、鍾毓文、鄒振鉅、張安健等幾位已經列
入「反動的別有用心的教員」之列。上述老師多為家庭成分較高，或者被認
為有特務嫌疑。

在所尋找到的階級敵人中間，還有一位校外民主人士，縣文化館的圖書管理員，年過六旬的民盟成員楊煥堯。這一年不知道出於什麼原因，明確允許民主黨派擴充自己的組織成員，楊煥堯身體力行跑到漢陽一中去搜羅發展對象。漢陽一中學生遊行路過文化館，找他要過茶喝和借用電話，他說茶沒有，只有河水，要打電話請到郵電局。僅此而已。後來演繹為他慫恿學生沖郵電局。進入考察隊視線的幾個民主黨派成員中，楊煥堯成為重要對象。

依據這樣的階級分析，考察團提出一個大膽的論斷：漢陽一中有一個「王派集團」存在。「這個集團中大多數是歷史反革命、特務嫌疑分子和部分對黨不滿分子」，「專門和學校裏的歷屆黨支部和黨員負責幹部作對」。「從現已掌握的材料看來，這個以落後團員為核心、以反革命分子為骨幹所組織起來的『王派集團』，實質上成為這次鬧事的『集體鼓動者』和『集體組織者』。」王建國當時是超齡共青團員。

王建國就這樣被無辜地推上斷頭臺的第一個臺階。

王建國其人及所謂王派集團

上世紀50年代初，漢陽縣有四大校長，每次集中開會時，一中校長王建國同二中校長王翹睡在一起，三中校長金傑同漢陽初師校長張安健睡在一起。這四大校長中間，張安健最早被免職，隨後就在一中擔任語文老師，在漢陽事件中什麼事也沒有，卻被判了幾年勞動教養。更倒楣的就是王建國了。

在這部書稿中，為了體現表述的客觀性，對我所有的老師，都要無奈地直呼其名，學生在此一併謝罪。

王建國，原名王炳昭，湖北省蘄春縣人。生平如下：

1924年11月21日	出生
1931年2月到1939年7月	蘄春縣家鄉讀私塾
1939年8月到1942年6月	蘄春縣圓襟沖蘄廣聯立初中就讀
1942年7月到1945年6月	黃岡三解元省立二高中就讀

1945年8月到1946年5月　　蘄春縣黃城河鄉小學任教導主任

1946年6月到1946年7月　　蘄春縣農林場任推廣員

1946年8月到1947年7月　　武昌寶積庵省立農學院就讀

1947年8月到1949年1月　　漢口法學院就讀

1949年2月到1950年1月　　蘄春縣立中學任教

1950年2月到1950年8月　　湖北革命大學學習

1950年9月到1951年8月　　漢陽縣三區、二區做文教工作

1951年9月到1952年8月　　漢陽縣新民中學任校長

1952年8月　　　　　　　　漢陽一中任副校長

1957年9月6日　　　　　　因漢陽事件冤案被處以死刑

　　王建國的父親王道平是位鄉村醫生，家裏開個小藥店，並有土地19.85畝。土地改革之初劃為中農成分，複查時變更為富農成分。這個變更，對於王建國日後的政治生命，乃至人身生命，無疑是個陷阱。

　　應該說王建國這個家，農醫並舉，經營有方，在鄉下算是殷實之家，這是他能夠接受良好教育的經濟基礎。王建國從私塾發蒙，一讀就是8年半，有了舊學功底。又在本縣讀完初中，在黃岡三解元省立第二高中畢業。民國時期，兼有舊學新學學歷，實為非常難得之才，因之受聘為本縣黃城河鄉小學教導主任。隨後在本縣當農林場推廣員。1946年下半年，他離開家鄉，先後在武昌省立農學院、漢口法學院就讀。據可靠人士說，王建國還有一段值得誇耀的學歷，在進入農學院之前，曾就讀於武漢大學歷史系，其間發生了一件不愉快的事情。那是上二年級時，一次考試交卷之後，他把答案從窗口傳遞給一位同鄉，為此受到嚴厲的處分，遂自動離校。

　　王建國學成之後，以其所學反哺鄉梓，1949年2月至1950年元月，在縣立中學任教。這期間中國歷史發生巨大變革，中華人民共和國誕生了，王建國滿懷激情擁抱新生活，毅然放棄原名王炳昭，更名為王建國。王建國與新中國同步，開始了新的人生。1950年2月，他考入湖北革命大學，並成為中國新民主主義青年團團員，出任團支部書記。

　　湖北革命大學，簡稱湖北革大。1950年9月，王建國革大畢業，同幾位同學一道，來到漢陽縣工作。沔陽籍女同學胡斌，先分配到縣司法科，後來調到一中任教，成了王建國的同事。另一位革大同學丁希天，是胡斌的丈夫，分配到漢陽縣文教局，後來去了老家沔陽縣。什麼原因，後文將有交待。正是因為有了這些同學關係，王建國後來才有了有口難辯的麻煩。

　　在漢陽縣，王建國先後在三區、二區做文教工作，同時參加了土地改革工作隊，這一年中的出色表現，使他得到第一次重用，1951年9月任新民中學校長。新民中學是新政權接管的一所私立中學，兩年後更名為漢陽二中，也就是我上初中的母校。王建國於1952年調往漢陽一中，主持學校全面工作，頭銜是副校長。他為這個副字，付出慘重的代價。

　　這幾年間，應該是王建國心情舒暢，努力工作，爭取進步的大好時光。他在事業上一步一個臺階地上去了。而且，這位年輕的蘄春人，在漢陽的土地上，還成功地贏得一位漢陽姑娘的芳心。楊續淑可是大家閨秀，武漢市一女中高中肄業，天生一副好嗓子，時任鄉村小學教師。有一天楊續淑上音樂課，土改工作隊的王建國正好路過這裏，他被教室傳出的悅耳歌聲吸引住了，從這一刻起他的愛情有了一個具體的目標。

　　1953年初春，剛剛開學了，正在省裏參加思想改造運動的王建國，從省城武昌往漢陽縣打長途電話，告訴這位已經訂情的漢陽姑娘，說自己有望入黨。這絕對是個好消息。1943年王建國在省立二高讀書期間，曾經以集體名義加入過三青團，1948年6月在漢口法學院加入過中國民主青年會任小組長，這個組織於同年9月解散。這段經歷，本是王建國的一塊心病，現在在思想改造運動期間，馬上可以投入共產黨的懷抱，當然可以消解心頭的一切疑慮，更加堅信共產黨對自己的信任。

　　遺憾的是，運動結束在即，時間太緊迫了，他要回到學校主持工作，省委機關隨後將有關材料寄到了漢陽縣委。從1952年起，王建國鍥而不捨地申請入黨，可是漢陽一中發展了一個又一個黨員，他一直眼巴巴的站在黨的大門之外。1956年新到任的支部書記韓建勳，同時兼任校長。這一年12月30日，王建國再一次失望了，包括他在內的3名申請人，在黨支部會上討論時有兩名獲得通過，一位是總務主任姜茂堂，一位是體育老師曹良濤。在經歷

了太多的失望之後，王建國的希望並沒有完全泯滅，他怎麼也不會想到，自己一下子就被指認為反黨分子。

王建國與韓建勳之間有一些工作上的矛盾，也有一些不能拿到桌面上來說的心理糾葛。以教育工作而論，前者是內行，後者是外行；但是，前者是副職，後者卻是正職。這樣一種格局，必然在師生中引起議論，王建國也難以做到心理平衡。因此，一些教師，甚至也有學生，不時給韓建勳出點難題。一些教師與王建國走得近些，那是因為共事時間長，可以交流的語言多。那時同學們都崇拜王校長。在學校破舊的禮堂裏，他為我們高中部做過一次報告，有一句話我刻骨銘心地記住了。他說，一個人如果沒有一門外語，將會成為終生的遺憾。在他罹難之後，在我輟學之後，這句話依然響在我耳邊。我至今仍然為此遺憾著。我上初中高中時都開俄語課，輟學之後我還買了大學俄語自學讀本。後來中蘇關係不斷降溫及至冰點，學俄語會有親蘇之嫌，至此我才作罷。可見王建國校長對我們學生的影響之深。

命運時常捉弄人。王建國感覺到在漢陽縣的處境不妙，萌生過調動工作的念頭，而且又有這樣的機會。他的老師柳野青，時任省教育廳副廳長，他想請老師幫忙調他到孝感高中去教書，不再擔任什麼領導職務了。這應該是一個不錯的選擇。如果真放他走了，他的命運也就完全改變。

考察團進駐漢陽一中時，王建國還是考察團成員，經過階級分析方法的篩選之後，他很快成了「王派集團」的首領。

所謂「王派集團」是一個什麼樣的集團呢？考察團報告說「王（建國）犯的反黨活動由來已久」，1952年調任一中副校長以後，即「組織宗派活動」。1955年學校建立黨支部，1956年韓建勳任學校黨支部書記兼校長以後，王建國「對黨更加仇恨，手段更加反動毒辣，物色拉攏有重大政治歷史問題和特嫌分子組成反革命集團，狂妄向黨進攻。」

王建國為什麼要組成一個「反革命集團」？有什麼政治目的？組織章程在哪裏？考察團在沒有找到構成「反革命集團」任何要件的前提下就認定了。

所謂「王派集團」的活動，考察團報告寫道：「抓住韓不熟悉業務的弱點，通過其集團骨幹分子、副教導主任楊松濤、張良紹把持學校教學業務、人事關係、班主任工作，學生會的領導大權，以鍾毓文、鄒振鉅等具體掌握

語文、數學、理化三個教研組，從各方面打擊黨的領導，致使學校黨支部工作完全陷於孤立狀態。」

在韓建勳到來之前，王建國作為一校之主，他不依靠這些人依靠誰？韓建勳到來之後，王建國作為負責教學業務的副校長，他不依靠這些人依靠誰？根據揭發韓建勳的材料看，他連學校24個班的班主任都搞不清楚，說明他是自己孤立了自己。

在所謂「王派集團」中，還包括初三（7）班班主任胡斌，因為她和她的丈夫丁希天都是王建國在湖北革命大學的同學。丁希天從沔陽到漢陽探親，王建國作東請他們夫婦，還有革大的其他同學上望記酒樓小聚，這就構成了集團活動的內容。

在逼供誘供面前

胡斌是最早進入考察團視線的教師之一，也是考察團在教師之間挑起無情鬥爭的最早的犧牲品，並成為漢陽事件中被判刑的唯一一位女教師。胡斌在她寫的回憶文章中，有一段真實的記述：

> 6月15日，孝感地區派來了考察團進駐學校，禁止全校師生出入。隨之學生、老師都必須分頭開會，開展了大檢舉、大揭發。我首先看見牆上貼了我一張長兩米、寬一米三的大字報。全校搭起四五座批判台。大字報，檢舉材料，鋪天蓋地，貼滿校園。批判鬥爭，翻天覆地，日以繼夜。我記得在老師開會時，杜××老師當時表現很積極，那時她剛從學校畢業，和李穗一起分配到一中。開會時，她突然站起來說：「現在是劃清界限的時候，再不要稱某某老師。胡斌，站起來！」就這一聲叫喊，我預感到我完了。

年輕的杜老師一聲叫喊之後，緊接著何崇本老師開始了真正意義上的檢舉揭發：「1953年我們在武昌開展思想改造時，她說她曾叫小孩喊毛主席萬

歲，又對孩子說，要不是毛主席來，你怎麼會見不到你爸爸。她心懷不滿，對共產黨仇恨。」

何崇本所言，一半不虛，一半不實。

胡斌是湖北沔陽人，於1948年在武昌湖北省立二女中高中畢業，這一年沔陽已經解放，她和丁希天一起進了師訓班，第二年又一起考進湖北革命大學。一年以後，兩人同時被分配到漢陽縣工作，胡斌到司法科，丁希天到文教科。丁家在土改中劃為惡霸地主成分，他父親逃跑在外。這期間丁希天在漢陽鄉下搞宣傳，沔陽老家人找不到他的父親，就來把他抓了回去。丁希天是家中獨子，父親聞訊趕回來，隨即被處以極刑。丁希天從此也就留在沔陽，在楊林尾集鎮上教書。漢陽縣這邊大會小會要求胡斌與丁希天離婚，劃清界限，否則將被清洗出政法戰線。胡斌誓不離婚，表示願意接受清洗。1952年成立漢陽縣人民法院，司法科從政府機構析出，胡斌就被分到漢陽一中教書。

從此胡斌與丈夫天各一方，由胡斌帶著孩子生活，當她抱著孩子面對毛主席畫像的時候，就說出心裏的大實話。1953年在武昌學習期間，為了表示對共產黨的忠心，便在一次會上暴露了自己的真實想法：我曾在房間裏抱著孩子看毛主席像，並教她喊毛主席萬歲，但心裏想，若不是毛主席來，你爸爸就不會被拉走。正是由於她說了真話，正是由於她當時的進步表現，帶動了思想改造運動的發展，她被批准加入教育工會，當上了工會小組長。1953年2月27日，由湖北省第二屆中等學校教職員學習委員會主編的《學習簡報》第四期，登載了三部六班三組胡彬（這是當年她名字的寫法）的文章〈我決心趕上去　大踏步向前進〉。

現在，這一切，怎麼又成了罪過呢？

胡斌租住校外民房，學生第一天上街遊行，校工喊她到校開會。會上王建國說：「老師們，請你們馬上上街，把各班的學生找回來。」她趕到街上，四處找本班學生，見一個拉一個回校。當天晚上，她還在學生寢室過夜，怕夜晚學生出事。第二天早上回家給孩子餵奶，回學校經過操場，遇到本班學生周萬安、楊榮洲、蕭石安等人。他們面帶驚慌地告訴她，街上發現了「反動標語」。胡斌感到事態嚴重，心想學生上街只是為了升學，

千萬不能被社會上的壞人利用啊。她對幾個學生說：「你們趕快把所有標語撕下來。」過了不久，周萬安等人把撕下的標語裝在一隻字紙簍裏，交給了胡斌。胡斌連看也沒看，就提去交給王建國，王建國隨手扔到辦公桌底下。

胡斌成為最早被審訊的教師之一。

考察團政委劉佑鈞，親自審訊胡斌——

> 劉佑鈞：你撕標語，是不是王建國指使的？
>
> 胡　斌：不是的。
>
> 劉佑鈞：你和王建國是什麼關係？只要你能檢舉王建國，就可以得到寬大處理。
>
> 胡　斌：我和王建國是湖北革大的同學，一起分配到漢陽縣來，除了這種關係外，沒有任何關係。
>
> 劉佑鈞：在這次鬧事中，你和王建國做了些什麼，王建國指使你搞了些什麼活動？
>
> 胡　斌：王建國沒有指使我做什麼，我現在瞎說，如果將來事實弄清楚了，我豈不犯有陷害罪？
>
> 劉佑鈞：你不老實！
>
> （聽到胡斌如此說話，劉佑鈞勃然大怒，把桌子一拍，大聲吼道。）

在公審大會上，胡斌如實向審判員陳述撕標語的經過。

審判員問：「你們開過黑會，是什麼內容，在什麼地方，老實交代。」

丁希天來漢陽探親時，王建國請革大同學在一起吃飯，那也能叫開黑會嗎？她沒有承認開過什麼黑會，她被認定為「態度不老實」。

她被關在看守所裏。每天6歲的大孩子抱3個月的小孩子來吃奶。68歲的婆婆到處撿柴禾燒火做飯。

一個只有28歲的年輕女子，一個養育著3個孩子的母親，眼看就要面臨長期的牢獄之災了。那將是怎麼的情景呀！失去母愛的孩子，豈不要流落街頭嗎！

她面前放著白紙和鋼筆，讓她老老實實地交代問題。

我沒有犯法，交代什麼呢？

胡斌精神陷於恍恍惚惚。

她一遍又一遍地寫道：

> 胡斌
>
> 你是反革命嗎？
>
> 胡斌
>
> 你是反革命嗎？
>
> 胡斌
>
> 你到底是不是反革命？

胡斌堅信自己是一個堂堂正正的人民教師。

8月29日，胡斌被判處有期徒刑10年。

在考察團和審判人員的逼供誘供面前，幾乎所有當事人的精神防線都要崩潰。他們不得不承認有一個小集團，不得不承認自己是小集團的成員。初三（8）班班主任余心平，他因為對學校召開的學生代會心裏沒底，不知道學生代表對自己提了些什麼意見，找過副教導主任楊松濤，這就與「小集團」扯上了干係。

以下是縣公安局1957年8月14日對他的預審筆錄——

> 問：你對別人說過什麼？
>
> 答：我問過楊松濤學代會開的怎麼樣。
>
> 問：你的目的是什麼？
>
> 答：以前是問〔對〕我的意見，以後當然變了。
>
> 問：你不能避重就輕，不管什麼問題，就應該大膽交待，是什麼就是
>
> 　　什麼。

他不知道應該大膽交待什麼，才能滿足審訊人員的要求。於是，審訊人員再次誘導他：

> 問：去的目的是什麼？
>
> 答：開始是瞭解學生對我提了什麼意見，以後才問到這，以前我沒有意識到小集團問題，通過組織上啟發我才體會到我與王建國是一個小集團。
>
> 問：小集團是劉專員啟發你的？
>
> 答：我反省中慢慢想起來的。
>
> 問：你究竟是不是小集團的人，是不是啟發你才知道，你應該很好考慮。
>
> 答：我已經承認我是他的小集團，以前由於我的分析水平差。
>
> 問：你為什麼成為他的小集團的？
>
> 答：我知道我是王建國小集團的，12號他向我說，這樣無組織無紀律是沒有好的效果的，12號我就照著做了，我在教室專門向學生強調有組織有紀律的鬧。

審訊人員就是這樣反覆「啟發」當事人，引導當事人招供，招供之後還不能說是受了「啟發」。一個以王建國為首的小集團，就這樣成立了。但它算不算一個反革命集團呢，考察團苦於找不到有效的證據。

一個估計成了重大突破口

考察團運用階級分析方法，確認王建國為主攻方向，把師生揭發的矛頭直接引向王建國身上。

最初對王建國的揭發，大體還能按照事實本來面目表述。

教導處副主任張良紹，應該說同王建國在工作上是比較合拍的幹部，考察團啟發他檢舉揭發之初，還能保持理性的態度。

　　6月13日……在一個辦公室（可能是體音美組）見王建國一人坐在那裏表現得聲嘶力竭、精疲力盡的樣子，我走進辦公室，他對我說：「學生太不聽話，要他們不進縣委會，他們偏要往裏面擠，隨便怎麼也攔不住，結果在裏面挨了打，特別是些小傢伙，打得真可憐，那時可在勸說，有人還要打我，旁邊有人說，這是學校的王校長，才沒有打。」

　　王建國又說：「縣委會的幾個幹部也不像話，我要他們把我們的學生放出來，他們不肯，結果學生衝進去了，就打起來了，我兩邊攔，都攔不住。」

　　有人說這是農民隊伍來了，這時王建國兩隻手〔直〕擺，表現得十分焦急，他說：「這怎麼得了，工人來了，周圍的農民也來了，事情鬧大了，都到學校來了，這要政府趕快想辦法，不然把學校搞成什麼樣子呢？」

從張良紹這一段交代文字裏，我們看到的是怎樣的一個王建國呢？
1. 他為了管束罷課學生，已經聲嘶力竭，精疲力盡。
2. 他批評學生太不聽話，怎麼攔都攔不住，說明他並不支持學生罷課。
3. 他批評縣委會幹部打學生不像話，幹部打學生激化了幹部與學生之間的矛盾。
4. 他自己險些兒挨打。

張良紹這樣的檢舉，在考察團的眼裏，肯定不符合要求，甚至會以為他在為王建國評功擺好。於是，他又在考察團的啟發之下，再次寫出一份檢舉書。

張良紹在7月18日的檢舉書〈王建國在鬧事中的表現〉中寫道：

1. 12日，學生鬧起來了，我們向學生解釋了很久，王建國才來，來了之後又不大力以其在學生中的威信進行制止，以後學生打集合鐘要上街，我問王建國怎麼辦，王建國說，怎麼辦，他們要鬧，就讓他們鬧，他們不聽話，又有什麼辦法呢。

2. 本來學生當時是要確實數字，當時專署打電話來是26.3%，周良善從教育局拿文件來，雖然未具體算出（因一算不符合30%），但也是20%以上。這時對學生宣佈，什麼事也沒有了，可是王建國與胡平軒不許宣佈，說是前後說兩個不同數字學生不會滿意。

3. 12日下午，在上官局長被學生推到學校前一刻，王建國對我和楊松濤說：「看樣子制止不下來，事情還會鬧大，要領導起來，有組織有紀律地搞才好，這樣搞不成名堂，怕出鬼。」我以後對學生講的，要他們有組織有紀律，我認為這一點與學生揭發的楊煥堯到學校來找他有關。顯然王建國在對我和楊松濤直接佈置任務。

4. 13日早上，學生又鬧起來了，我問怎麼辦，王建國說，這有什麼辦法，制止不下來嘛，只要今天不像昨天那樣亂搞就好了。

5. 學生罷課鬧事回來，我碰到王建國，王建國聲音也啞了，他說：「學生不成名堂，不聽話，幹部也不像話，打學生。」

6. 12日晚，王建國與楊松濤在樓上喊，同學們要提高警惕，敵人鑽到我們學校來了，我們趕快各回各班，護校保產，發現有生人，要注意，不要讓壞人在我們學校乘機破壞。他們喊了一遍又一遍，接著又佈置發標槍給學生站崗放哨，並要教室寢室都要留人。

7. 13日晚，許斯武向王建國彙報四中秘密會議的內容，他不但不批判，反⋯⋯〔文字未記全。〕

8. 14日學生聽完趙秘書長報告回來，王建國挑撥說，工人、幹部也是要處理的，如果不處理，我們也不依，也要提意見。

9. 14日早晨，王建國佈置班主任老師統計學生受傷數字，受傷26人，重傷4人。當時說得好聽，是為了駁斥學生說打了146人的說法。實際也是歪曲事實，擴大矛盾。

張良紹的這份檢舉書，已經開始在考察團授意下，把學生「鬧事」的責任推向王建國。但所引用王建國的言語，似未失去本真。

從另一方面，可以看出王建國對學生失控，表現出明顯的憂慮：怕出鬼。

　　這樣一份檢查書所提供的材料，還不足以將王建國置於死地，考察團肯定也不會滿意。

　　7月30日，張良紹寫出了題為〈胡平軒在我校召開學代會前後的陰謀〉的檢舉書。這份檢舉書，開始偏離事實了。他寫道：

> 在學代會前一周，胡平軒、楊煥堯、王建國就進行了密談，通過學代會，達到卑鄙的政治目的，實現他們的無恥陰謀，這是他自己供認的。但是胡平軒在供認時還吞吞吐吐。

　　胡平軒升任漢陽縣文教局副局長之前，原來就是漢陽一中的教導處主任。張良紹第一次提出，在學代會之前，胡平軒、楊煥堯、王建國有過「密談」。

　　過一週，8月6日，張良紹在〈自我檢查〉中寫道：

> 記不清是在6月1日或2日下午，我在辦公室，胡平軒找到我問，我們學校的學代會怎樣開法。我把學代會的計畫向他彙報了，我首先談了目的，接著談了代表資格與代表產生的辦法。資格是：「凡本校在籍學生，各科成績及格，沒有受過處分，大公無私，能代表群眾意見，為群眾擁護。」產生辦法是〔：〕「小組醞釀，班委會提名，最後以全班同學以無記名投票方式選出。」接著我同他談了由班主任組織輔導小組，領導學生學習學代會精神，與在班上領導學生提意見。最後，我向他談籌備工作計畫，與大會議程。在我談了以後，胡平軒「嗯」了一下，沒有表態，大概由於我的這一計畫不中他的意，所以王建國、胡平軒、楊煥堯就在6月2日晚飯後開了一個會議（這是我的估計，不十分可靠）來具體研究學代會問題。

　　請注意，這是1957年8月6日張良紹的陳述，對於所謂三人「密談」的名單順序作了調整。7月30日的檢舉，矛頭主要指向胡平軒的「陰謀」，胡平軒放在「密談」名單的第一位。在這次的自我檢查中，位居末位的王建國放

在了排頭的位置。他杜撰了一個「密談」的具體時間——「就在6月2日晚飯後」。同時又顯得十分滑稽地注明「這是我的估計，不十分可靠」。儘管如此，在考察團那裏，在審訊人員那裏，這份書證就成了寶貝。

這在份〈自我檢查〉裏，張良紹對王建國進一步揭發：

> 6月3日中午，午睡時我到辦公室去，王建國坐在沙發上打瞌睡，我進去後他對我說：「我們來把學代會的問題具體研究一下吧！」我說：「你不是看了計畫嗎？」他說：「是呀，這裏面有些具體問題還需要研究一下。」我就坐下來了。他對我說：「我和胡局長他們研究了（他沒有說楊煥堯，因為我沒有和楊煥堯接觸過），學代會是通過學生的鳴放向支部提意見，幫助黨整風。因此應該由我們來掌握，只有我們掌握才能發動學生向支部提意見。」我說：「也用不著發動，學生對韓校長意見大得很。」

張良紹先說的「估計」，很快演變成真有其事一樣，王建國等三人的「會議」，就是要為學代會定調子：「通過學生鳴放向支部提意見」。並進一步推定為「向黨進攻」。

因為張良紹的「估計」，純粹是主觀想像出來的一個故事，王建國等三人接受訊問中，胡平軒、楊煥堯二人，被逼無奈之時，也就順竿爬，編造更多自相矛盾的故事。

張良紹並沒有因為提供如此重要線索而立功贖罪，本來他在不久前的肅反中已經過關，現在他又被劃入王建國集團之中，並且屬於一個核心成員，依然脫不了干係。他被判處12年徒刑，死在了獄中。

如果他的骨頭硬一些，如果他沒有信口雌黃，如果他沒有那樣一個什麼「估計」，也許王建國、楊煥堯不會有殺頭之罪。

不過，這樣的推理，不僅在今天毫無意義，就是在當時也毫無意義。因為王建國即使沒有這一條莫須有的罪狀，也會有那一條莫須有的罪狀。總之，他逃脫不了「快辦快殺」的命運。

圍繞學代會的離奇審訊

漢陽一中的學代會，受到縣委、縣人委的高度重視。縣委文教部副部長張靖到場了，副縣長傅彥明到場了，縣文教局副局長胡平軒到場了。傅副縣長發表了講話，充分肯定了學代會的成果。張靖回憶說，「韓茂林說學代會開得還好。」誰也沒有想到，學代會正要閉幕，初三學生卻開始罷課，走上街頭遊行了。

考察團把學代會作為學潮的一個誘因加以追究，至少認為學代會沒有解決學生中存在的問題，而導致學潮的發生。這一問題的責任，不是由學校黨支部書記兼校長韓建勳承擔，而是將主要責任推到副校長王建國身上。

張良紹的一個「估計」，成了言之鑿鑿的證人證言。

最高人民法院的判決書中，在列舉王建國的所謂種種罪行中，學代會所占的分量很重：

　　6月初，學校準備開學代會，貫徹勞動教育，王犯竟與楊煥堯、胡平軒在原詠荷茶樓後面開秘密會議，密謀將學代會內容篡改為發動學生向黨進攻；並研究篡改學生代表的條件，將一些壞分子和落後學生都指派為代表。會後，王犯一面指示該集團骨幹鍾毓文召開接待會先摸學生的底，指明學生鬥爭目標；一面採取欺騙、挑撥、拉攏等手法親自在教師和學生中發動他們攻擊領導。在王犯等的陰謀策動下，致使6月8日學校召開的學代會變為王犯集團向黨進攻的會，提出了

「要韓校長回農村工作」,「團支部書記周秉賢回家生產」,「要五個黨員教師離開學校」。讓王犯「當校長」,更揚言:「問題不解決就搞匈牙利事件」。王犯所策劃的這次會議,實際上已成為6月12日漢陽一中反革命暴亂事件的準備會。

一個莫須有的三人「秘密會議」,竟然「實際上已成為6月12日漢陽一中反革命暴亂事件的準備會」。

揭開塵封的歷史面紗,原來詠荷茶樓「黑會」,是由逼供誘供演繹出來的荒誕故事。

學代會與勞動教育

學校召開學代會的初衷,本來就是化解學校與學生之間的矛盾,撤除「鬧事」的導火索。這一項安排,又在學校行政幹部和一部分教師中間引起了恐慌,因為當時學校在教學上和學生生活上積累的矛盾比較多。

比較典型的一例是鄒振鉅,他是數學教研組長,高一(3)班班主任,班上經常出現失控狀態。他在接受審訊時說:「我原先是不準備開學代會的,因我在班上工作未搞好,怕學生提意見。」他又說,「我個人認為是對黨支部提意見。」這樣一種想法,也很真實,也很自然,並不是蓄謀將黨支部當成攻擊的目標。

語文教研組長鍾毓文,從師道尊嚴出發,也不贊成召開學代會:「我本是反對開學代會的,以為學生在代表會上談老師缺點損害老師威信,不合教育原則。〔為了〕在尊師愛生的氣氛下召開學代會,因此我想到在語文組召開一個接待會,會上各班來的兩個學生表示,學代會希望班上同學對我們進行誠懇的幫助。」(鍾毓文1957年8月30日〈申訴書〉。)

鍾毓文以語文教研組名義召集的學生接待會,後來也成了預謀向學校黨支部發起攻勢的重大罪行之一。召開這個學生接待會,實際上是為了在學代

會之前，先行化解一些師生之間的隔閡，使學生代表在學代會上不要發表過
激的言詞。除此之外，別無其他所謂「動機」。

　　一些老師在學代會之前怕引火燒身，在學代會期間又急於打聽學生的意
見，這是非常自然的現象。

　　我上漢陽一中有一個刻骨銘心的感受，就是參加體力勞動的時間特別
多，消耗了我們大量的精力和體力。學校的大操場，是我們一鋤一鋤挖出來
的，學校蓋房子的磚瓦是我們一擔一擔從漢水岸邊挑回來的，還有沒完沒了
地支援農村插秧、育棉和修路。詩人管用和曾在漢陽一中擔任過美術課和音
樂課教師，他有一首打油詩，客觀地記述了我們當年的生活：

　　　當年管用和，教畫教唱歌。
　　　不畫也不唱，成天做農活。
　　　鋤頭加扁擔，糞桶加筐籮。
　　　操場種紅苕，支農是主課。

　　主管教學的副校長王建國，自然想到學校是以學為主的方向，因此在這
個問題上，與黨支部書記兼校長的韓建勳，有一些意見分歧，這也是正常的
現象。韓建勳提出在學代會上，要貫徹勞動教育的問題，無非是要達到兩個
目的，一是讓學生積極參加校內義務勞動，一是畢業後積極回鄉參加農業生
產勞動。但是，全省教育系統佈置召開學代會的初衷，主要目的是要化解當
時已經迫在眉睫的校內矛盾。有一些學校已經召開了學代會，也是在化解校
內各種矛盾上做工作。

　　有關學代會問題，主要涉及到兩個方面：第一，要不要在這個會上貫
徹勞動教育；第二，是不是設置了一個鬥爭目標。後來韓建勳證實：「當時
王建國與我有點分歧意見，王要減輕學生的勞動，增加授課時間。我當時認
為國家資金有困難，要抽每個班搞一、二小時搞操場，但王建國不同意。」
「開學代會是黨政工團研究的。會議上決定由王建國作報告，當時王建國要
把報告給我看，我說你的水平我是知道的，你大膽講。」這是1985年8月10
日複查組成員李海清、陳祖江在漢陽飯店同韓建勳的談話記錄。1985年8月

24日，韓建勳再次向複查組陳述：「我根本不知道法院判了王建國死刑，法院的劉浩找我寫材料，說王建國學代會的材料是你批准的，我說是的。當時王建國寫的報告，我說你材料水平高些，所以我就寫了這樣一個材料給劉浩去了，劉浩把材料交給李毅看了，批評我心怎麼不靈活，王建國叫你批准報告，王建國是有心，你是無意的，這樣我把原來的材料不算數重寫。是按李毅的意思寫的。我給劉浩的第一份材料是真實的，但在第一份材料上所寫的作廢的字是李毅叫我寫的。後面寫的是按李毅他們的意思寫的，不是實事求是的。」就是這一證明材料，最後決定王建國於學代會有罪，本書後部將提供更多荒誕的細節。

學校總務主任姜茂堂對學代會的回憶文章的原稿中，有一段這樣寫道，（會場氣氛熱烈而嚴肅。）「可是韓在讀講稿時，由於自身準備不足，似乎有些緊張，念不成句，結結巴巴，會上的氣氛一下子沒有了。張良紹是會議主持人，坐不住了，接過韓手上的講稿代為進行。在眾目睽睽的場合下，這種舉動於大會於韓都是有負面效應的。」這一段話，在蔡甸區編印的資料中，被刪去了。

學生代表提出意見共有67條，分別為：

1. 學校行政，對韓建勳、王建國8條。

2. 團總支，包括對周秉賢6條。

3. 總務，包括對姜茂堂15條。

4. 體育室11條。

5. 校醫務室6條。

6. 圖書室5條。

7. 各教研室8條。

8. 其他，包括對鄒振鉅的班主任工作8條。

這是複查組1985年整理的統計資料，從中已經看不出學代會的任何火藥味。在我看來，召開學代會肯定不是為發動漢陽事件做準備，也沒有任何人有如此不良動機，但學代會卻在某種程度上，使學生對學校的零星的意見明朗化了。

胡平軒編出詠荷茶樓故事

詠荷茶樓位於蔡甸鎮東北面的蓮花湖畔，距離縣人委所在地王家塘不遠。胡平軒在縣人委文教局工作，在縣人委食堂就餐，當他被迫交待與王建國、楊煥堯的三人「密談」地點時，他的故事就從這裏編織出來。

在胡平軒「現行反革命」一案的卷宗中，詠荷茶樓寫作了泳鶴茶樓。胡平軒不會是故意出錯吧。本書凡寫到的泳鶴茶樓或詠鶴茶樓，均為詠荷茶樓，不再另加注釋。對於非案卷文字的這一訛誤，作者將順手改過來，也不另加注釋。

以下為胡平軒1957年8月11日反省材料中的文字：

> 學代會前一周，6月2日下午6時後，在泳鶴茶樓後面的空場上，採取逛路形式，研究學代會問題。這天上午楊口頭通知我，他又通知王建國。晚飯後，我與楊先到，王建國後到。楊煥堯首先說：學代會是個機會，也是開展鳴放的機會。我說學代會是擴大學校民主生活的。王建國說：學代會是反映學生的意見與要求，改進學校工作的。楊說：學代會總的是學生開展鳴放的機會，老王應該通過各種關係把學代會掌握起來。老胡在會上應支持王建國的意見，在某些問題上莫表示態度，並要我們向他彙報情況。其次楊提出代表的選出與訓練問題，我說：代表應該是上中下三類學生都有，代表意見廣泛。王建國說：我們上季接待學生，就是各類學生，這樣才能廣泛地將意見反映上來。楊說：為了意見提得出來，多選出調皮的敢提意見的學生。最好自由選舉，不先提名。接著又提選代表訓練問題。楊說：重在發揚民主，大膽提意見。我與王建國說：對的，主要打破顧慮。楊說：會議內容，應該是對學校行政提意見，從生活入手，對老師所提意見主要是教學。最後，楊提出：如果學生所提問題得不到解決，情況惡化了，學生要罷課，怎麼辦？我與王建國說：學生罷課，在校內鬧鬧可得。因

我主要對韓校長有意見。楊說：就照你們的，學生在校內鬧起來了，還是老王通過各種關係支持，老胡採取消極態度，我自己在外面從學生中發動。還要王建國通過各種關係組織力量。以上系三人會議情況。

關於三人會議的貫徹：當高士友傳達應城一中學生鬧事情況後，王建國在辦公室說：根據應城情況看，我們學代會要注意解決學生生活方面的問題，要注意從這方面撤導火線，代表會解決好這方面的問題，勞動教育的問題也自然得到了解決。我說：對，只有從這方面解決問題才能防止發生事故，因學生不好直接從勞動教育方面提出問題。這是我在公開場所藉合法名義，積極支持王建國篡改了學代會主要內容——勞動教育。

王建國三人會議，抓了學代會開幕式的大會報告，要張良紹訂計畫，訓練代表，開代表預備會。通過鍾毓文組織語文組老師搞學生接待會，為學代會提意見做準備。通過鄒振鉅組織學生提意見。余世忠組織學生提意見，並在會上支持我與王建國的意見。

另外，我還在辦公室過問張良紹。他說：學代會的目的是發動群眾大膽提意見，克服官僚主義，改進工作，以及勤工儉學。還說了學代會的開法。我說：對，學代會是發揚民主。

我於6月6日上午9時左右，在政協外面將學代會準備工作，按照上述情況，向楊煥堯作了彙報。他說：對，是這樣的，代表會就這樣開。

胡平軒的反省材料，把所謂三人會議的時間、地點、過程交待得一清二楚。從文字上看不出胡平軒精神出現毛病，似乎完全是一個正常人的敘述語言。其中三人對話的情景，寫得繪聲繪色，惟妙惟肖，如同紀實一般。

然而，幾天之後，8月15日，胡平軒將自己編出的詠荷茶樓「三人黑會」的故事全部推翻了。

又過了幾天，8月21日晚，縣委組織部副部長、考察團副團長李毅主持，召開了對胡平軒的批鬥會。在會上，胡平軒仍然全部推翻這個所謂「三人黑會」。直到1985年8月2日，漢陽事件複查組從零散材料中，發現批鬥胡平軒原始記錄，記載了胡平軒當時的陳述：

　　三人會議虛構，為了〔把〕楊煥堯、王建國〔的〕關係交待清楚，楊煥堯發展民盟沒找我研究。怕鬥爭，在會上有壓力承認了，欺騙了黨和人民。

同時記錄了在批鬥結束時，李毅的一段講話：

　　漢陽事件的策劃者和組織者利用學生生活方面的意見，組織策劃鬧事。現行反革命分子、反革命集團首要分子胡平軒不老實，不坦白，罪上加罪，承認了又推翻。

胡平軒在8月24日被捕了。這是縣法院對王建國、楊煥堯作出死刑判決的第二天。

縣公安局局長李德龍當日預審筆錄如下：

　　問：關於你關鍵問題應該講清楚，像你這樣談下去不能解決問題。
　　答：其他的秘密活動我確實沒有。

李德龍所說的「關鍵問題」，其實就是所謂「三人黑會」。被指控參與「三人黑會」的三名被告人，王建國始終沒有承認有此事，楊煥堯和胡平軒兩個人，被逼編出虛構故事之後，又翻供了。李德龍心裏肯定明白，儘管這條罪狀已經加在王建國、楊煥堯頭上，但能不能成立還很難說呢。如果這件事情不弄清楚，對胡平軒如何判決？

9月2日，李德龍再次審訊胡平軒。預審筆錄如下：

　　問：你在學代會的前後過程中究竟搞了些麼事？把它談清楚。
　　答：我對黨和政府還不是那樣的刻骨的仇恨，學代會前我確實未和楊煥堯、王建國搞秘密會議，假如有我一定要說。關於三人會議是虛構。其原因是：①思想緊張，楊局長要我談與楊煥堯、王建國

的關係，我與楊煥堯的關係的確沒有秘密關係，根據學校老師對楊、王的揭發、鬥爭情況虛構的。②為了爭取坦白從寬。

問：搞假能坦白從寬？怎樣叫坦白從寬？

答：應該實事求是，這樣是虛構。

問：如何解決你的問題？

答：應該老老實實的談，有什麼談什麼。以前那樣做是不老實。

問：你知道不老實為什麼那樣搞？你現在應該老實，你在學代會究竟搞了麼事？

答：〔如前述，①學代會目的。②代表會代表資格。③學生所提意見。〕我同意了王建國等在這方面所提的意見。

問：談你的罪惡。

答：的確只這幾點。我要求局長調查這個情況。

問：找誰調查，誰跟你證明這個問題？

答：（沉默不語）證明人找不到。我說的在6月2日在泳鶴茶樓後面空場上開會，看那天他們後面是不是空倒的。

問：你從什麼地方去的？

答：虛構的，是從人委會門口走的，事實上沒有這個事，確實是虛構的。

問：你虛構，難道他們也是虛構的？

答：他們的我不曉得。

問：究竟是什麼時間，怎麼去的？

答：是虛構的，叫我怎麼說，確實沒有這個事。

問：沒有這個事，你為什麼交待有這個事？

答：一怕鬥爭。二我與楊煥堯的關係問題，如果我現在仍交待有這個情況，那就是繼續欺騙。

問：在這個問題上是你自己交待的，別人也交待有這個問題。

答：「三人會議」確實是虛構的。我不是那樣反動和頑固。

問：你是那樣頑固應該拿事實說明。

答：三人會是虛構的，我要求公安部門偵察。「三人會」是根據鬥爭楊煥堯、王建國的情況虛構的，說王建國根據楊煥堯的指示，積極組織力量，組織鍾毓文、鄒振鉅等人。

正當9月2日縣公安局局長李德龍審訊胡平軒之時，北京方面正在緊鑼密鼓地製作漢陽事件一案三死刑判決書。而在這個判決書裏的最重要的犯罪事實──詠荷茶樓三人會議──並未得到當事之一的胡平軒承認。再過兩天，另外兩名當事人王建國、楊煥堯，就要在生死簿上勾銷了。

9月7日，即對王建國、鍾毓文、楊煥堯等3人執行死刑後的第一天，縣公安局股長賈明光就與楊煥堯的關係問題，審訊了胡平軒。胡平軒又回到原來編織的故事上來了。預審筆錄如下：

問：把沒有談的事情談談。

答：我要求還給我一個時間考慮。

問：你考慮的時間已經很長了，政府的政策你是知道的，坦白從寬，抗拒從嚴，不是說的好玩的。

答：我與楊煥堯、王建國的關係，楊是主謀，①是他的策劃，楊要鳴放，要我介紹熟人參加民盟。②王建國又如何組織力量，發動這個事件，考察團成立後，王建國要我不要說，只交待一般的關係，所以我不敢說。

問：把楊煥堯召集你開會的情況談談。

答：我考慮以後再說。

問：是麼情況你就說。

答：三人會議，王建國告訴我快開學代會，是在人委會門口說的，以後又把這個情況告訴了楊煥堯，楊要把學代會的情況研究一下。在6月2日楊通知我，他又通知王建國，研究學代會的事情，是在詠鶴茶樓後面。〔以下又是那一套。〕

問：這個會議情況，在麼樣情況下交待出來的？

答：楊局長找我談話後，說第二天要鬥爭，我第二天就向楊局長、上官局長談了，鬥爭時也是我自己談的。

問：你翻供的思想是什麼？

答：我想這樣一搞，就把我連上去了，我害怕，怕處分。事情發生後，王建國要我只談以前的關係，即袁希文、鄒振鉅、王建國、我4人的關係。

問：你把真實思想談談。

答：怕處分。

問：你翻供時是怎樣想的？

答：我想他二人一再囑咐我，叫我不說這個事，這樣他們二人不說，我就可以不承認了，政府就不曉得。

問：還有麼根據呢？

答：就只以上原因促成。再就是鬥爭他們二人時，我在那裏，大會鬥爭，他們沒有談，揭發也沒有這個問題。

問：你懂得坦白的意思嗎？

答：要實事求是。

問：王建國怎樣組織力量？

答：組織鍾毓文、鄒振鉅搞學生接待會，通過接待學生開先鋒，通過張良紹訂計畫，通過鄒振鉅在高一（3）班發動學生。

問：你現在還有麼問題要交待？

答：準備從這方面交待細緻。

問：親筆供詞裏面沒有寫嗎？

答：沒有。

問：為什麼不寫呢？

答：管理員同志昨天宣佈後我思想有轉變了。

問：他怎麼宣佈的？

答：他說王等抗拒交待，已經鎮壓了，要我們這些犯人坦白，爭取寬大處理。

問：你聽後當時怎樣想的？

答：我認為在一中那一段交待的壞了，管理員宣佈後我很害怕，我現
　　在要談清楚，爭取寬大。

問：你在一中怎麼搞壞了？

答：我在一中交待問題的態度不好。

胡平軒真被漢陽一中校園的槍聲嚇破膽了，他又回到了虛構的怪圈中。
9月13日，賈明光再次審訊胡平軒，筆錄如下：

問：對宣佈罪狀有什麼意見？

答：在一中態度不老實，主要是三人會議問題，要求政府對我寬大處
　　理，說學生沒有鬧夠這句話沒有說。有的老師說工人代表來了，
　　我說「工人也夾倒哄」，我未說「統戰魔術」，是說「統戰關
　　係」。

問：對宣佈罪狀的事實還有意見？

答：沒有意見。

胡平軒又言之鑿鑿地承認有一個「三人黑會」，並聲言之所以翻供，是
因為王建國、楊煥堯與他訂過攻守同盟。

就在賈明光審訊他的同一天，9月7日，他還寫了一份筆供。可見這一天
他的工作量非常大，既要應付審訊，又要寫反省書。筆供如下：

　　　學代會前幾天，在一中辦公室王建國等說：「根據應城學生鬧事
　　情況看，我們的學代會要注意從學生方面解決問題，注意從這方面撤
　　導火線，只要這方面的問題解決了，勞動教育的問題也自然得到解
　　決。」他並說：「學代會貫徹勞動教育，是主觀主義的搞法，解決了
　　生活問題，也就解決了勞動教育。」我說：「是的，從應城情況看，
　　是要從這方面撤導火線，只要這些問題解決了，也就解決了勞動教
　　育。」

學代會的前一天，〔團縣委〕楊書記電話通知我，說一中高一（3）班學生對運動會意見很大，要貼標語，有鬧事矛〔苗〕頭。當我到一中時，學校行政已決定韓校長召開班主任會議，韓校長要各班撤導火線。我參加了這個會，但未發表意見。

學代會前一天晚上，為了解決老師的思想問題，學校召開了全體老師辯論會，我同傅縣長、張部長均參加了這個會議。傅縣長、張部長在會上講了話，並同意鍾毓文的意見，主張不在大會上提老師的意見，或提意見不提老師的姓名，照顧老師的威信。以後老師要我講話，我只說：「同意傅縣長的講話，有什麼問題再個別談。」

10月29日，胡平軒在法庭的供述，再次按照原來的「虛構」談詠荷茶樓密會。

胡平軒被判處有期徒刑15年，死於勞改農場。

楊老頭也會編故事

詠荷茶樓「三人黑會」另一個人物楊煥堯，人稱楊老頭，此人有些幽默感。他曾在民國時期任過法官，進入共和國時期，也做過一段法律工作，對法律方面的事情，自然知道得比較多。但在年輕的法官面前，楊老頭常常陷入尷尬，因此就玩點小幽默。詠荷茶樓黑會，本來就不存在，在楊老頭看來，這件事情實在有些可笑。1957年8月7日批鬥楊煥堯時，楊煥堯對大會揭發的事情感到木然，連「三人黑會」地址也沒有弄清，於是，他也順著人家批判發言的思路，編起了故事。他一連說出四個不同位址。批鬥手們追問：到底在什麼地方？楊煥堯答：「在縣委會靠藕塘這邊。」他開始是說一個什麼「茶社」，這是在頭一天批鬥別人的會上，他聽說的一個地點。後來又說「過街樓後面」。再後來又說「賣油條的後面」。這是第一次公開批鬥會，楊煥堯參與的所謂黑會位址，並沒有確定下來。

　　《人民日報》8月10日公開報導〈漢陽檢察、司法機關接受群眾要求　逮捕漢陽事件主謀楊煥堯〉。報導稱：「8月7日晚上，漢陽縣第一中學師生舉行集會，對楊煥堯開展鬥爭。楊煥堯在會上曾企圖抵賴他在這次暴亂事件中的主謀責任，經過學校全體師生揭發大量材料後，他不得不承認自己的罪行。參加鬥爭大會的群眾對楊煥堯的罪行感到萬分憤慨，一致要求政府將楊犯逮捕法辦。當地檢察、司法機關接受群眾要求，當場將楊犯予以逮捕。」

　　直到很多年以後，「犯罪嫌疑人」這個名詞，才出現在中國司法文書中。而在1957年那會兒，事實還沒有搞清楚，楊煥堯就成「楊犯」了。

　　大約也就是從那個年頭開始，「群眾」一詞變成一個非常可怕的概念。如果「群眾」要求逮捕你，你就可以被逮捕。甚至決定處決你，也可以是滿足「群眾要求」。然而這個「群眾」，卻是被某種勢力、某種情緒所裹挾，其中每個個體都勿須承擔任何法律的和道義的責任。發展到長達10年之久的無產階級文化大革命期間，國家的政體演變為實行「群眾專政」，「群眾」可以不受法律制約地鬥爭「走資派」、「反動學術權威」、「四類分子」以及「右派分子」。

　　楊煥堯頭天根據「群眾要求」當場被捕，第二天，8月8日，接受縣公安局長李德龍的審訊。直到這次審訊結束，他才明白自己為什麼被捕。

　　審訊筆錄如下：

　　　問：什麼時候約定的？
　　　答：當天上午約定的，他們說是我約定的，我是一個辦事員。
　　　問：在什麼地方約定的？
　　　答：不曉得。是胡平軒那天上午跟我說的。
　　　問：胡平軒在什麼地方跟你說的？
　　　答：人委會的廚房裏，是上午吃飯的時候說的。
　　　問：你把問題說清楚，是那個約的就是那個約的。
　　　答：政府把我當反革命分子對待了，不是把我當右派分子。
　　　問：當錯了嗎？
　　　答：我已到了這個田地了。

問：現在應該回頭了！把犯罪事實講清楚，怎麼約定的？

答：胡平軒在吃晚飯，我們約定地方談談，我說可以。他說在賣油條的後面，他要我跟王建國說一下，我說可以。到時候我們三人到指定的地方去了。我問今天的會說些什麼呢？王建國說，我跟胡局長談了的，主要問題是縣中〔即漢陽一中〕學代會要鳴放，我們如何來組織鳴放，要達到什麼目的？我說，你是校長，看你如何組織領導，出了紕漏責任在你。

問：你應該徹底交待，還談些什麼？

答：只有這些。

問：你再說。

答：緊要的關鍵就是這件事情我還不說。昨天逮捕我就是為這。

問：不光是為這。

「就是為這」！老法官彷彿恍然大悟，以為知道逮捕自己的原因了，自己已經由右派分子升格為反革命分子。他是縣文化館圖書管理員，也在縣人委食堂搭伙，所以他編出的故事，也是在縣人委廚房同胡平軒見面，兩人約定了密談地方。

8月31日，楊煥堯寫了〈申訴書〉，有關參加詠荷茶樓秘密會議一事，全部予以翻供。他這樣寫道：

> 這個事現在我要說實話，我實在沒有參加這個密會，至於王建國等有沒有此種密會，我不知道，以先我是群眾極烈的火力壓迫下，從群眾啟發口中露出的地點、時間，才說此假內容，這是我的錯誤。

他也許感覺到了，自己的死期已近，如果再把幽默玩下去，就等於同自己的性命開玩笑，就要把自己的性命玩丟了。

然而，他的申訴書，在沒有送達最高人民法院之前，死期卻已經急急忙忙地朝他趕來。

王建國拒絕承認謊言

在強勁的審訊攻勢面前，所謂三人黑會的首要人物王建國，自始至終保持冷靜的態度，沒有說出一句多餘的話來。

1957年7月8日對王建國的〈預審筆錄〉如下：

問：上面有沒有要貫徹勞動教育的指示？
答：沒有。王書記（省委書記王任重）說，學代會主要是解決學生與學校的矛盾問題。至於如何開法，上面當時都沒有提出辦法。
問：升學與勞動是一個矛盾，你們為什麼不解決？
答：看到其他學校在開學代會時也未解決這個問題。如應城。

1957年8月5日，王建國就學代會問題作了陳述，孝感中院57刑上字第113號卷有如下記載：

在研究學代會計畫的時候，韓校長說過要貫徹勞動教育，我當時談過學代會中貫徹勞動教育有困難，困難的思想類型已知道了，師生相互教育的工作也做了，也不能在會議上作出決議來安排畢業生。……大家都有此感覺，因而計畫中沒有勞動教育一項，會議中也就沒有貫徹勞動教育，這是黨政工團會議共同決定的。我一個人無權篡改的。同時韓校長當時也沒有強調，如果強調很的話，勞動教育也是會貫徹的，一年來韓校長在工作中並非常堅持原則，不是那樣懦弱無能由人擺佈的。

〔關於學代會代表，〕韓校長提出不要條件，凡屬一中在籍學生都可以，我當時是同意的。

同時在學代會以前，我和胡平軒、楊煥堯根本沒有開黑會來向黨進攻，在法庭上記錄員念了楊煥堯的檢舉材料，說開黑會不是6月5日

就是6日，不管怎樣吧，這兩天夜晚我都在學校，說開黑會是晚上7點多，5日上晚自習後我到生物組去談過教學問題，雷永學問過據說高中二年級不設「達爾文主義」，我說初步有此決定，雷說再講高中一年級人類解剖學我就熟悉了。我們又談起園地應該做籬笆，下學期頂好要做。我說目前是沒有經費，我也談過將來由他做，自給自足。（標本問題，吳亞光老師說不想改行。）不久，我就和楊傳治老師一路回家了。這時已是9點多鐘。

6日晚，我參加學校舉辦的關於學代會的全體老師辯論會，傅縣長最後發了言，會議結束晚自習早已下了。

所謂「三人黑會」時間，張良紹曾說是在6月2日晚上。8月13日，對王建國的預審筆錄記載：

6月2日我沒有和胡平軒、楊煥堯在一塊開會，上午一直在開會，余科長也在那裏。我那天肚子痛，回去吃了飯就睡了，從下午2點鐘開始睡，一直到晚上。

8月16日，對王建國的預審筆錄記載：

王：就是他們檢舉我參加了，但我沒有參加。
問：楊煥堯寫的要不要念你聽？
王：就是念，我也沒有參加，楊煥堯沒有跟我談鳴放的事情，這些事情如果說我抵賴，就是事實我也沒有辦法。

8月29日，二審判決宣判之後，王建國陳述：

完全不符合事實，我的死刑可以暫時不執行，把問題搞清楚再執行，與楊煥堯開秘密會沒有此事，判我死刑冤枉。

8月30日，王建國在〈上訴書〉中寫道：

> 秘密會議在6月2日，結果我由於這一天上午在學校開會，一直到
> 12點鐘，下午在家（因過端午）因吃了酒腹痛，一直臥床未起，到第
> 二天8點半才好。……又據楊煥堯的供詞說秘密會不是6月5日就是6日
> 下午7時許在蔡甸詠荷茶樓後舉行，這是不符合事實的。

但是，這份〈上訴書〉並沒有送達最高人民法院，最高人民法院的終審
判決就下達了。

嗚呼。

楊煥堯怎麼牽扯進來

　　漢陽縣當時的民主黨派共有成員6人。其中中國民主同盟盟員3人，楊煥堯為縣文化館圖書管理員，汪元坦為縣政協駐會常委，傅承厚為縣稅務局副股長；中國國民黨革命委員會成員2人，徐凌雲為縣副食品公司業務員，馮翔為紅廟小學教員；中國農工民主黨成員1人，龔勘武在縣紡織公司工作。由於各黨派人數較少，未設立各自的機構，共同組建一個活動組，楊煥堯為組長。這6個人的命運都差不多，楊煥堯因漢陽事件被判處死刑，其餘5人均被「錯劃右派」。

　　1957年楊煥堯已經65歲了，也許因為他是縣內為數不多的民主人士，還沒有退休。

　　漢陽縣在1957年已經開展過肅反運動，中共漢陽縣委肅反辦公室五人領導小組對有關人員分別作出了政治結論：

　　楊煥堯：歷史反革命，免於刑事處分。

　　王建國：屬一般政治歷史問題。

　　張良紹：屬有反動言論和思想作風問題。

　　如果沒有漢陽事件，按理說這些人都已過關。

　　1957年6月8日的黨內指示〈組織力量反擊右派分子的猖狂進攻〉，有一條重要指示是：「請你們注意各民主黨派中的反動分子的猖狂進攻。」在處理漢陽事件時，正好有一個人可以對號入座。

　　漢陽事件是怎麼把楊煥堯扯進去的呢？

隨口一句話引火燒身

　　漢陽縣文化館，位於正街與蝙蝠街銜接處，文化館背面就是王家塘，漢陽縣人委的所在地。6月12日，遊行隊伍中的一個學生口渴，就到文化館向楊煥堯討茶喝。漢陽人說的喝茶，是個寬泛的概念，喝白開水也叫喝茶。楊老頭隨口說了句俏皮話：「文化館沒有茶，只有辦公室巷道裏有河水喝。」楊煥堯在筆供中交代，「那個學生一笑，隨著隊伍走過去了。」

　　一中學生到縣人委會請願的同時，有同學想給二中和三中打電話，讓全縣中學都來聲援一中，以期達到提高升學率的目的。有學生到文化館借用電話，又碰上楊煥堯。那時的文化館並沒有安裝電話，楊老頭不假思索地說，要打電話，到郵電局去打。當時縣郵電局就在王家塘。此事後來演繹為「暗藏在附近一家雜貨店裏的楊煥堯這時唆使學生」到郵電局去打電話。

　　楊煥堯是民國時期的公職人員，自然而然地進入考察團的視線，上述兩件事被揭發出來之後，考察團就把前一句話演繹為楊煥堯向遊行學生提供茶水，把後一句話演繹為楊煥堯煽動學生衝擊郵電局。

　　當時的縣文化館，可以借閱圖書，可以打乒乓球，是蔡甸鎮學生的好去處，一中同學熊宏猷、蕭書城就是文化館的兩個常客。他們說：「因我倆平時總是到文化館內打乒乓球，所以與內面負責借書的楊老頭較熟。他在平時（在我校鬧事前20天左右）對我們說：你們將近中學畢業了，怎麼不在家看看書呢？你們明天不能升學準備做什麼呢？那不是在家吃老米嗎？現在招生人數不多。說了這話以後又冷笑。」這個楊老頭也是多事。人家的孩子，要畢業了，在不在家看書，要你操個什麼心呢？考察團記錄下這段話，加上了一個醒目的標題：〈楊煥堯煽動學生鬧事問題〉。

　　學生楊孝義也是文化館的常客。1957年7月24日他的檢舉信這樣寫道：「5月底（鳴放正兇的時候），我記不得是星期六還是星期日，到文化館去看書，同以往一樣，楊老頭又談起升學問題，說他的兒子的運氣好些，考進

了大學，再不要擔心，你們運氣不好，倒楣些，等。這回他就提出升學比例少，可以罷課，可以通過鳴放解決問題。」

姑且確認楊孝義這段話屬實，但他所說的時間有誤：查萬年曆，1957年的5月底，沒有星期六或星期日。這並不妨礙考察團採信。這段文字，後來出現在最高人民法院的判決書中，被改編成「三人黑會」的「會後」行動：

> 在圖書館中，則乘學生看書的機會，故意介紹和宣揚應城縣學生罷課情況，煽動學生鬧事。楊犯並為首與王犯建國等一起召開秘密會議，陰謀篡改漢陽一中學代會的性質，煽動學生在學代會上向黨進攻。會後即對學生楊孝義等說：「今年招生比例小，不要緊，可以爭取，爭取不上可以罷課遊行示威。」

為了進一步確認楊煥堯與漢陽事件有直接關係，真正發揮一個「軍師」應該發揮的作用，考察團又捕風捉影地從學生許斯武那裏找到一條線索。許斯武是學生會副主席，當時在高一（3）班，漢陽事件之後分配到我們班了。揭發批判楊煥堯的大會上，許斯武曾經拋出一個絕妙的材料，說楊煥堯在罷課的第一天晚上，悄悄潛入我們學校，與王建國接頭。他揭露說，接頭的暗號是：文世閣。這是他親耳聽到的。而且當時還有一份策劃「鬧事」的路線圖。

1985年8月20日，漢陽事件複查組展開調查時，向許斯武出示一幅圖。許斯武看過這幅手繪圖之後，竟然說出一段讓所有人大跌眼鏡的話：

> 圖是我畫的，紅線條不是我劃的。圖是當時考察團一個姓劉的和一個姓劉的叫我畫的，讓我把學校平面圖畫出來，看學生從哪裏到哪裏鬧。考察團進校大概有半個月，讓我畫的。按劉的意圖畫的，在學生檢舉的基礎上畫的。
>
> 我第二天，王建國叫我上街把同學們喊回來，上街多點，並不是反革命活動。

許斯武

　　許斯武說他按照二劉的指使繪製「鬧事」路線圖，並編造了王建國與楊煥堯在校園見面的接頭暗語：

> 　　按考察團姓劉的要求寫的，大意是，據我分析，文世閣是接頭的暗語，活動暗語，這些內容是姓劉的讓我這樣寫的。
>
> 　　姓劉的說，王建國已經交代了，是他們聯絡的暗號，開會的暗號。
>
> 　　在鬥爭王建國楊煥堯時，我按姓劉的意圖提出文世閣的。
>
> 　　我寫文世閣這個材料，開始按我所聽到的情況寫的，後來考察團姓劉的不同意，要按他的意圖寫。
>
> 　　王建國平時當班，瞭解學生的學習情況，王說學生還是以學為主，有時間搞些其他的也行。考察團姓劉的說，這就是陰謀嘛。韓建勳是我家親戚。我當時主要為了立功，按姓劉的意圖檢舉了王建國等人有問題，大小鬥爭會我都參加了。

　　上述口述資料中所提到的兩個姓劉的，其中第一個也是反覆出現的一個，應該是劉佑鈞。劉佑鈞身為副專員兼公安處長，就這麼與一個年輕的學生，合夥炮製了一個「接頭暗語」。許斯武可能不會想到，他所提供的所謂「接頭暗語」，在判處楊煥堯的死罪上會派上用場。經過演繹，在判決書上有了下列文字：「6月12日晚上，楊犯又到一中，指示王犯把事鬧得更策略一些，說：『你們這樣鬧下去是不好下地的，應有組織有紀律地來鬧』，並鼓勵王犯說：『你要領導起來。』」

又一個估計楊氏成了軍師

　　上述判決書中一段話，顯然是為了把楊煥堯推到漢陽事件「幕後指揮」的位置上，讓楊煥堯成為「名副其實」的「軍師」，藉以提高這一事件的「反革命性質」的分量。但稍稍琢磨一下，又可看出編造的這些話，在邏輯上說不通。首先，有一個常識性的問題，王建國與楊煥堯本來就是熟人，如

果他們真要接頭搞什麼名堂，何需用什麼暗號聯絡呢，豈不是多此一舉。其次，如果楊煥堯真的是唯恐天下不亂，圖謀製造一起反革命暴亂，他會顧忌「這樣鬧下去不好下地」嗎？如果楊煥堯圖謀成功地製造一起反革命暴亂，他為什麼還要講究「有組織有紀律地鬧」呢？如果說他真的指使王建國「領導起來」，還要講究什麼「策略」，並要求「有組織有紀律」，豈不是要進行一場合法鬥爭，怎麼扯到暴亂上來呢？不能自圓其說吧。

考察團選擇楊煥堯來湊數，首先是因為他有「歷史問題」，判決書這樣寫道：「被告人楊煥堯，解放前曾任過偽保衛團團董、偽縣政府承審員、軍法官、偽法院檢察官、國民黨區分部書記等職。」其實，把中華民國時期國家機關的公職人員的所有任職統統稱之為「偽職」，並不是一個科學的政治概念。

楊煥堯原來是國民黨黨員，後來怎麼成了民盟成員，來由不詳。

作為民盟成員的楊煥堯，看樣子也不是個「安分守己」的角色。他有機會到武漢出席自己黨派的會議，見到幾個盟內頂頭上司，就自以為了不起。他以此作為自己的政治資本，在漢陽縣內吹噓炫耀一下，是極有可能發生的事情。考察團開展工作之後，楊煥堯很快就被注意上了。新華社7月2日內參稿上寫道：「尤其值得注意的是，這個鎮上的混入民主黨派（鎮上共有民盟、民革、農工3個黨派，6個人）的壞分子，乘機插進學校大肆活動，到處拉人，物色對象，發展組織，意欲與共產黨在學校裏爭奪領導權，挑起反黨反蘇活動。其中活動最凶的是民盟盟員、鎮上民主黨派聯合小組組長楊煥堯」。內參稿原稿特別指出：「楊經常到武漢去與民盟省委請示報告（據他自稱，馬哲民對他很器重，稱他為「楊老」，估計這時去，可能與馬哲民請示聯繫過）」。

又是一個「估計」。

又是一個「可能」。

這個「估計」和「可能」，隨即演變為判決書中的犯罪事實：「楊犯在解放後混入革命陣營後，一貫敵視共產黨員和人民政府，在歷次運動中散佈反動言論，披著民主黨派的外衣，伺機進行破壞活動。在黨提出『百花齊放、百家爭鳴』的方針和黨開展整風運動以後，楊犯即請示右派分子馬哲民、陸鳴秋，定下了在漢陽縣大肆招兵的計畫，並決定以漢陽一中為其活動據點。」

我在這裏也來一個「估計」，楊煥堯如果真是「與馬哲民請示聯繫過」，回到縣裏還不吹破天呀！馬哲民何許人也？馬哲民（1889-1980），湖北黃岡人，畢業於日本早稻田大學政治系，1957年時任中南財經學院院長，中國民主同盟湖北省委員會主任委員。楊煥堯區區一個小縣城的盟員，怎麼「可能」夠得著呢？

也許「估計這時去，可能與馬哲民請示聯繫過」這句話太離譜，在香港中文大學中國研究服務中心所藏《內部參考》2263期原件中找不到，顯然是《內部參考》編輯時刪除了這個「想當然」的句子。

更為可笑者，這個「估計」又進一步向上延伸，一下子與民盟中央人物、反右鬥爭中首當其衝的章伯鈞、儲安平聯繫上了。上掛下聯的結果，發生在漢陽縣城的一個事件，就成了遠在京城的「右派分子」直接指揮的「反革命暴亂」。《人民日報》1957年8月8日記者曹葆銘的報導，標題就是《馬哲民策動的「小匈牙利事件」》，它所揭露的「漢陽縣第一中學事件真相」，即是「6月12、13日，在章羅聯盟駐武漢的大員馬哲民的策動下，以漢陽縣民主黨派聯合組長、民盟盟員楊煥堯和民盟發展對象、漢陽縣一中副校長王建國為首的反革命集團，在漢陽縣機關所在地蔡甸鎮製造了一次他們自稱的『小匈牙利事件』。」「這次暴亂事件，是楊煥堯和王建國這個反革命集團接受了章羅聯盟駐武漢專員——馬哲民集團的秘密指示，作了長期準備的有組織的活動。」

楊老頭發展民盟成員確有其事

1957年上半年，民主黨派空前活躍起來，一方面在大鳴大放中大顯身手，另一方面都在想方設法擴充自己逐漸勢衰的組織。漢陽縣的民主黨派，也不甘寂寞，唯恐後繼無人，四處尋找自己的發展對象。在漢陽縣這個小地方，漢陽一中算是「最高學府」，聚集了一些知識分子。楊煥堯從副縣長傅彥明那裏，得到一份漢陽一中有大學學歷的教師名單，共有22人。傅副縣長是民主人士，就因為提供了這份名單，後來受到撤銷副縣長職務的處分。其實，

一所中學的教師名單，並不具備什麼保密價值，隨便找幾個教師或學生都可以打聽到。在當時發展民主黨派，也不是什麼非組織行為，而是得到中共認可的正常活動。自1955年以來，民主黨派要求發展自己的組織的呼聲漸高，而在執政黨看來，共和國誕生幾年了，江山已經大體坐穩了，也放寬了民主黨派的組織發展工作。以下是自1955年來有關民主黨派組織發展工作的政策文件。

中央統戰部關於幫助民主黨派工作的意見（修正稿）：

四、各民主黨派的中央和地方組織都表示要發展它們的黨員，我們應當贊成。……由於民主黨派本身條件的變化，我們已經不需要再採取1952年的辦法（幫助他們訂計畫、開名單，並且代為動員和說服等）去幫助他們。民主黨派自己要定發展計畫，可以讓他們去定。

（湖北省委統戰部翻印　1956年3月16日）

省委統戰部1956年7月9日制訂的〈1956-1957年統戰工作規劃〉：

七、加強對民主黨派的政治思想領導。
……
民主黨派發展它們的組織，我們主要應該經過適當方式，幫助他們總結和運用過去幾年來它們發展組織的經驗。可以讓他們根據需要、可能和自願的原則自己去訂發展組織的計畫。我們對他們發展組織，應該採取贊成的態度，不能加以干涉。

1955年3月17日省統戰部給中共漢陽縣委、縣統戰部函：

最近民政廳劉儁副廳長（又是民盟湖北支部第三副主委）向我們反映，在你縣縣級機關中有民主同盟盟員數人，他們想組織成為一個小組，以便相互幫助。……

我們考慮，在小城市中，民主黨派的成員只要不以一級組織的身份參加社會活動，而在縣的領導下組織一個小組，以進行政治與業務學習，展開批評與自我批評為目的，這對於搞好崗位工作、幫助思想改造都是有益處的，也是黨對待民主黨派工作政策所允許的。因此，望你們接到此信以後，即應告有關同志負責與劉副廳長聯繫，並給予工作上的方便。如有不能解決的問題，可隨時報告我部。

1956年12月5日胡部長在省統戰部長會議上的總結發言：

關於民主黨派組織發展問題，應該是有重點的發展，這一點在黨內掌握。他們提出，可以協商，但不能禁止人家發展。發展中要掌握一條，是否自願。發展組織要嚴肅，不能強加於人。統戰部要告訴黨委，在思想上作準備。

民主黨派的政治自由、組織獨立問題。所謂政治自由，是在社會主義範疇內的自由，超出範疇不行。在社會主義範疇內，可以允許有不同意見，政策界限就在這裏。

既然有這麼多尚方寶劍，又有當時大鳴大放的政治氣候，楊煥堯也就大搖大擺地進出漢陽一中。當時到漢陽一中尋求發展組織成員的還有漢陽民革成員馮翔。但漢陽一中教師對於加入民主黨派一事，普遍表示毫無興趣，態度極為冷淡，避之唯恐不及，並未出現過新華社內參稿描述的躍躍欲試的情景。

審查王建國時，他作了如實交待。他承認：「民主黨派到學校活動，我動員王安懷、何從本參加民盟，動員楊詩惠參加民革學習。」

楊煥堯第一次來校是找韓建勳，因為韓建勳是一校之長，更重要的是，還是中共漢陽一中支部書記。王建國帶他去見到了韓建勳。韓建勳也證實是找過自己。韓建勳在1985年8月14日向複查組回憶說：「具體時間我不清楚，我記得當時是儲安平的『黨天下』的文章在報紙上發表以後，楊煥堯到一中活動，他親自跟我打過招呼，王建國也跟我打過招呼，我是知道這件事的。因為當時中央，報紙上都登了文章，我還有麼話說呢。所以楊煥堯第一

次跟我打招呼，要在一中發展民盟組織，我就對楊煥堯、王建國說，既然是這樣的情況，以後再來就不見得次次跟我說。」

王建國這樣交代楊煥堯再來時的情況：「第三次我在生物組，他到生物組去，那裏何從〔崇〕本等人在，我跟何說，你當了政協委員請客，雷永學說，好，楊老頭在這裏，你請客。我跟何從本談過民盟的問題，我說楊老頭來了，你是否參加民盟，他說不搞這鬼事。」

看看，何崇本回答得多麼乾脆，多麼明確：「不搞這鬼事。」

在漢陽人的口語中，凡被認為是「鬼事」者，所指就不是什麼好事。何崇本本能地感覺到，加入民主黨派，在當時而言，對於他不是什麼好事。

王建國蹲在監獄裏，又有這樣一段書面供述：「民革的姓馮的帶來團結報，三張表，我說我還沒跟老頭談，我說參加你們是什麼用意，他說，是發揮各界人士的積極性。……我問表怎麼填，他說填好後寄來民革去。他走後，我把表等東西拿去跟韓校長談了，後韓校長說研究一下，確定王安懷、楊詩惠、楊松濤、何從本，最後確定三個人參加學習，我跟韓校長研究後，我去找王安懷，告訴了他。他說，他現在什麼東西都不想參加。」

看看，王安懷回答多麼乾脆，多麼明確：「現在什麼東西都不想參加。」

新中國成立之後的幾年裏，已經開展過多次政治運動，清理以往的歷史問題。王安懷當然會有自知之明，加入共產黨肯定不行，身邊的王建國就是一個例子。加入民主黨派豈不自己朝火坑裏跳？王安懷對楊煥堯找到自己，保持高度的警覺，他在1957年6月30日給縣公安局所寫的交代材料〈在鳴放初期，楊煥堯接連到學校來找我談過兩次話〉中，坦露了自己心跡：

　　在鳴放初期，楊煥堯接連到學校來找我談過兩次話，他給了兩份民盟印行的材料給我，說是「看看」，「聯繫聯繫」。還沒有說到要我參加民盟。我很警惕，當時就問他：「你這樣做，有沒有通過組織？」並對他說：「如果沒有通過組織，隨便到學校來活動是錯誤的。」他說通過了組織，得到了統戰部門的同意，得到了韓校長的同意。隔了不久，他又來辦公室找我。我當時覺得我有歷史〔問題〕，

他也有歷史〔問題〕，常來找我不太好。等他回去的時候，我就故意送他，對他說，我對參加民盟沒有興趣，並且認為這一次二次找到我，對我沒有好處，希望他以後不要找我。他接受了我的意見，又對我說，他找我只是聯繫聯繫，還談不上要我參加民盟，要參加還不簡單。

實際上楊煥堯在漢陽一中發展盟員的活動毫無成果可言。他認為可以發展的對象，對他的到來，避之唯恐不及。上世紀50年代有大學學歷的老師，大多有家庭背景，要麼是在鄉下有田產，要麼是在城裏有資產，或許是舊政府公務人員的子弟，真正出身貧寒家庭者為數極少。如果出身貧寒家庭，又有高學歷，肯定會為中國共產黨所關注，更不會加入民主黨派。這些話當然都是就當時的形勢而言。

那麼，王建國會加入民盟嗎？楊煥堯會關照他入盟嗎？這個問題提出來就顯得十分幼稚。當時考察團把楊煥堯與王建國綁在一起，並不是主事者們不懂這個道理，而實實在在是因為政治的需要。

王建國在1957年8月30日〈上訴書〉中說：「我沒有加入民盟的動機，雖則我沒有入黨，但我還願意創造條件爭取入黨，如萬一不能如願以償，就願當一個無黨派的民主人士，這是我的想法。」

我以為以上上訴詞，應該是王建國真實的心理活動。

說個小插曲。我認識的一位文化名人，曾經申請加入中國共產黨，因其父為臺灣國民黨籍立法委員，民革湖北省委就動員其加入了民革，而且很快成為民革湖北省委委員。他加入民革接受一領導人談話，以為他會興奮不已，哪知他說了一句令人啼笑皆非的話：「我不能加入我黨，我只能加入你黨。」這個真實故事大約發生在1990年代之初。此前30多年，1950年代中期，有多少人敢鑽進民主黨派？王建國雖然尚未被中國共產黨接納進來，那時他還沒有死心，怎麼會想到如此下策呢。

判決書上稱楊煥堯指定王建國為漢陽一中民盟負責人，更是不靠譜的事情。

楊煥堯的〈上訴狀〉申辯說：「查我在縣一中還是搞聯絡群眾工作，王建國是共青團員，那時還沒有意思找他入盟，不過何從本說他是超齡團

員，一時不可能入黨，有些建議，我還沒有徵求他的意見。即有指定王建國為漢陽一中負責人的事，即是將來在縣一中發展組織，也不能由我指定負責人。」

1957年8月31日，楊煥堯再次申訴，也是他最後一次申訴，他在申訴書中申辯：「查名單中並無王建國之名，沒有同王談他入盟的事，那裏還有指定王負責一回事呢？是無中生有。」

還有一位是胡平軒，縣文教局副局長，原漢陽一中教導主任，他也被認定為楊煥堯的發展對象。楊煥堯對此的回答是：「從來沒有同胡平軒談他入盟的事，又何來的要他爭取在火線入盟的話呢？」

考察團在〈關於民盟小組楊煥堯「鳴放」以來和在縣中的活動情況初步材料〉中認定：楊要王安懷負責。「如有一次楊把學習材料和登記表給王安懷，王只收了學習材料，登記表當面退給楊，王送他上街時，王叫以後不要聯繫，然而，楊卻去拉攏，〔說〕王有威信，有板眼，將來一中建組織時，準備由你負責。」此處「王」皆為王安懷。這份材料是作為楊煥堯拉攏王安懷的證據，卻顧此失彼地證明楊煥堯所謂「選定」的漢陽一中民盟負責人，是王安懷而不是王建國。或許，這兩個人都不是楊煥堯所選，或許他還來不及做這方面的工作，因為發展盟員的工作，並沒有實質性的進展。

老法官楊煥堯的上訴狀

楊煥堯熟悉審判程序和上訴程序，1957年8月23日，他被漢陽縣人民法院判決死刑之後，不慌不忙於8月28日寫完上訴狀。他的上訴狀，條理清楚，逐一對原判的有罪認定，為自己進行了無罪辯護。

上訴狀
〔摘要〕

為不服漢陽縣人民法院1957年8月23日所製作的、同月24日所送達的（57）刑特字第9號刑事判決，茲將不服的理由寫在後面：

一、原判說：「該犯在任期間，仍然敵視共產黨」。

查我自1949年11月在湖北省行政幹校學習結束後，1950年3月到現在，計參加工作約7年多，因為個人主義思想沒有改造好，一接觸到和個人的名利待遇等有關事件，如不能如願以償，當時即對黨有不滿情緒，但還未敵視共產黨，所以在工作中依靠黨政領導，沒有犯過錯誤。

二、原判說：「在各種民主運動中，散播反動言論」。

查我在「三反」運動中，經過提拔，在「司法改革」運動中，在孝感專署經小組通過後，仍留在法院繼續搞了兩年多工作，在「肅反」運動中，經過升級，我在各種民主運動中沒有散播反動言論，就可以證明。

三、原判說：「……該犯即到武漢請示右派分子馬哲民、陸鳴秋等策劃向黨進攻事宜」。

查省民盟右派分子想發展組織，增強勢力，借鳴放時期，向黨進攻，就事實說，是右派分子馬哲民、陸鳴秋等動員、決定和指示各基層盟組織向黨進攻，我是受了他們的毒害，不是我主動的去請示他們，這是我這次犯罪的主要原因，必須根據事實搞清楚，以免陰陽不分。

四、原判說：「……並指定該校副校長王建國……」

五、原判說：「爭取火線入盟……」

六、原判說：「今年招生……」

七、學代會……

我對漢陽縣〔一〕中事件是有罪惡的，其根源是由於我醜惡的資產階級思想還存在腦筋內而起決定性作用的，是又受了省盟右派集團馬哲民等的動員、決定和指示，這次我的犯罪事實是在劉專員、王部長等教育下和群眾的幫助下儘量坦白出來的。

而我已65歲，朝不保夕，又可根據黨的「人道主義」使我在勞動中得盡天年。再我此罪惡，不是罪大惡極，量刑也要根據事實，要罰當其罪，才算「唯明克允」，使人心服。

僅在再四催索上訴狀的匆促中提出上列理由，請求二審法院詳細調查，撤銷原判，再作合情合理的判決，人命關天，一死不能復活，懇請詳察，以資救偏。依照全國人民代表大會第四次會議的決定，死刑案件，由最高人民法院審理或核准，這說明黨和人民是極端重視人命的，執法者應該領會這個精神，不能為趕運動甚至為個人打算而為過左之判決。

另外，還附帶說明兩點：

一、本案公開審理時，婦孺聲音雜亂，秩序不好，尤其是辯論時，這種案件，法院沒有指請辯護人，被告也不能作充分有利的準備和答辯，所以連書記員蔡運華也向審判長說：「簡直聽不到說的話」，我則更傷腦筋了，只有像啞吧吃黃連一樣。

二、辦理刑事案件是一件細緻又艱巨工作，必須以很客觀的態度來反覆調查研究事實，做到「實事求是」的精神，本來就辦理程序和實體審判說，都急切圖快，不能令我儘量陳述，連審判筆錄也只叫我簽名，沒有朗讀。

最後最簡單的請求：

一、犯罪事實方面，必須從新反覆調查研究，以期發現真實。

二、量刑方面，必須罪刑恰當，對於老年犯更要特別審慎寬宥，使有所終。

楊煥堯　病中擬呈

1957年8月28日上午

楊煥堯在病中擬呈的〈上訴狀〉中，一針見血地提出：「不能為趕運動甚至為個人打算而為過左之判決。」

這一句話有3個關鍵詞：趕運動，個人打算，過左之判決。

歷史經驗證明——

司法程序只要同「趕運動」掛鈎，就不可避免地要出冤案假案錯案。

司法程序只要同「個人打算」掛鈎，就沒有公開公平公正可言。

所謂「過左之判決」，就是「趕運動」加「個人打算」的結果。

當時主宰漢陽事件專案的某些人，完全拋棄基本的司法程序，肆意剝奪被告人的辯護權，無視被告人的生命價值，說白了，就是因為有保住烏紗帽的「個人打算」。

楊煥堯的上訴狀，連同王建國和鍾毓文的上訴狀，在送達最高人民法院之前，終審判決已經於9月4日出爐了。

楊煥堯在上訴狀中，特別提到第一屆全國人民代表大會第四次會議的決議之一：今後一切死刑案件，都由最高人民法院判決或者核准。

這個決議於1957年7月15日通過，7月16日見於《人民日報》。最高人民法院就如何執行這個決議的問題，於7月26日向全國人大常務委員會呈送報告。全國人大常委會於9月26日批覆。王建國、鍾毓文、楊煥堯等三人的死刑案，在全國人大常委會批覆之前，已經由最高人民法院核准，由漢陽縣人民法院執行。

楊松濤為何免於一死

在考察團進駐學校以後，第一位被捕人是教導處副主任楊松濤。楊松濤最初只判處15年徒刑，幾個月後又改判死刑，但被湖北省高級人民法院否定了。在所謂漢陽一中反革命集團中，楊松濤一直被認定為主要成員，而且排名一直在鍾毓文前面，他為何免於一死呢？

為什麼第一個抓楊松濤

既然考察團進駐之前，漢陽事件性質已經定為敵我矛盾，而且中共孝感地委秘書長趙克艱明確說過，「鬧事的在樓下，根子在樓上」，當然要在學校教師中間找首要分子。最初，王建國還是考察團成員，而教導處主任空缺，作為副教導主任的楊松濤充當這個首要分子，也就「責無旁貸」了。

楊松濤被首先認定是事件的煽動者。

新華社《內部參考》第2237期頭條，題為〈漢陽縣發生一次暴動性的中學生鬧事事件〉，在該社記者孫玉昌6月17日的這個內參稿中，指出楊松濤在「鬧事」中做「明顯煽動工作」。

事件平息才3天，很多情況還不清楚，這個內參稿裏的當事人姓名多不準確，所寫事件的時間地點也混淆不清。

　　隨後《內部參考》第2263期，又發表該社記者曲一凡7月2日的內參稿——〈漢陽縣第一中學暴動事件詳細情況〉，更為「詳細」地羅列楊松濤「煽動」「鬧事」的細節：

> 　　接著，下了課就吃午飯。學生在飯堂中、去宿舍休息的時候，對這個5%的比例議論紛紛，他們認為升學比例這麼小，考學就沒有指望了。先是有六、七十個初三學生找到韓校長質問，韓肯定答覆說：「不是5%，是30%左右。」這時，教導主任楊松濤來了，他也對學生講：「5%不對，30%是對的。」但是，他接口說：「韓校長那裏有公文。」學生向韓要公文看，韓說：「沒有公文，只有會議記錄（學生看了記錄）。」楊背後又對學生說：「我看見明明有公文，為什麼不給學生看？這是欺騙！」這一把火又把學生激怒了，學生非要看公文不可。

　　上述內參稿，還寫到楊松濤與6月12日捉拿縣兵役局局長上官明顯有關：

> 　　晚飯後，有的學生又挑撥說：「上官局長說我們學校是反革命窩子，得把他捉來檢討。」副教導主任楊松濤火上加油地加上一句：「捉不來人，也得把他的武器繳來！」（上官局長當時並未帶武器。）於是，再次打鐘集合，擁往兵役局，挨屋尋找，不見上官局長，有兩三人登上樓上一間小屋（是軍械庫，內有一批槍支），動手扭鎖，被兵役局幹部嚴厲警告後放手了。

　　《湖北日報》在1957年8月7日，發表該報記者江石、麥漸的〈王建國等反革命集團製造漢陽暴亂事件始末〉的大塊文章，楊松濤的排位是在鍾毓文之前：

> 　　經過漢陽一中廣大師生群眾一個多月的徹底揭發，製造這一暴亂的反革命集團已經暴露無遺。在這裏的每一個人們都知道暴亂是

由以王建國（該校副校長）為首，有楊松濤、鍾毓文、胡斌、余心
平，……等參加的反革命集團一手造成的，而這個集團的後面還站著
另一個民盟盟員、歷史反革命分子楊白庚（即楊煥堯）給以主謀策
劃。我們來看，他們這一夥人類的渣滓是怎樣挑起這場暴亂的吧！

《湖北日報》上述長文，是這樣表述的：

　　吃午飯的時候5%招生比例的謠言遍傳全校，和學生在升學心切
的情緒激動之下，發生一片怨言以後，各自回到教室和寢室去了，看
來事情要平息了，這時反革命分子副教導主任楊松濤偷偷摸摸到各班
去對同學們說：「5%不對，30%才是正確的，我和韓建勳校長親眼見
過這個公文，你們不信可以到韓校長那裏看公文。」經楊松濤這麼一
點，果然學生們把5%的爭論點轉到要看30%左右的公文上去了，其實
學校並沒有什麼公文，只不過是楊松濤挑撥事端的一個險惡的捏造，
開始是由初三（4）、（8）兩個班的部分學生帶頭，號召了四、五十
個同學哄進辦公室找韓校長要公文看，韓校長向他們解釋，30%左右
是對的，但是沒有公文只有開會記錄，學生看記錄後楊松濤又在學生
中間暗地煽動說：「有公文不給學生看，明明是欺騙。」

　　這裏面杜撰了一些描述性的語言，寫楊松濤偷偷摸摸到各班去煽動。須
知，那個時候，哪有時間幹這些事情？
　　上述長文，對於學生到縣兵役局，也有與楊松濤相關的記述：

　　晚飯時，反革命分子們唯恐事件平息下來，鄒振巨〔應為鉅〕就
指使學生去捆上官局長，楊松濤並在旁作指導說：「抓不到人把武器
繳回來。」學生們又一擁而到了兵役局，想打開軍火庫搶走槍械（未
遂）。

6月12日晚，學校開了教師會議，內參稿寫到楊松濤的態度：

> 教員會議決定明天爭取學生復課；但是，副教導主任楊松濤、張良紹、教導員王少平等卻陽奉陰違，以查學生宿舍為名，到處煽動，說學生們的行動是正義的，叫學生早睡早起，明天「有組織有紀律」地鬧，「要鬧就鬧個夠」。

楊松濤還有個把柄被抓住了，早已進入了公安人員的視線。
韓建勳回憶文章中寫道：

> 14日中午12時，地委秘書長在學校廣播室用大喇叭向全體師生宣佈了這一結論，他說：老師們、同學們，根據你們這兩天的情況，表明學生的行為不是單純地為升學而升學的問題，而是有人借升學為由製造的一起反革命暴亂事件。希望老師們、同學們不要再上當了，不要再胡鬧了，你們要各回各班聽候審查。誰要再繼續胡鬧，我們就要實行武裝鎮壓。在秘書長宣佈這個結論的時候，在操場上發生一個奇怪的事，副教導主任楊松濤說了句工人不該打學生的話，被一位工人聽到了，這位工人一把揪住他就要打，楊松濤掙脫了，連忙往學校辦公大樓跑，邊跑邊喊救命呀，他跑到了學校廣播室，連喊救命，我和韓茂林、李德龍等都在廣播室，那位工人趕到廣播室，還要打。韓縣長說什麼事、什麼事，並說不要打，把這個人交給我們，反正他跑不了。這個工人聽韓縣長一說，就轉去了。

這是一種說法。另外還有一個版本，而且是一個不容忽略的版本，時間要比這個版本早一天。在審理楊松濤的案卷中，有這樣一段記載：

> 6月13日中午，工人農民來校。被告仍狂妄叫囂「要把韓縣長捆起來」「然後燒電廠」。工人聞訊追趕，將其抓了一把。（此事證據很多，但被告堅不供認，情況待分析認定。）

以上引文括弧內的文字，也屬於案卷本身的內容。這是當時的記載，比起韓建勳的回憶文章，肯定更有權威性。不管怎麼說，楊松濤要麼是13日中午，要麼是14日中午，被進校的工人追撞過，這是事實。這一事實，也為其他人的口述所證實。但是，楊松濤是不是要學生去捆縣長、燒電廠呢，卻無法證實。

楊松濤的兒子楊樂民，當時是一中初二（4）班學生。他回憶13日的情況說：「中午我父親回家吃飯，我父親身上有傷痕。這天工人打人時，我父親看見打人了，就吹哨子要學生回教室。有個人說我父親要抓縣長（縣長在學校），就抓我父親。我父親就跑到曹良濤房裏去了。學生都進教室了。」

一中教導處另一位副主任張良紹揭發楊松濤有一段話：

> 12日晚，王建國楊松濤在樓上大喊，同學們提高警惕，敵人鑽到我們學校來了，我們趕快各回各班，護校保產，發現有生人，要注意，不要讓壞人在我們學校乘機破壞，他們喊了一遍又一遍，接著又佈置發標槍給學生站崗放哨，並要教室寢室都要留人。

這沒有錯吧！當時已經發現在大街上張貼了一些內容有悖於學生升學問題的標語，而且這些標語不可能是學生寫的，這些可疑的跡象表明，社會上已經有人在興風作浪，企圖擴大事態，轉移學生為升學而請願的目標。學校領導人要求學生們注意，提出一些相應的防範措施，應該是正當的和必要的措施。

內參稿寫道：

> 當捆架3個幹部的學生經過縣委會門前時，正在鐵柵門守衛的幹部、勤雜人員看見了，一個炊事員氣憤不過動手搶回一個被捆的幹部，一個學生上來搶奪，連這個學生也拖進來了。學生中便謠傳說：「縣委會捆了我們3個同學」。立時把縣委會包圍了，大喊大鬧。一會兒，縣委吩咐把這個學生放出去了，楊松濤夾在學生中，大叫「衝

進去」，學生又衝動起來，打門、爬圍牆、拋磚頭。幹部人少眼看大門守不住了，便退回關閉二門，學生打二門不開，就從兩邊的旁門踢開，衝了進去。學生進門後，把縣委書記逼在牆角，指著鼻子罵：「趙連吉下臺」、「縣委、縣長滾出去」、「縣委都不是好東西」。

其實，在一天半的事件中，楊松濤一直守在校園內，並沒有上街。當時有我們班班主任朱希武老師和總務主任姜茂堂等4人證實。

朱希武老師在複查漢陽事件時，向複查組陳述：「後來還說楊松濤要學生衝縣委，楊松濤要我給他證明，說他衝縣委的時間裏，他與我在學校，沒有出去。我證明了，還寫了證明材料的。考察團有個人還找我談話，意思是要我放棄這個證明，我不同意。後來還是抓了楊松濤，我的證明用沒用就不好說了。」朱希武老師還說，「當時我認為全國都有鬧事的，處理一中事件，是殺雞嚇猴。這只是想，不能說。後來看見楊松濤第一個被抓。其實他還比較正派，有真才，平時不太說話，膽小謹慎，除了打球外，不與人拉拉扯扯。」

內參稿還寫道：

　　但是，在工人大隊之前先派出來的5個代表（工人糾察員）被學生拉到學校去了。工人們聽說，便跟到學校去，抗議學生立即釋放被捆走的幹部和工人。這時，附近鄉的農民們也趕到了學校，譴責學生無理。學校院中學生、工人、農民混在一起，又大亂起來。韓縣長也趕來勸解，楊松濤又慫恿學生「把縣長給捆起來」。榨油廠工人易國清一直跟在縣長身邊，保衛縣長，他和其他工人說：「這是我們選出來的縣長，我們不保護誰保護！」當他聽到有人喊著要捆縣長，一眼認准了就追這個人，一直從校院追到樓上一間小屋裏，終於捉住了，原來正是楊松濤。縣長和很多人跟上樓，縣長說：「這是教導主任，以後查明再說，跑不了他。」才算把工人說服放了手，學生把捆架來的幹部、工人也放了。

這一段敘述也與事實大相徑庭。13日11時，縣長韓茂林正在學校辦公樓上，與韓建勳、王建國和胡平軒商量下午開會的事情，忽聽下面吵吵嚷嚷，王建國就叫楊松濤下去制止。楊松濤下樓了，看見學生余銀洲被工人易國清等人扭住，就上前解脫，並令余銀洲回教室去。易國清對此不滿，便說楊松濤不是一個好傢伙，並叫人將楊松濤抓起來。當時同易國清站在一起的工人熊登山、周任柏後來證實：我們工人沒有聽到楊松濤說「要捆縣長，毀電廠」，只是易國清叫，我們就去抓。

考察團進駐漢陽一中前一天即6月14日的下午，漢陽縣公安局、檢察院、法院三家領導人根據上級指示和縣委意見，決定由縣法院下傳票，派縣公安局馮朝義、縣法院劉浩等8人到漢陽一中，把副教導主任楊松濤傳出收監。當時學校老師鄒振鉅站出來反抗，被校長韓建勳制止了。

楊松濤作為漢陽事件的首要分子之一，於1957年8月30日，由漢陽縣人民法院判處有期徒刑15年。

8月30日是個什麼日子呢？是考察團報告定稿的日子，是三個死刑案正在等待北京核准的日子，是漢陽事件的主要涉案人員都將結案的日子。

漢陽事件平息之後，楊松濤第一個被抓起來，為什麼不是第一個被判刑，也沒有定成死罪呢？我想原因之一，他死不承認喊過「要把韓縣長捆起來」「然後燒電廠」，雖然「此事證據很多」，考察團也只能作出「情況待分析認定」的決斷。另一方面，正因為楊松濤被疑為要捆縣長、燒電廠，就不能輕判了他。在幾位被判有期徒刑的被告中間，楊松濤刑期最長，由此推斷，是不是考慮過施以更重的刑罰？

還有一名公安人員，為楊松濤，為良心，付出了沉重的代價。

死亡威脅再次降臨

隨著反右鬥爭的聲浪日漸高漲，狠抓階級鬥爭的形勢日益嚴峻，對漢陽事件中已經作過懲處的人員，又殺了一個回馬槍。楊松濤首當其衝地成為回馬槍的靶子。

有一份文件這樣寫道：

漢陽縣委：

關於捕人指標與殺人問題的報告收悉。

同意你們重新審理漢陽一中事件的首要分子之一楊松濤的意見，並按呈批手續辦理。

另外，關於逮捕人犯的控制數的問題，按最近分配各縣的捕人控制執行。

孝感地委

1957年11月2日

「捕人指標」！

「殺人問題」！

我的天哪，這是什麼些辭彙呀？而且捕人多少，要按照「分配各縣」的數目「控制執行」！

漢陽縣委遵照孝感地委關於「捕人指標與殺人問題」的批覆，於1957年11月6日由漢陽縣人民法院重新審理楊松濤一案，由15年徒刑改判為死刑，立即執行，剝奪政治權利終生。

好在，好在，湖北省高級人民法院撤銷了漢陽縣人民法院對楊松濤的死刑判決。

在有關漢陽事件案件的審理中，湖北省高級人民法院大體保持了比較理性的審慎的態度。

楊松濤未被處以死刑，這一次是因為有省高院把關，而在1957年8月，是什麼原因讓他逃過這一關呢，這就不得而知了。或許真是因為鍾毓文的「一眨眼」，改變了命運的走向吧？

總算清白了

當時負責審訊楊松濤的是縣公安局股員楊九成，楊九成因為心太軟，手太軟，落得被劃為右派，被開除團籍和工作籍，被送農場監督勞動改造。當時對他的結論寫道：

> 在審理縣一中反革命暴亂事件中，楊說：「不好搞的，他們（指李局長、李校長、上官局長）只憑主觀想像來要求，不顧實際情況和困難，有些材料真是不好說，我在宣判楊松濤的材料時，楊犯眼流淚，他們還說不狠，有些材料真是我狠著心整上去的。」次日縣委對整的材料 —— 進行了詳細研究，提出楊松濤的材料有很多事情整掉了，要重新整。經過楊返工後，仍把楊松濤主要犯罪事實（如吹哨子煽動學生捆縣長、打電廠）未認定上去。

楊九成真是一位有良知的公安幹部，他居然敢於在縣委研究之後，在「返工」的「材料」中，執意不認定楊松濤的並不存在的「主要犯罪事實」。這符合做人的起碼要求。以上引文中的李局長指縣公安局長，李校長即考察團副團長李毅，後來留在漢陽一中任校長。以上引文摘自1979年3月1日漢陽縣委摘右辦公室的複查報告。這份報告說：「經複查，楊在辦理縣一中反革命暴亂事件中，工作中有畏難情緒，缺乏深入細緻的工作，有缺點和錯誤，但不是反黨反社會主義。」1979年漢陽事件尚未平反，楊松濤一案還沒有昭雪，撰稿人回避這個敏感問題，以工作中的缺點錯誤為楊九成開脫，使楊九成得以摘掉右派帽子。這也是政治智慧。

直到1986年2月14日，楊松濤一案，才算最終得以平反昭雪。省高等法院下達了重新判決的文書：

1957年8月30日，漢陽縣人民法院判處15年有期徒刑，同年11月6日，漢陽縣法院改判死刑，送省高等法院覆核。省高等法院1958年2月12日，撤銷漢陽縣法院的死刑判決，維持漢陽縣法院有期徒刑15年的原判決。現本院院長發現原判確實有錯誤，依照審判監督程序重新審理，宣判楊松濤無罪。

此時，我們的副教導主任楊松濤先生，早已長眠於地下。

死亡名單上的鍾毓文

整個漢陽事件的處理過程，演繹了一連串的荒誕不經的故事，當今在網上流傳的「鍾毓文愛眨眼惹大禍」，就是其中最為經典的故事之一。它這樣寫道：「鍾毓文是一中初三（9）班的班主任，他被槍斃是因他有個愛眨眼睛的毛病。」

如此說法，顯然是把一個複雜的問題，弄得過於簡單化、戲劇化了。

鍾毓文有愛眨眼的毛病，由於眨眼而惹禍也是事實。我讀過了鍾毓文的申訴書，發現當今演繹的故事，與原始素材大有出入。其實，考察團發現鍾毓文「使眼色」的那次批鬥會，批鬥對象並不是王建國，而是楊煥堯。其實，即使沒有這次的「使眼色」，鍾毓文早已是考察團搜羅的囊中之物。

記憶的誤差

考察團進駐學校之後，鍾毓文是被隔離審查的老師之一，由於他對自己在學潮期間的活動情況作了如實交代，很快就被解除隔離審查，放回家了。他高興地對家人說：「真心不怕雷打，實心不怕火

才子鍾毓文

燒，你們不要怕，共產黨不會冤枉好人。」這段話寫在鍾毓文的長女金蘭和兒子家楓〈回憶爸爸鍾毓文〉的文章裏。

當時放他回家，是真實的解脫了，還是他自以為解脫了？

在這篇文章中，接下來有如下一段文字：

> 這以後不幾天後的一個晚上，一中在校園內大會揭批王建國，爸爸坐在台下前排。爸爸有個愛眨眼的毛病，在刺亮的燈光下，正眨眼睛，被臺上的考察團人員發現了，認為他是在向王建國「使眼色」。當即宣佈隔離禁閉，從此定為王建國「集團」的「骨幹分子」。

網上流傳的鍾毓文眨眼惹大禍的故事，大概都源於鍾家姐弟的這段文字。1957年，鍾金蘭小學畢業，年齡應在12歲左右，鍾家楓年僅6歲，都不太可能知道當時的詳情，更不可能得知考察團運作的內幕。姐弟倆的文章，與其說記錄了他們的回憶，不如說記錄了他人的回憶，其中存在明顯的誤差。

這個誤差在於，鍾毓文不是向王建國「使眼色」，他被正式逮捕也不是在批鬥王建國的大會上。1957年8月25日，鍾毓文寫了一份19頁的申訴書，其中有段話把這件事說得清清楚楚。這段文字比較長，因為實在太重要了，我不忍心分割成若干小段，只好全文完整引用，懇請讀者逐字逐句讀下來：

> 我在前一些時所交待的，都不是事實，都不是實在的思想情況。我這樣假坦白的原因，是因為我曾向考察團寫過3次反省，組織上不相信，到16日，鬥爭王建國，並宣佈次日鬥爭我。我見王建國被捕，心想如果我不假意承認自己犯罪思想，也會被捕（我見逮捕證有二張，一張是王建國，一張一定是我的），不如假造一些犯罪思想，還落個坦白從寬。17號鬥爭我以前，我又得到韓縣長和上官局長的鼓勵，叫我大膽交待就可以不逮捕。因而我更下決心這樣去作。在鬥爭時，把別人對我的一些大膽懷疑出來的罪惡思想都承認了。果然考察團重新研究決定暫不逮捕，隔離反省。不料在鬥爭楊汗堯〔原文如此〕時，誤認我向楊打手勢，又把我捕了。事實上我與楊素不相識。

（這在預審中弄清楚了。）逮捕後我還是想這樣爭取寬大（從鬥爭證明了這一點）索性假坦白下去，咬著牙齒捏造自己的罪惡思想。心想，就是判刑，也會從輕。在公安局每次預審中，總是說我有很大可能爭取重新工作，說我已走上從寬的道路，是在想解決問題。在獄中幾次聽報上對什麼從寬的政策，說現行反革命，只要坦白交待，可以從寬處理。這樣更使我下定決心，繼續欺騙政府，假坦白以爭取寬大。這主要是我欺騙政府，不堅持實事求是的原則。其實政府也多次說要實事求是。但我從鬥爭會一直到今天不敢改口，怕越改越嚴重。現為了爭取活著，好好做人，為了我一家老幼無靠的七口，我冒著政府的斥責，把一些主要事實的真實情況，詳呈偉大慈祥的黨和政府，請進一步對我的案件進行偵察。如蒙批准，則我同全家老幼，均感大恩大德。

上述這段文字中提到的幾次批鬥會發生在7月份。

現在可以理出一個頭緒了。7月16日，批鬥王建國，鍾毓文看到兩張逮捕證。7月17日，批鬥鍾毓文，他搞假坦白，果然暫不逮捕。批鬥楊煥堯的大會，應在7月18日。鍾毓文因「打手勢」（指「眨眼睛」），被考察團發現，於是當場逮捕了他。次日，7月19日，有對鍾毓文進行審訊的筆錄，審訊內容包含有「打手勢」的問題：

> 問：你們是有計劃、有企圖的，怎麼不知道的，當時你的一舉一動都有人監視你的，你應該很好的談。
> 答：我是經常抬頭看他，因我沒有與他〔楊煥堯〕思想聯繫，我看他沒有表情。
> 問：但現在我們還沒有決定怎樣對你處理，你的出路現在由你決定。
> 問：楊煥堯沒有說發展你？
> 答：沒有，因他來過幾次，沒有跟我談過。我今天不能亂說，楊煥堯我根本不認識他。
> 問：你好好的想，你有哪些問題打算作交待的？

答：我想起來對王建國關係認識不清楚的，我是王建國集團的人。而
是很忠實的。

有必要交代一句，大會批鬥楊煥堯不是一次，前文已引用過《人民日
報》的報導，8月7日晚上又有一次批鬥楊煥堯的大會，司法機關就是在這次
大會上根據「群眾要求」，當場逮捕了楊煥堯。

鍾毓文早在死刑名單上

可以肯定地說，鍾毓文在正式批准逮捕之前，就已經進入死刑名單。
因此，也可以肯定地說，鍾毓文的被捕，與眨不眨眼沒有決定性的聯繫。
1985年7月24日，在準備為漢陽事件平反時，複查組謝傑民、蕭萬侯、
吳洵秋、劉望林等四人同當年考察團成員周良善的談話記錄如下：

周良善：鍾毓文的材料是我搞的，材料的來源是蕭全貴（縣公安局幹
部）根據老師學生的揭發提供的，把鍾毓文的歷史問題與揭
發材料聯繫到一起。搞出的材料送劉佑鈞看後講「好像個反
革命」，這樣對鍾毓文定了案。

當時誰敢提疑義呢，都從一個方面上〔看問題〕，但是
縣委有一點說服了我，要負後果責任。學生鬧事，擾亂了社
會秩序，影響了其他學校。

這段記載道破一個天機：把鍾毓文的歷史問題與揭發材料聯繫在一起，
就「好像個反革命」了，就定案了。
新華社的內參稿（7月2日電），是最早反映漢陽事件的通天文稿，鍾毓
文已經榜上有名：

初三（1）班學生舒遠華以〈我的志願〉為題，寫了一篇作文，對升學問題極端不滿，聲言要「打倒阻止我們志願的人，打倒破滅我們前途的人」。語文教員王政大加讚揚。鍾毓文並違犯校部決定把這篇帶有煽動性的文章帶到其他班向學生宣讀，以挑起廣大學生對黨與政府的不滿。

再看考察團報告。這份報告在最高人民法院終審判決之前就形成了。鍾毓文、胡斌已經被稱之為鍾犯、胡犯：

　　他們以鍾犯三（9）班和胡犯三（7）班作重點，進行破壞勞動教育的活動。胡犯私自召開三（7）班13個學生會議，造謠北京的招生比例是六分之五，西安是65%，武漢是50%，農村是5%。鍾犯把三（9）班52名學生安排了30名返鄉生產，10名自謀職業，10名政府安插，2名有病還要與農業社商量。並說「這是社會制度造成的，是不可阻擋的洪流」。因此學生有的打算考不取高中住「長江大學」或到處流浪，當土匪打悶棍，有的甚至叫喊要搞「匈牙利事件」，把學生引到絕路上去。同時，也不放鬆啟發學生的「自發鬥爭性」，如藉紀念「五四」，舉辦了有4個班（三年級1、2、3、9班）參加的名為「發揚愛國傳統」的聯歡晚會，專講「五四」時期青年學生如何對現實不滿，如何為生存而反抗統治者，鍾犯親自唱了《跌倒算什麼》等7個歌曲，會場佈置非常陰暗，暗示學生反對新社會，還把學校禁止了的一篇反動文章──〈我的志願〉拿到三（1）、三（9）班大肆宣揚，這個文章的主題是打倒阻止我們升學的惡人（附原文）。王犯還利用職權擅自撤銷「民主集中」、「勞動是光榮而豪邁的事業」兩節政治課，並介紹罷課、遊行、示威的經驗，在他們的「培養」下，高一（3）班學生集體鬧了8次，初三（9）班學生威脅校長說：「如果不限期把教室側邊的廁所拆掉，就搗毀辦公樓」。至此，條件已備只欠東風。

8月12日，一個有漢陽縣領導人，有縣公安局、檢察院和法院主要負責人參加的會議，研究了鍾毓文、楊煥堯和王建國的死刑問題。出席過此次會議的王志成在回憶文章中寫道，準備判處上述3人死刑的依據，是考察團整理的材料，而不是審訊材料，因為當時根本就沒有審訊。王志成回憶說，會上並沒有爭論。

到了8月18日，中共孝感地委批覆是兩個死刑，一個無期徒刑，要判處死刑的是鍾毓文和楊煥堯，而只準備判處王建國無期徒刑。

從以上的敘述的排名次序看，鍾毓文是擺在死刑名單的第一位。

考察團為什麼把鍾毓文列入死刑名單？首先，從現實事件看，初三（9）班同學積極參與了6月12日和13日的罷課遊行，鍾毓文是初三（9）班的班主任。其次，考察團把五四紀念會、學生接待會和學代會都與漢陽事件捆綁在一起，認為全是王建國集團有組織有計劃有預謀的行動，而這三個會中有兩個會的組織者是鍾毓文。第三，考察團認為存在一個以王建國為首的反革命集團，這個集團囊括了學校的教學骨幹，鍾毓文是語文教研組長，與王建國的關係親近一些，當然就劃入了王氏集團之內。

鍾毓文擔任班主任的初三（9）班是怎樣的一個班呢？這個班學生年齡普遍偏大，而且學習成績普遍偏低，找個願意並且適合當這個班班主任的老師真難。分管教學的副校長王建國，親自找到鍾毓文家裏，鍾毓文「概然允諾」接手了。這個多事之班在多事之秋的表現給鍾毓文帶來了厄運。

朱希武老師後來面對複查組回憶說，學生罷課遊行發起之後，整個學校出現失控局面，「當時還有個別老師提出把學生放回家去，是鍾毓文提出來的，我反對，因為學生要考試，再一個農民又不明真相，還不如把學生留在學校內做工作。」一個非常簡單的推理是，如果鍾毓文骨子裏是希望學潮鬧大，他為什麼要提出放學生回家的主張呢？

考察團對鍾毓文從抓到放，又鬥而不捕，再到一抓即判，是按預先設置好的路線圖，採取「坦白從寬」的政策攻心，最終達到誘供的目的。

我們回頭看看我懇請讀者逐字逐句讀下來的一段文字，就會明白鍾毓文怎麼一步一步走上假坦白之路——

我曾向考察團寫過3次反省，組織上不相信。

我見王建國被捕，心想如果我不假意承認自己犯罪思想，也會被捕（我見逮捕證有二張，一張是王建國，一張一定是我的），不如假造一些犯罪思想，還落個坦白從寬。

17號鬥爭我以前，我又得到韓縣長和上官局長的鼓勵，叫我大膽交待就可以不逮捕。因而我更下決心這樣去作。

在鬥爭時，把別人對我的一些大膽懷疑出來的罪惡思想都承認了。果然考察團重新研究決定暫不逮捕，隔離反省。

逮捕後我還是想這樣爭取寬大（從鬥爭證明了這一點）索性假坦白下去，咬著牙齒捏造自己的罪惡思想。心想，就是判刑，也會從輕。

在公安局每次預審中，總是說我有很大可能爭取重新工作，說我已走上從寬的道路，是在想解決問題。

在獄中幾次聽報上對什麼從寬的政策，說現行反革命，只要坦白交待，可以從寬處理。這樣更使我下定決心，繼續欺騙政府，假坦白以爭取寬大。

放兩張逮捕證，收到預期效果。這是誰的主意呢？

鍾毓文被捕的時機選在批鬥楊煥堯的大會上，更加強化了專政機器的威懾力量。

鍾毓文其實並不認識楊煥堯。他的申訴書中把楊煥堯的寫作楊汗堯。這是他從假坦白之路上回過頭來的最後一次陳述，知道自己再不能說假話而只能說真話了，因此他不可能裝作不認識而故意寫錯。

鍾毓文的申訴書，寫得淒惋動情，不忍卒讀──

我對黨對人民根本沒有仇恨。因父親在土改前很久害病，土改中死去，群眾寬大他，未被鬥爭。死後農民還幫忙安葬，又很快准許母親出來居住。

以上申訴均是實情，在我思想上確實沒有故意鼓動鬧事反黨反社會主義的意圖。伏祈黨和政府進一步查明關於我的全部真相，給我生路，給我爭取重新做人的機會。使我活著，一定繼續改造，爭取重新為黨的事業服務。只要如此，我願接受任何嚴格的懲處。不勝禱切之至。

一個有妻室的年輕男人，一個有5個兒女的父親，為了繼續活著，只差跪地求饒。

到1957年8月23日，鍾毓文在漢陽縣判處的3個死刑案中，排名次序由第一降到了第三，最高人民法院的判決書中，又由第三升至第二。

鍾毓文怎麼就成了反革命

鍾毓文遺孀呂靜家客廳裏，掛著曉風先生書寫的鍾毓文詩歌作品。全文如下：

難呀難哪，難呀難，麻籃挑水上高山。麻籃挑得幾多水，肚子能餓幾多餐。天不下雨怕天干，下雨太多又怕淹〔漢陽話發音ān〕。天干水淹猶還可，最怕還是出苛捐。抽壯丁囉命難歸，人間公道可問誰？有錢人家當公子，窮家小野當炮灰。山中有虎又有狼，虎狼當道把人傷。男兒何不像武松，打死虎狼過山崗。

落款注明：本民謠唱段為《難呀難》小曲。鍾毓文1947年任中共沔東城工部華英小學聯絡站長期間的代表作，曾傳唱於漢陽城鄉。1984年編入〈憶鍾毓文和他的聯絡員〉一文。

一位如此同情勞苦大眾，完全站在受壓迫者一邊的歌者，怎麼就成了反革命呢？

鍾毓文是個才子，不僅有詩才，還有音樂天賦。1956年，他執筆寫了一部歌劇《樟河灣》，音樂也是他一手料理。當時漢陽一中學生會文體委員，初三（2）班同學金建成，參加過這部歌劇的演出，在校內和縣工人俱樂部演出過多場，以配合階級教育工作。這麼一位完全同中國共產黨一條心的知識分子，怎麼就成了反革命呢？

他還曾擔任中共河東城工部華英小學地下聯絡站站長。

鍾毓文是本縣玉賢集紀莊人，國立湖北省高級師範畢業後，在離家不遠的螺絲崗當小學教師。抗日戰爭勝利後的第二年，到離家較遠的華英私立小學擔任教導主任。這是他的公開身份。

時值解放戰爭時期。中共在天門漢陽沔陽一帶活動頻繁，中共天漢沔地區副專員蕭利三是華英小學的董事，設立華英小學地下聯絡站時，他想到了鍾毓文。首先，他與鍾父鍾聘三都是本地有聲望的教書先生，兩人交情較深。其次，鍾毓文的妻子呂靜，是在他們七蕭大灣的外婆家長大，其表兄弟蕭毓蕊是共產黨員，擔任黨的地下交通聯絡員，鍾毓文與之過從甚密。其三，鍾毓文上省高師時就深受進步同學王樹德的影響，王樹德這時擔任中共河東城工部部長。因此在華英小學站站長的人選上，蕭利三與王樹德一拍即合。那時鍾毓文給人的印象是：少年老成，文雅可親，其容可度，其言有章。

華英小學地處解放武漢的前哨陣地，被白崇禧的「華中剿總」視為「匪巢」，七蕭大灣則被看作「匪黨窩子」。鍾毓文的聯絡站工作，得到中共河東城工部的充分肯定，受到川漢城工部部長陳靖的表揚，寫進了1949年2月川漢城工部《兩個月的工作總結》。

晚年呂靜

鍾毓文作為地下聯絡站負責人，為了搜集敵方軍事情報，就必須利用各種社會關係，同形形色色的人打交道。這樣一些複雜的關係，在革命取得成功之後，卻成了他的歷史問題，考察團甚至認作他的罪狀。為了給鍾毓文貼上「反動」的社會關係，「考察團還張冠李戴，把本地在鎮反中鎮壓了的一個叫徐吉甫的人，寫為鍾毓文的姐夫彭吉甫被鎮壓。」（摘自《回憶爸爸鍾毓文》）土改時鍾家劃為地主成分，鍾毓文為了同地主家庭劃清界限，父親去世時都沒有回家。儘管如此，儘管他在帶學生下鄉勞動用手捧過牛糞，但他那白淨的皮膚在人們眼裏，依然是一個地主家庭出身的，歷史不是很清楚的，特別需要改造的知識分子。當考察團「把鍾毓文的歷史問題與揭發材料聯繫到一起」，他就「好像個反革命」了。

1957年8月30日，鍾毓文在寫給最高人民法院的申訴書中，對「積極投入王建國反革命集團」的指控，表示不服。他認為「更無事實根據」。王建國在一中有幾個經常接近的教師，而鍾毓文不在其列。他從來沒有同他們一道「上館子看戲」，沒有「在一起談知心話發牢騷」，「更無反動的聯絡」。他自己家大口闊，經常擺在學校吃救濟的名單中，哪有閒錢跟其他老師搞禮尚往來呢。

有關判決鍾毓文死刑的指控，其實沒有什麼實質性的內容，都是些東拼西湊的事情。他組織舉辦的五四紀念會，因為老禮堂牆面空間限制，沒有懸掛毛主席像，這也算是罪過一樁。如果當時把領袖像懸掛在那個逼仄之處，豈不要犯下侮辱偉大領袖的罪過！

6月13日早餐時間，鍾毓文班裏的住讀生，放著比平時稠得多的稀飯不吃，在那裏情緒激昂地發表議論。鍾毓文說：「今天你們還要鬧嗎？鬧事嘛，不要和飯憋氣，吃飽了再鬧。」漢陽人稱這種話為「二五眼子的話」，帶有一點兒黑色幽默，沒有人會從字面上去理解。根據語境，一般是說，你即使要鬧，也要吃了飯再說。至於吃了飯以後，說不定氣消了，就不會再鬧了。這是勸解人時用的一種權宜之計。6月12日晚間學生不睡覺，老師們勸導說，「今天早點睡，明天起來好鬧」，這也屬於「二五眼子的話」。把這樣的話作為鼓動學生繼續「鬧事」的罪行，明顯是牽強附會、強加於人。

一個曾經為共和國的誕生做過貢獻的人士，一個多才多藝的年輕有為的老師，不明不白地成為了「反革命暴亂」的主要成員。一個7口之家隨著鍾毓文生命的終結而坍塌了。當時5個兒女中，最小的只有1歲，這個孩子隱姓埋名被姑母收養。呂靜為自己也為孩子們找到一個紅色保護傘，嫁給參加抗美援朝回來的轉業軍人。

鄒振鉅的遲到死刑

　　最後一次見到鄒振鉅老師，是在執行死刑的那一天，他被押解到學校來了，臨時關在新校門傳達室裏。透過玻璃窗，我看到他茫然地坐在那裏，有時抬頭張望窗外的學生。他的頭皮剃得光光的，臉色慘白慘白得刺眼，那副深度的近視眼鏡依然戴著。在以後很多年間，那張慘白慘白的臉，還有那副深度的近視眼鏡，都在我腦子裏揮之不去。他的皮膚本來就十分的白皙，又在沒有陽光的牢房裏關了多時，那白就顯得極不正常。

　　這是1959年的4月，在我們臨近高考的前夕。

　　行刑前照例在大操場舉行宣判大會。不過這時的大操場，已經在我們沒日沒夜的勞作中擴大了。刑場照例在我們的寢室後面的那塊坡地上，當一聲槍響之後，人們像兩年前一樣，照例蜂擁而去。

　　沒有家人來收屍。

　　一個被處以極刑的反革命分子，哪有親屬敢來收屍呢。

　　鄒振鉅是數學教研組組長，高一（3）班班主任。他愛好運動，每天晚飯後都要走上籃球場，快樂地在場上跑來跑去，我真擔心那眼鏡會跌落下來，而我的擔心完全是多餘的。

　　他有張寬闊的嘴巴。俗話說男子嘴大吃四方，但是他沒有吃到四方，在25歲時就離開了人世。

　　他真不想這麼年輕就離開人世，在他被判處死刑後的上訴書中，他發出了最後的呼喊：「判我緩期執行吧！」

但是，沒有緩期執行，而是「立即執行」了。

他被宣告無罪之年，如果活著應該有54歲，他長眠於地下等待這個判決的年頭，比他活過的年頭還要長得多。

淚水未能證明的清白

當年留下的檢舉鄒振鉅的資料中，至少有兩件提到鄒振鉅在縣人委會前的眼淚。但他的眼淚未能證明他的清白。我們來看看在兩天學潮當中他的行蹤和言論吧。

高一（3）班班主席蕭秀細的「檢舉」材料這樣寫道：

> 6月12日中午，〔鄒振鉅〕在班上說：「如果真是5%，我也要鬧，還要領導大家鬧。」
>
> 6月12日在教室他說：「學校裏有文件，是30%左右。」同學們要看文件，他說：「上面一點小字，像那樣公佈出來呀，再說上面不只是個百分比，還有一些有關教育事業的東西，這是保密文件，那也看得的。」

招生比例5%是學潮的導火線，而鄒振鉅堅持認為招生比例應該是30%左右，這就說明他並不希望學生鬧起來。

初中三年級學生李秋屏在寫給考察團負責人的信中說，她進了縣人會辦公室，用辦公室的筆墨紙張寫過標語，然後就到外面站著。她這樣記述到外面看到的情形：

> 不知是誰寫標語放在國徽上，鄒振鉅和我們外面都喊起來了，叫小孩把標語拿掉，結果拿了。

對於學生中出現失控行為，鄒振鉅立即出面阻止。高一（3）班同學陳祖龍的「檢舉」材料，可以看出鄒振鉅已經對學生的過激行為表示反感：

> 6月12日，把上官局長捆來後，鄒在班上對學生說：「同學們，鬧不得的，你們這是無組織無紀律的行為，現在同學們這樣鬧，沒有一點益處。已經被壞人鑽了我們的空子，我們應該警惕起來，防止壞人。」

高一（3）班蔡德池同學呈送考察團的〈坦白檢討書〉寫到了6月13日鄒振鉅的表現：

> 13日早自習時，班主任〔鄒振鉅〕在班上講話，不許我們隨著初中同學們哄，「我們是高中學生，應起好的帶頭作用，因為昨天鬧事已經超出了合法的範圍，裏面可能有壞人操縱。」但是班主席就不相信，同班主任〔反〕駁，把班主任臉氣紅了。當時有少部分同學也仍認為堅持支持他們是對的。我這次雖然沒有發言，但內心裏還是認為他們有組織向政府請願是對的，因〔此〕表現〔在〕行動上那就是吃稀飯後，我同閔守仁同學貼了一張標語（通告：初三的同學們，假使你們有組織有領導提出明顯的要求，我們堅決支持。高一〈3〉能海寫）並參加了遊行隊伍。到了縣人委會不久，又發現同學捆人，這時我內心裏深為不滿，但怕壓力，也就不敢發言。後來我看見徐遠猷推著一個被捆的人一道走，我就喊：「徐遠猷，捆不得人的。」

我為了保持這段話的原貌，多引了幾句。從這段文字裏，可以清楚看到鄒振鉅當時對事件的態度。鄒振鉅比同學們大不了幾歲，他在學生面前「臉氣紅了」，就顯得非常正常。

初三（1）班同學鍾司粹的「檢舉」，記載了鄒振鉅6月13日中午的表現：

> 13日中午，縣長把電話內容告訴我們以後，我們都準備歸校了，我在政府斜對門福華浴池房子碰見鄒振鉅往街上走，我問他是不是有

我們的三個同學搞起來了？他說，不知道，未必有那種事？那還了得，不會吧？話後他就走了。過了一會，我又看見他跟郵局的一個同志談話，那人自己介紹姓蔣，兩人都流著淚，姓蔣的談話內容是：我們在共產黨的領導下翻身，共產黨在我心中已生了根呀。你們現在這樣鬧，把縣政府搞成這個樣子，想想看是多麼痛心啊！這時他倆都擦著淚。鄒老師接著說：「同學們，你們聽著哇！」以後我就走了。鄒哭時有徐振信同學證明。

鍾司粹這裏所說的「鄒哭時有徐振信同學證明」，似乎強調他的證詞的真實性，能夠說明鄒振鉅的清白。寫出這樣的「檢舉」材料，在當時需要足夠的勇氣。但是，進駐漢陽一中的考察團，對於這些真實的證詞，一概不予採信。他們所需要的是另外一種偽證。

當時在考察團的引導之下，有些學生的證詞不具備客觀性，甚至寫出與事實完全相左的感受。

初三（1）班學生李行楚這樣寫道：

> 以王建國為首的宗派集團分子鄒振鉅，花樣巧妙，在13日那天，在街上假惺惺的哭，是何用意？

這是一份真正意義上的檢舉信，從中可以看出它的作者，已經學會了指鹿為馬的大批判技能。漢陽事件不是被定性為「反革命暴動」嗎，既然是在搞暴動，被指認為「現行反革命分子」的鄒振鉅，有何必要在此搞這種「假惺惺」的表演呢？

鄒振鉅的淚水未能證明自己的清白。這麼多原始的證明材料未能證明鄒振鉅的清白。1957年漢陽縣人民法院判處鄒振鉅有期徒刑15年，孝感地區中級人民法院認為鄒振鉅「確有坦白認罪表現」，改判為10年。當年的孝感中級人民法院在量刑問題上，表現得要比漢陽縣方面相對理性一些。

豈能一跑了之

鄒振鉅在漢陽縣監所服刑期間，每天被押送到城頭山採石場幹活，把大石頭砸成不同規格的小石頭。這是一種強體力勞動。幹了將近半年，屈指算來，還不到10年刑期的二十分之一。他本來不服判決，入獄坐牢已屬冤枉，大概覺得自己是高中教師，還要吃這般苦頭，實在受不了。同監室有兩個犯人，相約越獄逃跑，邀他入夥，他就答應了。

1958年2月25日，鄒振鉅等3人成功地從漢陽縣勞改場所脫逃，潛伏到漢陽南部的長河一帶。他們盜得一隻民用木船，又盜得一床被子、一斗多大米和一頭豬，到十八家躲藏起來。長河又名東荊河、通順河，是長江的一條支流。十八家是長河北岸的一個土墩子，漢陽縣邊遠的一個自然村。這裏人煙稀少，到處是荒灘野地，長滿了蘆葦雜草，既有藏身之所，又不乏果腹之物。鄒振鉅3人在這裏待了20天，豬肉吃完了，身子養好了，外逃計畫也磋商過了。他們外逃的目的地是香港。

3月15日，3人帶著刀子剪子潛入漢陽一中，16日晚12時下手，從總務處盜得935元，糧票3000餘斤，油票85.5斤，一起逃到武漢。

他們還未來得及實施進一步計畫，就在同年5月24日，在洪湖的木船上，被捉拿歸案。

原本漢陽縣法院判他15年徒刑，到孝感地區法院減為10年，太便宜他了。現在好了，他有漢陽事件的前科，又有越獄逃跑等等新罪，這回一判就是個死刑。不過，這次判決比較從容，他有足夠的時間提出上訴。這裏摘抄鄒振鉅1958年12月21日〈上訴書〉中的一段文字：

> 但是按照漢陽一中暴亂事件中原先跟我結案的各點再結合逃跑出獄新犯的罪惡來判處我的死刑，我心中是不睦的，縱然槍斃了我，我的心靈是不死的，假定黨和政府跟我把前一段即在一中暴亂事件的案

情重新查證一下，再根據我這次逃跑所犯罪惡處分我，我是會接受的，會口服心服的。

我向黨和政府最後一次寫的，都是真實情況，望黨和政府對一個年青的人的生命負責，跟我再調查一下，假定說沒有調查的必要，我向黨和政府可以這樣說：「我是一個年青人，還不會反動到死心塌地與人民為敵到底不堪改造的那種程度，望黨和政府寬大我，給我以再生之機會，給我以勞動改造之機會，判我死刑緩期執行都可以，黨和政府看看我今後的行動吧。」

我向黨和政府最後一次請求，望政府念我年青，是頭一次受了別人的影響越獄逃跑，寬恕我吧！我可以向黨和政府保證，可能說是遲了，但是我還是要說，今後一定認罪服法，安心改造，爭取做一個會勞動的良善公民。會積極勞動改造，以賠償人民的損失。生命對於人來說只有一次，我才25歲呀！是可以聽黨和政府的話的，是可以改造的，望政府寬大。改判死緩吧！我要求黨和政府寬大我的話是筆墨寫不完的，因為生命對人來說是寶貴的呀！屬於人只有一次呀！望黨和政府寬大我吧！我重複的說：我只有25歲呀！是會聽黨和政府的話的，絕對是可以改造的。望黨和政府把我過去的問題查對一下，寬大我吧！判我的緩期執行吧！

我才25歲呀！我只有25歲呀！生命屬於人只有一次呀！寬大我吧！改判死緩吧！——這是一位年輕教師求生的欲望。

漢陽事件的所謂軍師楊煥堯，在被判處死刑之後上訴書中寫道，要對一個老年人的生命負責，鄒振鉅這裏提出要「對一個年青人的生命負責」，前者因為沒有多少年頭可活了，後者因為還有很多年頭可活，都不能隨便殺頭。其實，生命對於每個人都是寶貴的，無論年老或年輕。法律的尊嚴在於，罰其該罰，懲其該懲，才不失公正。

鄒振鉅的「寬大我吧」的呼喚，未能打動法官們的心腸，因為有王志成的前車之鑒，再無人敢站出來為一個逃犯主持公正。

1959年4月13日，湖北省高級人民法院向中共孝感地委、孝感專署、孝感中級人民法院發出刑核字第154號文件：「鄒振鉅一案，業經最高人民法院一九五九年四月十一日批准判該犯死刑，立即執行。」

最徹底的平反

1986年1月25日，最高人民法院發出通知，同意湖北省高院「對鄒振鉅撤銷原判，作為冤案，予以平反的處理意見」。「現撤銷我院一九五九年四月十一日電報中核准判鄒振鉅死刑的批覆。」

由於漢陽縣已經歸屬於武漢市，鄒振鉅一案的重新審理，由武漢市中級人民法院執行。武漢中院刑事判決書（市法（86）刑再字第6號）寫道：

> 原判鄒振鉅與王建國等人互相勾結，組成反革命集團，散佈反動議論，在漢陽一中事件中積極參與策劃和指揮學生鬧事等事實全部失實，應予否定。鄒振鉅在投入勞改後，與同隊犯人蕭英群、李清修等一起從勞改場所逃跑，竊取漢陽一中現金、糧、油票及企圖偷越邊境的事實存在，但鄒振鉅係在被錯判的情況下所為，且贓款贓物已追回，沒有造成嚴重後果，可不予追究。綜上所述，原對鄒振鉅以現行反革命罪判處有期徒刑十年和以組織越獄逃跑罪判處死刑均屬不當，應予糾正。經報中華人民共和國最高人民法院審核，已撤銷原核准判處鄒振鉅死刑的批覆，據此，本院依次判決如下：
>
> 一、撤銷湖北省孝感地區中級人民法院（57）刑監字第273號刑事判決書、（58）刑上字第161號刑事判決書和漢陽縣人民法院（58）刑特字第51號刑事判決書；
>
> 二、宣告鄒振鉅無罪。
>
> 市中院刑事審判庭第三庭
審判長　張才福
審判員　劉世奎

審判員　劉望林

書記員　甄　騫

　　這是一份可載入史冊的判決書，它具備十足的公正性，所以有必要全文留存。其中最讓人信服的是，鄒振鉅的逃跑、盜竊、企圖偷越邊境的「事實存在」，「但鄒振鉅係在被錯判的情況下所為」。即錯判與逃跑之間，存在因果關係，前者是因，後者是果。是啊，是啊，天理良心，這樣判斷，沒有錯啊。如果換一個邏輯來思考這個問題，法官也可以這樣判斷：當初對你是錯捕錯判，法院可以更正；而你越獄逃竄，偷竊度日，也有罪呀。完全可以給你留個小尾巴。

　　鄒振鉅老師平時愛運動，雖然戴一副深度近視眼鏡，並不妨礙他在籃球場上大顯身手。每天晚飯後一場球，下場時總是汗流浹背。他與同學們親密無間。可惜，23歲坐牢，走到自由的終點；25歲殞命，走到生命的終點。平反對於他只有名譽上的意義。

韓建勳逃過一劫

很多人私下裏說，漢陽事件如果追究責任，首先應該追究韓建勳的責任。

他身為漢陽一中校長，又是中共漢陽一中支部書記，是學校的第一責任人。

晚年韓建勳

韓建勳本人也這樣看這個問題。1985年7月25日，他面對複查組說：「關於一中事件，我自己也是被審查的，身為校長、書記，發生了這大的亂子，也應該從我查起。」

當時也不是沒有查他。他說：「趙克巽找我談了一次話，要我談事件的起因、經過，我談了。我寫過5次檢討。」

他被調出漢陽最高學府，發配到蔡甸油廠工作，從行政18級降到22級，一下子降低4級工資。

但是，韓建勳畢竟保住了自己的腦袋，也沒有經歷牢獄之苦，總算躲過這一劫。

是什麼原因使韓建勳逃過一劫呢？

最初也被套牢

考察團進駐漢陽一中時，韓建勳、王建國都是考察團成員，考察團一方面利用他們在學校做工作，同時對他們進行審查，追查他們的責任。

新華社《內部參考》第一次報導〈漢陽縣發生暴動性的中學生鬧事事件〉，沒有點名地指出了韓建勳的問題：

> 縣委在這次事件中表現得異常被動，首先是，平日很少瞭解學校情況，校中的兩個黨員根本不能形成核心，黨員校長對學校業務毫無經驗，在校內外常孤立，因之事前對事件的組織情況毫無所知。在事件發生的兩天裏思想上也不夠明確，總認為是人民內部矛盾，對破壞公物、打人、反動標語等現象也不敢出來公開駁斥。

《內部參考》第二次報導〈漢陽縣第一中學暴動事件詳細情況〉時，就沒有這麼客氣了，該文第四部分「幾個教訓和問題」，直指漢陽一中黨支部存在的嚴重問題：

> 學校中的黨支部和團總支內部不團結，政治空氣薄弱，鬥爭性不強，不能在師生群眾中起到領導核心作用。這個學校共有5個黨員（其中有兩個是預備黨員），校長兼支部書記韓建勳是去年5月間從農村調來的區委書記，由於文化水平不高（唯讀過幾年私塾、半年簡師），對於領導教學業務和團結知識分子較差，本身的工作作風和待人態度又較生硬，很不得教員和學生的喜歡。另外4個黨員，都擔任著會計、體育和專職做團的工作，而其中除了會計王以卿（轉業軍人）工作、政治表現較好外，其他幾個人的黨性是很差的，甚至有人公開表示不願或厭惡黨的組織生活，說是「入黨不自由」等等。支部書記與黨員之間，一向不團結，各行其事，在黨內的批評與自我批評

展不開。鬧事以前，學校那麼嚴重和廣泛流行的反動言行，而我們的黨員由於脫離了群眾，孤陋寡聞，一般是被蒙在鼓裡；有的即使發現了也當作耳邊風，既不出面鬥爭，也不及時向上反映。

這段話概括了整個漢陽一中黨支部的狀況，也對韓建勳其人做了比較全面的評價。這份上送中央的內參稿，最早認定韓建勳及其領導的黨支部，對於發生漢陽事件所負有不可推卸的責任。由此可見，韓建勳在考察團進駐半個月內，也被套牢了。

再看看〈縣委關於一中黨員表現的考察報告〉：

〔學校黨員〕原有8人，除3名參加肅反外，實在校有5名，（兩名預備黨員）。韓建勳、〔，〕總務主任、團幹、教員〔各〕1人，事務員1人。四種態度①立場堅定，從思想深處反對反革命暴亂的，但在鬥爭中表現不大積極，有時有些懷疑、動搖的1名。韓建勳係50年2月入黨，男，27歲，家庭貧農，個人學生出身，初中文化程度，歷任工作組長、公安員、區委書記，現任一中校長兼黨支部書記。韓自參加工作以後，由於主觀努力不夠，而在政治上又缺乏艱苦的鍛煉和學習又差，所以仍存在著嚴重的個人主義，一貫的驕傲自滿，鬧地位、鬧待遇，自己沒有被提拔為縣委對上級有意見，尤其是因他隱瞞歷史（偽鄉公所秘書）受到黨的警告處分後，更加對黨不滿。在工作中不負責任，特別在縣一中搞校長這一段更為突出。我們可以從教職員的口頭語中找到答案。如說「他的德是處處為個人打算，公開鬧提拔，對上級是敷衍不認真請示和報告；他的才是每每怠忽職守，關門去讀書，對事是得過且過，充耳不聞下面的情況。工作一年，連24個班的班主任都不知。學校中反蘇反共反人民的言論是人人皆知獨他不曉。」

6月12日發生暴亂，這是與韓的官僚失職，麻木不仁分不開的。在暴亂中他開始是迷糊不清的，有些心慌失措，貪生怕死，不但不積極的鬥爭敵人，反而懷疑公安機關錯捕了反革命分子余心平。經考察團一再教育，站穩了立場，後一段在對敵鬥爭中表現較好。

看過這段話才知道，原來韓建勳還隱瞞過「偽鄉公所秘書」歷史，「受到黨的警告處分，更加對黨不滿」呀！還是一個「怠忽職守」、「麻木不仁」、「貪生怕死」的人呀！

不過，他在漢陽一中5名共黨員中，已經列入了「立場堅定，從思想深處反對反革命暴亂的」之列。

再看這段話的最後，他已經被解套了。

這段話說明，學校師生對他「不滿」，也就在情理之中。為什麼他可以「更加對黨不滿」，而學校師生就不能對他「不滿」呢？為什麼他可以「怠忽職守」，而無須承擔漢陽事件的主要責任呢？

其實，現實生活中的韓建勳，並沒有考察團的結論那麼壞，那麼無能。連王建國在上訴書中都這樣說：「一年來韓校長在工作中並非常堅持原則，不是那樣懦弱無能由人擺佈的。」

所謂韓建勳水平低，我看也是相對副校長王建國而言。在上世紀50年代，上過幾年私塾，又上過半年簡師，在幹部隊伍中不能視為文化水平低。如果他沒有這樣的學歷，漢陽縣也不會亂點鴛鴦譜，讓他出任漢陽一中的校長兼書記。韓建勳也當過教書先生，當過區委書記，應該說有教學經驗，更有行政工作經驗。

看來，當時學校師生對待韓校長的看法，也不是沒有偏頗之處。學代會召開之前，韓建勳心裏有底，將會有很多意見衝著他來。據有關資料說，張安健老師就給他韓校長打過招呼，讓他小心「眾叛親離」「四面楚歌」。

在學校一大堆知識分子面前，韓建勳畢竟顯得勢單力薄，他平時只好躲在辦公室惡補文化課，除了掌控入黨大權之外，對整個學校疏於管理。到了學生罷課之時，他就完全不能掌控局勢了。

本應該由他對漢陽事件負全責，但是，考察團對他的結論是：「經考察團一再教育，站穩了立場，後一段在對敵鬥爭中表現較好。」

且看考察團一再教育的成果

韓建勳與王建國之間，肯定在工作上有一些矛盾，這些矛盾被周圍人放大了。王建國因為被擋在黨的大門之外心存不悅，韓建勳覺得在學校的威信不如王建國也快活不到哪裏去，兩人之間少不了猜疑與設防。但是，他們兩人之間的矛盾，畢竟是兩個知識分子之間的矛盾，兩個「革命幹部」之間的矛盾，不會是「你死我活」的矛盾。由此也可以肯定地說，即使韓建勳是為了保全自己，也不會忍心把王建國置於死地。

但是，隨著清查運動的不斷深入，在強大的政治壓力之下，在考察團的「一再教育」之下，韓建勳按照考察團的意圖，也說出完全違心的話來。

7月17日，也就是考察團進駐學校一個月之後，韓建勳檢舉王建國時寫道：「在教師大會公開發牢騷，並大聲說，漢陽縣沒有真理，漢陽縣是黑暗的。不經過我這個正校長和黨支部處分三個學生。」「王建國是一貫反黨的，這次學生鬧，是在以王建國為首的反黨小集團策劃之下搞起來的。」

過了兩天，他又從考察團那裏受到「教育」，再次寫出了檢舉材料。

王建國的「反黨活動」

根據我們瞭解的王建國在反黨反社會主義方面的罪惡事實檢舉如下：

一、反黨小集團首要分子王建國一貫採取毒辣手段打擊李紹榮、余良玉、邵漢德、楊忠早等黨員，我來校以後，該犯仍不改悔，更變〔本〕加利〔屬〕的反對黨的領導篡奪權利，經常與張良紹陰謀分子獨斷獨行，不向黨支部請求報告，在今年3月不採取耐心正面說服教育的原則，而採取了簡單的行政命令手段對郭治英（因用假電影票看了一場電影）、熊洪龍（因與電影院發生了吵架）、邱道一（因早操走慢了一點）等同學，不經黨支部同意，實行警告處分，公佈後學生

反映不好，說學校對同學要就是不管，要就是處分，教育很差。此外，不經過黨支部同意任意將政治課停授了，使學生對民主集中制的原則不能得到正確的理解，以致發生了這次鬧事事件。

　　二、在學代會上，由於王建國在會前作了一系列的挑撥黨群關係的工作，致使學生代表在會上公開提出王建國優點多得很，沒有缺點，王建國可以當校長，韓建勳只能當副校長，甚至對黨支部的幾個黨員進行全面的攻擊，使學生在會上公開提出要韓建勳回農村當幹部搞生產，姜茂堂回農村當小學教員，周秉賢不行，只有回農村搞生產。

　　三、在12日晚學生鬧事以後，我們開全體教員會，說明了問題的性質，決定叫各班選代表4名坐下來談。王建國當時分工到七、八、九班，他一方面叫學生選代表坐下來談，另一方面又煽動學生說，你們最好不要再鬧了，萬一要出去鬧，必須有組織有紀律的出去鬧。

檢舉人　韓建勳

7月19日

　　7月17日和7月19日，韓建勳所寫的兩份檢舉材料，都按照考察團的口徑，把他的同事和下級王建國，劃為「反黨小集團首要分子」，並且稱其為「該犯」。王建國已於7月16日在批鬥會上正式被逮捕，韓建勳在6月17日、19日寫這樣的檢舉信，已是順應潮流的無奈之舉。

偽證成為人生一大包袱

　　到了8月下旬，王建國一案進入審判程序，所謂審判程序不過是一個過場，怎麼走過場將在後文中交代。作為這一過場之一，讓韓建勳就學代會一事，寫了一份書證。

關於學代會的經過情況

在十三週星期六（即5月25日）召開了一次行政會，參加者有韓建勳、周秉賢、姜茂堂、王建國、張良紹、楊松濤、雷永學等人。在那次會上我們研究了兩個問題，而且決定在十四週星期六（6月1號）召開學代會和家長會，決定王建國、周秉賢、張良紹等召開學代會，韓建勳、楊松濤召開家長會，並要求各負責定出具體計畫。當時對學代會的內容，主要是根據應山經驗，決定貫徹大家動手勤儉辦學的精神，同時改進領導工作，增強師生團結。一到十四週，因為原確定時間是六一兒童節，學生要放假，所以把時間改為十五週星期六（即6月8號）。在十四週星期二我到文教局和文教部開會去了。我在決定時間召開家長會。在十四週六上午和星期日一整天傳達貫徹文教局、文教部的會議精神。當時縣的會議精神主要是要本著處理人民內部矛盾的精神，作好勞動教育工作，傳達以後進行了研究。研究貫徹的辦法，一是從下到上把勞動教育認真作一次總結，二是組織學生在參觀訪問農村以後的座談會，三是開好學生代表會。會上提出了學代會要以勞動教育為中心，當時他們都同意，決定由王建國起草報告。他在十五週星期三開始起草了個頭，王又交給張良紹起草。在星期四起草後便付油印。星期五我簡單地看了一下，沒有看出問題。在星期六下午（即6月8號）就正式開會，由王建國報告了。在開會的第一天，有傅明彥副縣長，文教部部長張靜〔靖〕以及胡平軒等人在場。支部有姜茂堂、王以卿、曹良濤、周秉賢。老師代表有鄒振鉅、朱希武、鍾毓文等在場。都沒有發現報告中的問題。會議第二天，學生在大會就向韓建勳、周秉賢、姜茂堂、曹良濤等人展開攻勢，並提出要我們幾個人回農村生產和到小學去當教員，要王建國當正校長等謬論。我們支部幾個同志只是考慮自己的缺點和錯誤，考慮要虛心接受大家意見，改正缺點，沒有看出這是敵人的進攻而採取批判。當時不敢提出批評的原因，又因為當時是處在大鳴大放期間，和黨正在整風的時候，儘管如此我在學生提出要我們回鄉和下臺謬論後，我曾向胡平軒提出了意見，要他出面說，他置之不理，只說這是關於黨的領導問

題，以後再談。這樣使同學們更加大膽起來，並提出要罷課遊行等非法口號，這些問題在會上都沒有受到嚴格的批判。

關於分工問題。當時是我根據這幾方面的情況提出來的。一是學代會是個新的工作，認為王建國、周秉賢都是在省參加了政治工作會議，對精神要領會的深些，同時周是負責團的工作，張良紹是負責學生會的工作，另外我考慮我的工作有很多缺點，學生對我有很多意見，王建國在學生中有威信，認為只有他們出面主持會議較好。

從家長會來說，我認為我到縣一中來跟家長見面的機會少，我又是學校的主要負責人，同時這個會是解決勞動教育問題，我認為當時參加家長會較好。至於學生問題，我認為經常在學校，跟學生們接近機會很多。

關於報告問題是按照報告稿子唸的。

漢陽一中　韓建勳

8.23

韓建勳如實寫了。這份書證證明學代會有關事項以及報告稿，都經過了他這個校長兼書記的認可，王建國在學代會上的報告「是按照稿子唸的」。就在這份書證上交的當天，1957年8月23日，漢陽縣法院一審判決王建國死刑。王建國當場向審判長提出，學代會的報告稿，經過了韓建勳的同意，由此引發了縣委領導人與法院負責人之間在判決之後的激烈爭議。法院院長王志成認為事實不清，不能判決王建國死刑。於是，第二天，8月24日，考察團一位副團長親自出馬找韓建勳，批評他的書證寫得不合格，讓他重新再寫。他按照考察團的要求重新寫了一份，指認王建國背著學校黨支部，陰謀策劃利用學代會向黨支部進攻。

關於王建國利用學代會發動學生向黨支部進攻的情況的補充材料

學代會這一問題在當時我們都是不明確的，在4月6號王建國從省政治工作會回來後傳達的。他說毛主席說過到處都有官僚主義，

而且很嚴重，必須承認，又說學生反對官僚主義，一般不要硬性制止。並列舉黃石市學生鬧事的情況，省委書記王任重說學生鬧得對，應該鬧，這是人民內部矛盾問題，不要大驚小怪，不要敵情觀念太重。他說省委指示，要解決官僚主義，解決人民內部矛盾，可以開學代會。因此在第十三週確定開學代會，同時還確定在十三週開學生家長會。當時分工，因為王建國、張良紹等在學生中已散佈了不少的反黨言論，學生對黨支部很不滿，特別是對我個人不滿，當〔時〕我們要是出面掌握會場，遇到學生的反對會哄〔轟〕我們。所以我被迫的把工分給了王建國，決定學代會由王建國負責開。但是儘管如此，我還強調學代會必須在黨支部統一領導下去開。但由於他們準備中開接待會，找學生座談，就已向學生灌輸了他們的反黨陰謀，所以在學代會上，學生公開提出了要我回到農村領導生產，要姜茂堂到小學當教員，要周秉賢回去生產。這時支部幾個同志已處於孤立的地位，根本不能參與領導了。在這個會議過程，王建國故意違背和修改支部的決議，我們在第十四週強調提出要以勞動教育為中心，而王卻改變了，只談反對官僚主義，對勞動教育支〔隻〕字不提。同時學代會原計劃在學生提了意見以後，要進行分析批判，明確是非，劃清界線，在提高思想認識的基礎上進行答覆和總結。而王建國卻要我先檢討答覆後再讓學生討論，以致於學代會的領導完全被王建國、張良紹等人奪過去了。更嚴重的是我在報告答覆時，王建國暗示張良紹當場將我的講稿奪過去了，進行了公開的侮辱和攻擊。

檢舉人　韓建勳

（印）

8.24

僅僅隔了一天，韓建勳寫出另樣的一份書證，而且還鄭重地蓋上私人印章。

同時在8月23日的書證下方，加批了一段文字，也加蓋了私人印章：

這份材料因當時慌忙寫出有很多事實錯了請作廢。

韓建勳（印）
8.24

因為有這份偽證，韓建勳這輩子過得不會愜意，好像總有人指著自己的脊樑骨一樣。

在我看來，沒有這份偽證，照樣會判王建國死刑。因為，當時「快辦快殺」的方針，需要這樣一個死刑。

1985年7月25日，漢陽事件複查組為了弄清事實真相，由李文學、謝傑民、黃仁賢、金敬濤、陳坤義等12人組成的龐大隊伍，同韓建勳談話。這次談話，等於是要揭韓建勳的一塊傷疤。

韓建勳說：

〔6月〕12日晚趙連吉召我和王建國去後，回校開緊急會議，他也參加，並表示同意。以後一直沒有見到他。考察團進校後，學生裏面揭發他是坐陣指揮。我不知道這一情況。

怎麼認定王建國「坐陣指揮」漢陽事件，韓建勳有可能真不知道是怎麼一回事。

當複查組向他出示他當年所寫假書證時，韓建勳馬上說：

〔8月23日〕證明材料上的後面兩句話不是我寫的。

韓建勳回憶說：

14日，縣委書記，地委秘書長，公安處長劉佑鈞等都來了，公安人員包圍了學校，趙克覲宣佈：一，一中已發展成為反革命暴亂事

件，再動就要開槍鎮壓。連夜住進百人的考察團。我認為此事不能作為反革命事件。我當時提出過，趙開祥說：一中事件稱小匈牙利事件，世界上有名的，上級定了案的。

1985年8月10日，複查組李海清、陳祖江再次同韓建勳約談。

問：王建國在省教育廳開會回來向支部彙報省廳會議精神，內容是什麼？

韓：王建國省裏開會回來後向支部彙報了的。講了形勢，講了大民主，但也不贊成大民主。幫助黨整風，克服領導的官僚主義。他講了國家的困難，有些問題通過代表會解決。萬一不行，罷工罷課是允許，不能壓制。王彙報時是根據省文教廳講話彙報的。王建國給了一本毛主席「正確處理人民內部矛盾」的書給我。當時王建國與我有點分歧意見，王要減輕學生的勞動，增加授課時間。我當時認為國家資金有困難，要抽每個班搞二三小時，搞操場。但王建國不同意。

問：開學代會學校是怎樣研究的？

韓：開學代會是黨政工團研究的。會議上決定學代會是由王建國作報告。當時王建國要把報告給我看，我說你的水平我是知道，你大膽講。

問：8月24號所寫的〔書證是怎麼回事〕？

韓：我根本不知道法院判了王建國死刑。法院的劉浩找我寫材料，說王建國學代會的材料是你批准的？我說是的。當時王建國寫的報告，我說你的材料水平高些，所以我就寫了一個材料給劉浩了。劉浩把材料給李毅看了，批評我心怎麼不靈活，王建國叫你批准報告，王建國是有心，你是無意的。這樣我把原來的材料不算數重寫。是按李毅的意思寫的。我交給劉浩的第一份材料是真實的，但在第一份材料上所寫的作廢的字是李毅叫我寫的。後面寫的按李毅他們的意思寫的，不是實事求是的。

這次談話的筆錄上，有韓建勳的簽名，他並注明了談話時間：1985.8.10.

因為不知道判了王建國死刑，韓建勳才在考察團的授意下做了偽證。這也是一種邏輯。

韓建勳「經考察團一再教育，站穩了立場，後一段在對敵鬥爭中表現較好」。使他逃過了一劫。

還有一種說法。據說當時是新華社記者一句話救了他的性命。那位記者說：「一個共產黨的書記，怎麼可以成為一個反革命呢？他怎麼反黨呢？」

蔡甸區政協文史學習委員會編纂了《漢陽一中事件始末》一書，作為「蔡甸區文史資料」，於2000年9月面市。這部書的當家撰稿人有余秩和李恭誠，其中也有韓建勳寫的〈憶「漢陽一中事件」〉。在公冶正的〈王建國案的審理經過〉一文中，韓建勳是個繞不過去的人物，因為有他所作的偽證。韓建勳看了這本書，本來可以不作聲，忍忍也就過去了。有人慫恿他說：「你在那本書裏是個什麼角色呀？」

是呀，公冶正的文章中說，我這個「主證人舉證出爾反爾」，王建國豈不是我韓某人害死的，我這個角色豈不是千古罪人！這段時間，韓建勳精神表現異常，經常出現幻聽幻覺，有時是接到王建國兩個女兒的電話，有時是聽到王建國兩個女兒在窗子底下喊：「韓建勳，你害死我爸爸！」

王建國的小女兒媞媞，幾十年來被嚇怕了，想馬上聲明自己並不知道韓家電話，也不知道韓家住處。大女兒文佳直覺得好笑：「可惜我不知道他家電話，要知道我偏要打個電話去，嚇唬嚇唬他。」

到了2000年底，12月28日，韓建勳怎麼也按捺不住，給蔡甸區政協文史資料編委會寫信申訴。按照一般套路，他先是稱道這本書「教育意義深刻，是本好書」，再言歸正傳，表示對公冶正文章「很反感」。他寫道：「我今天尚活

為澄清漢陽事件歷史李恭誠功不可沒

在人世，大腦未糊塗，口還可以說話，要不然就會落個千古的罵名。」信末特別附言：「公冶正先生對我進行人生攻擊，詆毀我的名譽，應該負什麼責任？我將拭目以待。」

蔡甸區政協文史委感覺到要打官司了。他們考慮到韓建勳年事已高，糾纏此事於健康無益，馬上快要過年了，就接韓建勳老兩口吃飯，還送了煙酒。韓建勳感動地說：「你們這麼客氣，我偃旗息鼓。」

可是等春節剛過完，韓建勳還是請了律師，正式起訴了。訴狀寫道，《漢陽一中事件始末》一書，刊登了公冶正撰寫的〈王建國案的審理經過〉及張行偉的文章，「該文章指名道姓的對原告進行侮辱和指責，並披露了當時特殊環境下原告的隱私，該書的發行在很大程度上起了挑唆煽動的作用，原告接連收到一些騷擾電話，導致原告身心及精神受到很大損害。」

作為被告，蔡甸區政協文史學習委員會主任（原漢陽縣法院副院長）楊先浩，還有余秩、李恭誠等人出庭應訴。李恭誠參加過複查組的工作，他到有關部門翻箱倒櫃查找資料，在一捆一捆的資料中，找到了韓建勳當年寫的一正一偽兩件書證。在法庭上，令韓建勳始料不及的是，李恭誠出示了這兩份書證。韓建勳一看，馬上請求撤訴，但為時已晚，法庭宣告韓公敗訴。當初上訴，只是想恢復名譽，至於「精神損失」的賠償，也只是區區5000元而已，敗訴的結果是，倒貼了訴訟費和律師費。

顯然，韓校長之所以敗訴，原因在於他對「隱私」的理解有誤。並不是所有見不得人的事情，都可以稱之為「隱私」，在法律面前享有豁免權。

其實韓建勳也是個受害者。我有句話久久憋在心裏，現在還是一吐為快：調韓建勳到漢陽一中，當個書記就行了，校長由王建國擔任，這就會減少很多矛盾，韓建勳不會力不從心，王建國的積極性也得以發揮。對王建國的普遍反映是，這個人追求進步，追求光明，教學業務能力強，又有群眾基礎。你讓人家在副校長的位置上，主持全校工作已有年頭，又把人家晾在一邊，於理於情都不合適。

炸電廠劫監獄搶軍火是怎麼回事

　　如果沒有發生炸電廠、劫監獄、搶軍火這些事情，漢陽事件還能說是一場什麼暴亂嗎？

　　當時的漢陽縣城，沒有什麼大工廠，只有些手工作坊。河街的火力發電廠，規模也不大，生產電力主要用於照明。學生是為升學而鬥爭，炸一個小火力發電廠，對他們來說又有什麼意義呢？

　　劫監獄更是捕風捉影的一句話。

　　至於搶軍火庫，前面已經交代過了，學生到縣兵役局是找上官局長，兵役局辦公樓二樓有個軍械倉庫，學生根本就沒有動手。

　　縣公安局就這幾樁事，專門組織人員做偵察破案工作，結論是「燒電廠、搶倉庫、劫監獄、放犯人」是「街上的謠傳」。縣公安局的偵察結論報告於1957年8月25日出爐。早兩天，8月23日，業已以縣法院的名義，做出對王建國、鍾毓文、楊煥堯等三人的死刑判決。隨後在考察團8月30日的總結報告中，仍然保留了炸電廠、劫監獄、搶軍火等莫須有的罪行。

　　為什麼「事實」在「謠傳」面前會變得這樣蒼白無力呢？

　　因為有關炸電廠、劫監獄、搶軍火的謠傳，是最初給漢陽事件定性的基本依據。

　　因為既然已經給漢陽事件定性，所有掌握生殺大權者，都要蒙昧良知地諱莫如深地在錯誤的軌道上繼續前行。

　　複查組找到當時的相關人士，一一做了細緻的訪談。

有個關鍵性的小人物

　　說馮朝義只是個小人物，也許並不太準確，1957年他是漢陽縣公安局秘書股股長，只要局長、副局長們都外出了，這位秘書股長的職位就顯得特別重要，他可以一手料理局機關的大小事務。

　　韓茂林縣長說過，向上面反映資訊通過兩條渠道：一條是公安機關，縣公安局——地區公安處——省公安廳；一條是黨委機關，縣委——地委——省委。

　　從縣公安局也可以直接向省公安廳通報資訊。

　　馮朝義回憶說，發生事件的當時他不在現場，他稍後乘船從武漢回來。

　　馮朝義一語道破當時他在機關所發揮的作用：

　　　　我從武漢回後，當時家中無人當家，大家跟我講，我用電話向孝感公安處、省公安廳報，要我們密切注視。

　　馮朝義應該算是一位有責任感的幹部，得到省地兩級公安機關「密切注視」事態發展的指示之後，他第二天看到學生到縣人委，要求縣長出來答覆招生比例問題，看到陳厚餘為首的工人拿著扁擔要打學生，以及學生「綁架上官」，衝了兵役局——

　　　　我們認為鬧事出了軌，報告了上級公安機關。

　　第二天的晚上，漢陽一中學生代表在灰樓房教室開會，討論學生挨打以後的應對措施，做出次日上省府請願的決定，起草了〈告全國同胞書〉。按馮朝義的說法，他們很快獲取了有關的情報：

我們注意了做工作，掌握情況，一個學生給我們送來了記錄的抄件，有打電廠、砸監獄等，很快上面就定了性。

為此省公安廳處理了一個胡處長，因為他要藏，不要公開身份。後來換來了一個吳處長，省地公安〔機關〕都結論為反革命事件。當晚還派李德龍負責縣委會，張敏負責監獄，電廠接了電網。

按照馮朝義的說法，在事件的頭兩天中，他向地區公安處和省公安廳，至少分別打過3次電話。他所獲取的一中學生代表會議的所謂記錄抄件，因為「有打電廠、砸監獄等」內容，所以「很快上面就定了性」，「省地公安〔機關〕都結論為反革命事件」。

給公安局送情報的學生是誰呢？馮朝義也說不清楚。到現在也沒有搞清楚。

現在我們再來看看，誰為漢陽事件定性？三級公安機關這條線，應該難辭其咎。

1985年8月9日下午，在蔡甸鎮的漢陽飯店，複查組再次向馮朝義做調查。參與調查的複查組成員有謝傑民、陳坤義、蕭萬侯、李海清、黃仁賢。此時馮朝義在漢陽縣檢察院任辦公室主任。這次談話的記錄，實在太重要了，為了它的完整性，請求讀者允許我保留其中幾處與上文重複的文字。

> 問　：上次介紹考察的情況，對我們很有好處。13日晚上反映情況的「耳目」，是哪個班，叫什麼名字？
>
> 馮朝義：安耳目是在考察團進去之前。
>
> 蕭萬侯：你這份材料很重要，我們想考核一下。你當時在公安局秘書股，是很清楚。①你懇切地說，有個罷課委員會，學生中沒有提到。這個根據是什麼？②學生鬧事主要是兩個半天，你講的還有個第三天。③當時學生中有無耳目（馮叫特勤）？④從整個學生看，你講的秘書長，一是滕永俊，他沒有跟誰彙報；二是許斯武，他向王建國彙過報；再是吳林，他向楊行舫交過材料，但沒有交給公安局。⑤炸電廠、搞監獄，所

有材料說是謠言，你的材料講得比較系統。⑥學生13日晚上會議中沒有炸電廠的內容，請你把上述內容講得具體一些。

馮朝義：發生事件我不在家，是〔乘〕班船從漢口公安局回的。我在工人俱樂部開了會，聽說學生衝進了縣委會，上午陳厚餘等拿扁擔往縣委會衝，被我們攔在工人俱樂部做工作，許禮鈞同志做的工作，不讓去。有事聽通知。真正與學生衝突是農民，是葉華清等。葉立功的。

　　材料不是我親手收〔集〕的。我從武漢回後，當時家中無人當家，大家跟我講，我用電話向孝感公安處、省公安廳報，要我們密切注視。

　　第二天羅生振（縣公安局保衛股長）、范早凡（一股副股長）保護韓茂林，說趙連吉的涵養很好，煩了，把手上端的一杯開水朝學生潑了。趙從高廟回的。

　　關於會議情況，學生名字記不清。是聽工作人員彙報的。可能呂海峰清楚。

　　汪華富同志到公安局找我，說上官局長被學生綁架了，當晚我及時向孝感公安處和省廳彙報了。

　　我在當晚聽了彙報，說有一學生把他們的會議記錄搞出來了，反映情況的可能是呂海峰，談了會議內容。

謝傑民：

馮朝義：發生問題當天，我們就注意了。派人參加了工作，取得會議記錄，內容有炸電廠，劫監獄，我們大約晚上10時碰了情況，當時就跟上面電話彙報了。這時，李德龍同志已回了（他在鄧南），碰頭時是多少人不清楚。李德龍帶羅振生保護縣委會，張敏負責監獄，機關我負責。我向地區公安處辦公室彙報，省〔公安〕廳電話大意說，經過黨組研究，認為矛盾性質起了變化。地區的電話意思也如此。我們很快向縣委彙報了。性質定了後，第二天韓茂林就進了學校。這天下午，我進一中把楊松濤傳出來了。

當時沒有電話記錄。

　　當時省〔公安〕廳有位領導來我縣住著。姓吳或是姓胡記不清。先來的是治安處長，後來可能是政保處長。他們主要聽彙報。

問　：你聽說性質起了變化，你自己怎麼認識的？

馮朝義：我們認識是一致的。你衝了兵役局，到了放槍支的地方，汪富華同志反映綁架了上官局長，又加上開秘密會議。公安局領導和多數同志都認為性質起了變化。

問　：當時偵察總結報告是誰寫的？（出示原稿）

馮朝義：（看）執筆是誰不清楚。

問　：特勤是誰管？向省〔公安〕廳彙報為什麼要通過秘書股？

馮朝義：我當時在家負責，收上了情況就馬上通氣。

黃仁賢：情報的材料內容是你根據碰情況寫的？

馮朝義：是我們碰的。沒有來得及落實。後來的文字報告，我就沒管了，考察團去搞去了。

黃仁賢：炸電廠、劫監獄、搶軍火是什麼根據？

馮朝義：是聽外勤人員彙報的。當時，事情正在發展，不允許一個個地落實，我們聽的彙報，肯定不是我捏造的。

李海清：事件性質是14日定的，你寫的材料是聽說的，就說明是聽說的。

馮朝義：我當時彙報是根據外勤講的。我表明，一是毫無顧慮，二是我知道一部分情況，沒有完全參加。後來審楊煥堯，我連案卷也沒看，是按定的調子去審訊的。後來一起我不知道。當時呂海峰是主要偵察員，他掌握的情況要多些。

陳坤義：你說13日晚上開會前炸電廠，而我們掌握情況卻沒有這個內容，公安局兩次偵察也沒有認定此事，而你的材料仍加以肯定。

馮朝義：我當時是根據政保〔股的〕同志彙報。

陳坤義：你當時的彙報是肯定的，因為你現在的材料是肯定的。

馮朝義：那應以組織的材料為準，而不以我個人說的為準。

謝傑民：我們見了幾個版本材料，有8月23日地區轉發的一中事件偵察總結，內容指出炸電廠、劫監獄是街上的謠傳。8月24日有個關於秘密會議的總結。

馮朝義：這裏面凡屬打字機打的，都不是公安局的文件，只是用公安局的名義，因為考察團的名義在案卷中不合法。

　　當時，聽到那個情況，公安部門結案性質起了變化，並且我們聯繫原來掌握一中有個集團嫌疑，也向上面彙報了。上面叫密切注視。我負責上下聯繫，但沒有看過原始材料。

　　當時要殺三個人，趙連吉跟我打電話，問三個人的案件辦得怎麼樣，說要在擴幹會上把三人殺掉，要我們抓緊辦手續。我們連夜預審。這都是先定了的。

謝傑民：8月30日縣委的報告把謠傳寫進去了。9月6日開庭，又提到了那些謠傳，這種作法，教訓是深刻的。當時聽彙報後，掌握敵社情〔即敵情和社會情況〕是可以的，但要經過偵察。

馮朝義：我寫材料是當時的情況，沒有評論。

謝傑民：你這次寫的材料，缺乏準確性，因為要作證據使用的。

李海清：你不要忽略了我們這次是複查。你所提供的材料要說明真偽，是聽到的，還是見到的。

馮朝義：我現在正在辦案。我的材料是回憶，而不是甄別。我是知道一些情況，又不全知。不是我經歷的，就反映不出來。

黃仁賢：這次複查，就是要恢復事情的本來面目，你當時怎麼反映情況的，以及情況來源，弄清楚就行了。

馮朝義：我當時寫這個材料，沒有考慮要作為證明，我今天要說明，我所有的材料，都是聽來的，聽到情況後，李德龍帶羅生振在縣委，張敏帶縣中隊去守監獄，公安局也作了準備。

李海清：我們找你，因為你講的很肯定，但從調查看，不能認定。但你講的這些，不能說你沒有依據，我們也還要查一查，所以還要你幫忙回憶。

馮朝義：我願意回憶。

讀過這個談話記錄，無須再多說什麼，原來漢陽事件的性質，就是這麼定下來了。

原來要在全縣擴大幹部會上把三個人殺掉。

那個送情報的學生是誰

馮朝義說，那個送情報的學生是誰，他的同事呂海峰知道，呂海峰當時是縣公安局偵察員。1985年8月10日，複查組謝傑民、吳洵松、蕭萬侯等三位，在漢陽飯店約見呂海峰。這年他58歲，在漢陽縣柏林棉花站工作。

> 呂海峰：第二天晚上，聽公安局副局長張敏說學生要炸電廠、劫監獄，要我們加強防衛，當晚我還去了電廠，電廠在這種情況也作了佈置，拉了電絲網，上面寫了四個大字「電流危險」，其結果學生並沒有去電廠鬧事。
>
> 　　　　但我有這個概念，在學生鬧事之前，沒有聽說一中存在什麼反革命組織。
>
> 蕭萬侯：學生開秘密會議、炸電廠、劫監獄、衝兵役局，你聽見沒有？
>
> 呂海峰：我沒有聽到這種情況，也沒有向誰彙報這個情況，因不知情況，根本就不存在向領導彙報情況了。也沒有向誰反映這件事。
>
> 　　　　根據我的回憶，當時在鬧事之前，公安局沒有掌握一中的情況，在學生鬧事的第二天，副局長才向公安局工作人員佈置加強保衛，這天我才到電廠去，其實學生根本沒有到電廠鬧事。
>
> 吳洵松：你是偵察員？
>
> 呂海峰：我們在偵察〔中〕主要搞保衛工作，實際就是監視老師學生，不許他們逃跑，自殺。

這個事在我的思想上有這個想法，認為「漢陽事件」當時他們是否存在反黨集團，有沒有反革命目的，在辦案過程上，當時也是以黨代政，主要是劉佑鈞說了算。拍照，有的是捕風捉影，例如在證據上，有的被打傷的幹部，其實有的膏藥是拍照時貼的。作為我是一名公安人員，對這個案件的處理心裏總是不踏實。不過對這件事，我當時沒有介入辦案，事前沒有發現一中有暴亂的徵象，當時也沒有誰向我彙報學生要炸電廠，是副局長張敏叫我去的。

余世中判刑主要根據他喊「反動口號」，到兵役局鬧，他要打上官局長，結果根本沒有找到上官的人，判余的刑，其實就是這兩件事。當時對這一中事件的班〔？〕，也是拼湊的材料，真談前因後果誰也講不清。

看來，誰給公安局送情報，呂海峰並不知情。

我相信馮朝義不會編這麼個故事。我在採訪中，有人說有可能是誰，因為沒有依據，我不能白紙黑字地寫下來。

這裏附帶說說縣公安局副局長張敏的故事，讓我們鬆弛一下緊張的神經。

張敏，河北人氏，檔案記載為南下幹部，當過解放軍連長。在大躍進年代，他調任黃陵人民公社社長。黃陵的本名叫黃陵磯，磯者水邊突出的石灘也，黃陵磯曾是通順河上帆檣林立的碼頭，有過非常繁華的歷史。成立人民公社時，主政者嫌黃陵磯三個字麻煩，就把個磯字給砍掉了。後來這個碼頭的日漸蕭條，與砍掉這個磯字沒有因果關係。黃陵公社成立之初大興水利，因修一條大水渠而名噪一時，引來四面八方的參觀團。當時河北省某公社參觀團來自張敏的家鄉，他們聽張敏社長的報告，認出這個人就是家鄉人，但他不叫張敏。他怎麼跑到這裏當官了？在上世紀50年代末，中國已經建立起完備的外調機制，河北方面很快查出真正的張敏連長，被這個假張敏殺害了，假張敏冒名頂替到了南方。隨後河北警方將假張敏帶回去繩之以法。

縣公安局在漢陽一中有耳目嗎

1985年8月2日

漢陽飯店

複查組調查人：金敬濤、鄧新華、劉毓泌、黃仁賢、吳洵松、謝傑民、李
　　　　　　　文學

被調查人：蕭書建，漢陽縣公安局治安股原股長

> 蕭書建：實際上處理一中事件公安局也沒有什麼權，局裏也沒有研究
> 　　　　什麼。我們具體搞調查，開始是考察團找人談話，我參加了
> 　　　　趙克艱與鍾毓文的談話。因鍾毓文帶的班成績好，鬧事也
> 　　　　狠，趙克艱問為什麼，鍾說話很硬。他說那你是不是說是我
> 　　　　的責任？我只記得趙克艱的原話是：「你說呢？」談話後就
> 　　　　分頭去調查。
> 　　　　　　一中的案子還拍了個記錄片《鐵證》，在西安放映過，
> 　　　　我看了的。片子不長，拍的是「漢陽事件」和咸寧的一個什
> 　　　　麼案子。片子中拍「一中事件」地上畫的國民黨黨徽，用粉
> 　　　　筆又加深了顏色的，還拍了一中鬧事時的「手榴彈」，當時
> 　　　　我一看不是真手榴彈，是一中搞體育鍛煉用的手榴彈。這部
> 　　　　片子放映時間不長，我只在西安看了，漢陽都沒有放映。拍
> 　　　　這部片子時我不在學校，不知是哪裏來拍的，好像是北京還
> 　　　　是哪裏來拍的。
>
> 李文學：你在調查時看見了學生寫的標語原件沒有？
>
> 蕭書建：沒有看見。只看見一個地上畫的國民黨黨徽，要是標語原作
> 　　　　的話，電影也會拍下來的。我看電影時沒有看見。在街上也
> 　　　　沒有看見標語。

蕭書建：我的記憶中，控制是控制得蠻嚴，沒有安耳目，要是安了也是單線聯繫，要是搞治安耳目，我就知道，我們治安股沒有安治安耳目在一中。

謝傑民：你聽說過炸電廠、劫監獄、搶軍火的事嗎？

蕭書建：我只是聽說了，沒有見過這方面的證據，大家也都是人云亦云的。學生中聯繫較多的是吳林、范賢仕，沒有耳目，按道理，是不會在學生〔中〕建立耳目的，要有治安耳目就是我們搞，我就知道，我們沒有搞。看其他股搞了沒有，一股要搞應是周方柱知道。炸電廠確實是傳說的，我沒有見過也沒有找到這方面的證據，也沒有聽學生說有這個事。一中鬧事時有學生打電話到二中，二中有學生呼應起來，還是為了升學，也沒有炸電廠、劫監獄的事。

1985年8月13日
複查組調查人：謝傑民、李海清、黃仁賢、張仁勝、李恭誠
被調查人：張照榮，漢陽縣公安局政保股原股長，現任漢陽縣物資局工會主席

　　張照榮說，有個大個子大塊頭學生，同他和蕭天貴接觸過。此人是不是耳目呢？

張照榮：當時刑偵、政保沒有分開，一中開始時比較複雜，一是青年，一是老年。年輕的有張良紹。肅反後問題不大的人都集中到一中來了。我們曾懷疑他們是兩個組織。

謝傑民：形成組織或集團沒有？

張照榮：沒有。這些人經常在一塊臭味相投，但沒有組織。鄒振鉅、張良紹等這些人屬青年的，常在一起。我印象中沒有形成組織。通過肅反有些問題澄清後，我們對一中就有些放鬆了。肅反前有懷疑的問題搞清了。

據我們看年輕的思想上有些活躍些，張良紹有些思想，當時說是反動的。

我沒有參加考察團。我當時在調查傅彥明的問題。後又查楊松濤的問題。

黃仁賢：楊松濤、張良紹「掛了號」的是什麼問題？

張照榮：那是肅反前的事，一中事件前沒有「掛號」。張良紹是某個組織的成員。肅反前，因他們常在一起，曾懷疑有個集團，後澄清了，沒有。

謝傑民：事件中或前或是什麼時候在一中設了耳目？

張照榮：沒有。只有一個學生，大個子，塊頭大，與我和蕭天貴接觸過。學生被打後，他向我們反映，明天還要遊行。我們問：「你怎麼知道？」他說是汪桂清老師說的。第二天我們看見學生遊行了，學生是由汪桂清帶隊。那個學生又來公安局門口反映說：學生要打公安局，搶槍。我們聽後，先沒聽說一中要打公安局這類情況，聽他說了，我們又不能不信，所以當時很緊張。學生一起有幾個人一起來時，那個學生停下來說的，這個學生的名字我記不清。鬧事的第二天晚上，我們派人去一中掌握情況，去瞭解這個情況，見學生已經平靜下來，我們就算了。

李恭誠：你們聽說後向哪裏彙報了，採取了什麼措施？

張照榮：我們聽了後向局裏彙報了，然後我們派人去瞭解學生動向，我們都把槍支保管起來，我們的槍支都帶在身上。

黃仁賢：是不是一中學生呢？

張照榮：不清楚。他說是一中學生。如果是的，就應該是高班學生，他個子高大。

李海清：你們彙報時，是由哪個股彙報？

張照榮：沒有向省呈報。因為向省裏報要有實據，要報，就要立案，立案就要銷案，我們沒有可靠證據沒有報。沒有百分之七八十的可靠性是不敢報的。

黃仁賢：像這個學生反映情況，你們怎麼辦？

張照榮：我們要觀察，瞭解。這個學生反映第二天要遊行，我們觀察
了的，看是不是他說的那個情況。第二天他又來反映了打公
安局這樣的情況。這與他第一次反映的不一樣，我們就派人
去一中觀察，瞭解。結果當天晚上比較平靜，沒有這方面的
跡象。接著又過了一天就平息了事件，這件事〔經過〕調查
沒有這個事，我們沒有實據，就不能上報，要上報了，上級
就會追得不放的，上報就要立案的。調查沒有這事，就不能
立案。當時街上的謠言比較多，炸電廠，搶槍支等，像這樣
事沒有查到百分之七八十是不能立案的。那時工作制度比較
嚴的，沒有實據不能立案，不然立案後就有個銷案的問題。

謝傑民：有一種說法與你不同的是，說13號晚上，有個學生耳目提供
了學生秘密會中說要炸電廠、劫監獄等，說聽此情況後向省
地彙報。這樣就說事件性質起了變化，定了反革命。

張照榮：設耳目是比較嚴的，要地區批，還要填表。那天晚上因為有
謠言反映有這樣情況，公安局要注意動向。當時我們主要注
意一中的動向。因此街上的謠言就沒有在大力追。

黃仁賢：如果有反革命組織就要立案？

張照榮：是的。立案要有報告，但社會動態可作情況反映。要立案先
要集中材料，政保股研究看立不立，要立再整報告報局長
批。社會動向反映，也不是一有風吹草動就反映，也要看看
情況，如果立的案查後不是事實，就要寫報告銷案。

　　大個子大塊頭自稱一中學生，但沒有證據證明此人是或不是一中學生，
他沒有留下姓名。也許社會上真有唯恐天下不亂的人在蠢蠢欲動。當時縣公
安局人士，密切注視事態發展，這是他們的職責，並沒有什麼過錯。如果僅
僅只是學生遊行請願，什麼過激的行為都沒有，也沒有社會上的人員摻和，
也沒有調動工人農民介入，事情就不會像後來那麼糟糕。

謝傑民問到6月13日晚上，有沒有耳目送學生代表會記錄抄件，張照榮的回答非常明確，沒有在漢陽一中學生中設立耳目。

1985年8月14日
複查組調查人：李文學、謝傑民、易思泉
被調查人：胡澤棟，原縣公安局看守所所長，漢陽事件期間任縣公安局政保
　　　　　股偵察員

　　胡澤棟：（指炸電廠的情報）不知從哪裏來的，我是局裏佈置時知
　　　　　　道的。
　　問　：有沒有學生挨打？
　　胡澤棟：有。
　　問　：炸電廠是情報還是謠傳呢？
　　胡澤棟：只是聽領導佈置的，我們沒有掌握這個情報，我們只是參加
　　　　　　了巡邏。
　　問　：在街上看到什麼反動標語？
　　胡澤棟：我們看到的主要是有關升學問題，按現在看，還是正當的。
　　　　　　沒有看到什麼反動標語。如果有，肯定要把原始東西保存下
　　　　　　來的，但事實上沒有。
　　　　　　　　楊九成因說了一句話而被劃為右派（現已平反），法院
　　　　　　的一個庭長梅友生也因「處理不力」而被劃為右派。（梅友
　　　　　　生是黃陂人，聽說死了。）
　　胡澤棟：1957年我是公安局政保股偵察員。張照榮任股長，范早凡任
　　　　　　副股長。
　　　　　　　　我當時沒有進一中。

縣公安局局長的記憶

1985年8月12日
漢陽飯店
複查組調查人：謝傑民、黃仁賢、吳洌松
被調查人：李德龍，1957年時任漢陽縣公安局局長

李德龍：當時公安局幹警共38人。當時公安局確實有人掌握動向。所
謂炸電廠、搶槍支、劫監獄，當時是傳說，是學生還是社會
上流傳的，沒有依據。至於公安幹部碰頭，經常要碰的，馮
朝義是秘書股長，上下聯繫。炸電廠，搶槍支，劫監獄，作
為動向，向省地彙報是可能的。向地區公安處秘書科和省廳
辦公室對口彙報。作情況彙報，一般不答覆。後來有無答
覆，我記不起來。

掌握耳目，是政保股的事。

開始我們認為是瞭解情況，我囑咐不能動手，因為矛盾
〔矛頭？〕沒對著公安局。幹警不能出面干涉，一出面就複
雜了。還囑咐，即使學生打，也不許還手。第三是不能開
槍。所以學生與公安幹部之間沒發生矛盾。

開始公安局同縣委的看法是一致的，認為是內部矛盾，
鬧到第二天，即捆了幹部，學生打工人，工人打學生，問題
複雜了，縣委開會，又請示地委，韓國治是地委副書記，當
時和地委秘書長趙克艱都在漢陽縣，如未請示，就是他在這
裏拍的板，定了性質起變化。

隔不久，地區派來副專員劉佑鈞，成立考察團，進駐一
中，公安局去了十幾人。地區公安處政保科長老王（後劃

153

右派）、林孝思等，李毅也進去了，馮朝義參加了。我沒有參加。

最後，整個結論是考察團負責，偵察由公安〔局〕負責，〔對〕人的處理主要是考察團意見。

縣委研究，要求按職能辦手續。運動中都是這麼辦案的。

我當時提出，凡屬運動案件，公安局只管辦手續，不負責查證。你要蓋章我就蓋章。因為有些案件，你說不能捕，他要捕，不捕是你右傾。所以我要求公安局按縣委意見辦。以後運動要關人，我就要縣委簽意見，我照辦。是我們自己辦的案子，我就簽意見。上面要少殺少捕少關，下面黨委搞運動，關少了不過癮，我們只好辦手續。

當時黨委搞案件，都充分抓定罪。一中事件兩次彙報都是公安〔局〕彙報（第一次去省委彙報，法院派了書記員劉浩彙報，沒有彙報上）。因為法院看法與縣委不一致的，省委〔副〕書記許道琦簽了字，報中央，要法院辦手續。法院不同意王建國判死刑，最後賈明光看了卷，縣法院審判委員會的意見判王建國無期，我跟張俊他們一講，張俊說不行啦，張俊趕緊去法院做工作，後又要賈明光去北京彙報，批了三個死刑。要賈坐飛機回來。

以後便將王志成、史世恩、劉浩調出了法院。

檢察院在反右中，說吳克華右傾，劃了右派。

問　：炸電廠、劫監獄、搶軍火，有沒有？

李德龍：是屬於謠傳，以後都沒有查出結果，不能認定。

我們後來接到很多申訴都轉到了法院，但是這個事件是中央表態的，登了報的，我不好表態。要改，肯定要經過中央和省委。這次中央、省委派人來複查，我認為共產黨講實事求是，過去搞錯了，今天要糾正。你申訴，如果事實沒有出入，翻不了，也能說得心服口服。

這個案件，我看了公安局當時的結論報告，有些不是事實。如這個會，那個會。王建國為什麼要搞〔為什麼要搞王建國〕，〔因為〕他是三青團〔員〕，楊煥堯是民盟成員，鍾毓文是特嫌，聯繫起來。現在看來，案件有必要複查。共產黨要實事求是，查清白，該平反就平反。

公安局的幹警是按考察團意見辦的，有一些是分析認定的。劉佑鈞是公安處長，都跟著他轉。

黃仁賢：馮朝義說，原來公安局就掌握一中有個反革命集團是不是？

李德龍：要是有，政保股就掌握了，馮不管這。他說有就是道聽塗說。開始沒有一中反革命集團，那是以後分析認定的。設耳目不僅要經局長，還要報公安處。當時沒有。

謝傑民：馮朝義說，6月13日晚上收到耳目報告，說當晚的秘密會要炸電廠等，馮朝義就上報了，兩小時後得到回答說事件性質起了變化，這個情況，你知道不知道？

李德龍：沒有耳目這回事。材料應歸政保股掌握，當時有胡澤棟、張照榮、張光隆、王志偉、金光燦、周才〔方？〕柱。

李德龍稱漢陽事件一類案件為「運動案件」，凡是「運動案件」，公安局只配合辦手續，而不負責查證。即使查證了，也改變不了決策者的意志，想怎麼判就怎麼判。

縣檢察院的尷尬

1985年8月24日
複查組調查人：易思泉、劉海清、楊菊鳳
被調查人：吳克華，漢陽縣檢察院原起訴科負責人

吳克華：我沒有參加考察團。一中事件定性後，對案件的處理是由劉
　　　　佑鈞他們具體經辦的。確定是以王建國為首的反革命集團，
　　　　主要辦案搞材料是縣公安〔局〕賈明光，整個案子是由縣委
　　　　定的，檢察院只是辦了個手續，我們聽說王建國等人已經逮
　　　　捕了，我，蕭秀桂對此有看法，認為檢察院沒有辦手續就逮
　　　　捕，不符合法律手續，8月底由蕭秀桂同志執筆，我，鄧流
　　　　劍三人向省委政法部寫信反映了這個情況。檢察長張志貴發
　　　　現後，要我們追回這份材料，我們說，這份材料是以我們個
　　　　人名義寫的，現在也難追回。張志貴當時很不高興。

　　　　1958年整風中，給我扣上右派分子帽子。

　　　　這個案子的大頭（王建國等幾個人）沒有給我們辦，以
　　　　後的幾個如胡斌、李穗交給我們辦了，我們看了案卷。

哦，原來縣檢察院也缺位，只是辦個手續而已。

蕭秀桂在7月23日接受調查時，談到向省政法部寫信反映情況，受到不
明不白的處分。

蕭秀桂：我因一中事件寫信，未經宣佈，給嚴重警告處分。到1962年
　　　　給吳〔克華〕摘帽子時，才告訴我。可是現在組織部不承
　　　　認，說沒處分我。實際上從那以後，一直要我在下面搞，穿
　　　　小鞋。長期住隊，直到文革開始。

這位敢於秉筆直書的蕭秀桂，還真是一個人物。有道是識時務者為俊
傑，而他的行為恰恰證明另一個真理：不識時務者，才是真正的俊傑。

原來不是有組織有計劃的行動

1985年8月16日

漢陽飯店

複查組調查人：謝傑民、楊菊鳳、張仁勝、李恭誠

被調查人：張經邦，考察團成員，現為食品公司經理

這裏是談話的一部分內容，另一部分將放在另一章內。

張經邦：這個事件是自發的，烏合之眾，為了升學。沒有發現是有組
織有計劃的。缺乏反革命集團的幾個要件。

問　：13日晚說什麼炸電廠、劫監獄、搶軍火是怎麼回事？

張經邦：這是想像的。我們派了人帶工人糾察隊守電廠，我帶了兩個
人在後街巡邏，實際上沒有任何行動。這件事是人云亦云，
沒有其事。

問　：你們情報怎麼來的？

張經邦：可能是一中積極分子李××提供的，他們聽到了什麼謠傳，
就來彙報，製造了一種恐怖氣氛。公安局當即採取了防範措
施，實際上平安無事。

問　：「炸電廠、劫監獄」在偵察總結中已經否定，而對此事，至
今馮朝義的介紹，仍含混不清，他講是從耳目中得來，但講
不出證明人。

張經邦：這裏面有個情緒。馮朝義為此事，在政法三家會議上挨過批
評，說他自作主張。他沒有經過領導請示，就報告省公安
廳，省廳怕我們介入，很快派人來，關上機關大門，要我們
把槍支埋起來。我們當時對收槍支很有意見。馮更有意見。
馮有情緒，可能想把事態搞嚴重些，好把槍支拿出來。事件

157

發生後，約三四天，在內部批評了他，自作主張，英雄主義，這樣大事不經研究請示就獨自上報，上面來的精神也不下傳。他挨批評的事是可以肯定的。張志貴同志檢察長，他對此事也有意見。

我的看法，要對黨對人民負責，當時是一種極左情緒，在這種情緒支配下，要找個反革命，就捕風捉影，張冠李戴，強加於人，不是實事求是。

後來王建國等人判死刑，政法幹警意見就不統一。

漢陽事件複查組的會議上，一位司法界人士提出一個問題：這個謠傳，到底是縣委佈置得嚇人引起謠言，還是謠言引起了緊張？

這個問題問得有意思。

在上世紀50年代，反映農村階級鬥爭的影片，就是寫階級敵人破壞水庫或殘殺耕牛；反映城市階級鬥爭的影片，就有敵特破壞電廠的情節。當學生走上街頭遊行示威，並在縣人委和縣委機關出現打砸行為，漢陽縣委採取措施保護全縣唯一的寶貝電廠，絕對沒有錯，而且是必要的明智的決策。前湖北省委常委、政法委書記張思卿說：「縣委領導當時每根頭髮都豎著，眼睛都盯著，把謠傳當真事，這個情緒是可想而知的。」他們在學生上街的當天晚上，就指定專人負責，組織工人做好電廠安全保衛工作。

遺憾的是，並沒有人炸電廠，白白忙乎一陣子不說，還弄成了一個冤案。

王建國冤在何處

1999年，漢陽一中編纂校史，到處收集學校歷任領導人照片，王建國的照片卻怎麼也找不到。

我們的校長王建國

當時校史編纂工作由學校工會主席、紀檢組長龔德華主持。他首先到區檔案館查找，其時有關檔案尚未公開，經過特許找出一張王建國的照片，就拿去放大了。拿給胡斌老師確認，胡老師一看，說這哪是他。龔德華又親自去找楊續淑，楊老師覺得找她簡直不可思議，那個時候誰還敢保留王建國的相片呢。龔德華說，找你女兒吧，楊老師斷然說，那也不可能找到。再到縣人民法院查找，也沒有找到。還準備到他家鄉蘄春縣去找。後來漢陽一中實驗大樓落成，建立新檔案室，清理一些廢舊資料時，龔德華在一堆準備銷毀資料中，找出了一張合影照片。合影上的王建國、鄒振鉅的面部都用毛筆打上大×。更糟糕的是，照片上的王建國，眼睛被摳掉一隻。胡必透老師參與編輯校史，他兒子胡昌群是專業攝影師，他向兒子詢問有沒有補救辦法，兒子說可以到漢口影樓請特技師去做。現在懸掛在漢陽一中校史陳列室的王建國先生的照片，就是從合影照片中選取出來，又經過特技處理的照片。

我當然知道這個工藝的操作過程，但我實在不忍心做這樣的敘述，請允許我略去這一段吧。我在本書開頭寫到我走進母校校史陳列室，抑制不住淚流滿面的情景，那是因為我聯想到這張照片製作的過程。

王校長，噢，正確地寫法是王副校長，照片可以通過特技手段復原，但是一個活生生的人呢，永遠無法復原了。儘管徹底平反，那只是對歷史，對家人有了一個善意的交代。

1985年漢陽事件複查組的卓有成效的工作，還原了王建國的本來面目。我現在採取反向的寫法，先請讀者看看複查還原了的王建國，在漢陽事件中的真實面目，然後再回過頭去，看看這個真實的面目，是怎樣被抹黑了。

還原的歷史

〈王建國等人在學生罷課、請願、鬧事中的態度和表現的複查情況報告〉，原文是一個大自然段，約有兩千字，一口氣讀下來有些吃力。我現在坐電腦前敲著回車鍵，嘗試分成若干小段，並適當加上評點，凡評點文字皆用方括號表示，請讀者看看如何：

> 王建國等人在學生請願中，始終是在縣委領導下進行工作的。請願開始，是縣委委員、文教部副部長張靖在縣一中具體領導、具體指揮。12日下午，縣委書記趙連吉從鄉下趕回機關後，當即叫魏清甫通知胡平軒、王建國到縣委聽取彙報後，叫王建國留在縣委按趙書記指示做學生的工作，派胡平軒隨宣傳部潘部長和文教部張副部長，趕到縣人委配合韓縣長做工作。這時，韓縣長避而不見，只是叫幹部萬聲芳出面對學生說：「縣長不在家，你們有什麼事找有關部門去。」（萬聲芳證實。）〔我看過的許多資料，都說韓縣長下鄉去了，原來他在機關呀。韓建勳也說，「學生們直往漢陽縣人委走去。我意識到學生是要找縣長答話了，我搶先與縣長韓茂林通了氣，告訴他今年升學比例是多少，只是會議精神沒有正式文件。」縣長既然在家，就出面說說嘛，說了，說不定沒事。至少學生不會再鬧到縣委會。〕

　　於是學生們轉頭去縣委文教部，他們見縣委機關的鐵門緊閉，便與把守鐵門的幹部發生衝突。王建國擋在門口做工作，學生根本不聽。縣兵役局長上官明顯出來批評勸阻，學生不服，對上官進行糾纏，據目睹現場的朱元珍、余明超說：「這時王建國自己嗓子喊啞了，布置教師趕快動員學生回校。」〔能夠證明王建國嗓子喊啞了的大有人在，那些書證都沒有被考察團採信，也沒有被四級法院採信。〕

　　據已有材料記載，在學生鬧事的一天半時間裏，王建國同韓建勳先後找縣委、縣人委負責人彙報請示6次（12日14點找張靖剛部長，15點找趙連吉書記，19點找趙連吉書記、韓茂林縣長。13日上午8時找趙連吉，11點找韓茂林，20點找韓茂林和團縣副委書記楊行舫）。〔這麼多領導人，都聽過王建國的請示彙報，為什麼沒有一個站出來為王建國伸張正義呢？看來，王建國的一條命，哪有一頂烏紗帽重要！〕

　　王建國也如實地向老師們傳達了縣領導的指示。如12日晚8點，王建國同韓建勳召開全體教師（包括部分學生代表）會議，王建國說：「縣委要求我們堅決制止鬧事，並強調三條：1. 向學生指出，今天到縣委、縣人委鬧事是錯誤的。2. 明天復課。3. 各班派4個代表，有組織有紀律地坐下來談。」各班班主任和教師向學生作了傳達，不少班也選出了4名以上代表，準備坐下來談。〔王建國1957年8月30日的上訴書寫道：在十二、十三兩天，我沒有到任何班上向學生說過：你們的行為是正義的，要鬧明天應有組織的去。……我也沒有和個別學生和少數學生談過類似的話。〕

　　但由於初中畢業班的學生認為升學率問題沒有完滿的答覆，13日三（9）班學生劉賢成、冷厚先又帶頭鬧起來了。學校敲上課鐘，學生不進教室，老師勸說無效，學生蕭秀細反抗。王少平說：「少壓一點，不然對你不客氣的。」鄒振鉅要求高一（3）同學「今天不出去了，在家裏上課，昨天高中幾個班就是我們班出去了，你們看出去就

鬧得一團糟。」結果學生不聽，還是一哄而出。這時高中一、二、四班照常上課，初中也有一百多名學生留校未出。王建國吩咐楊松濤、張良紹等人在校照管上課的教師和學生，自己帶著一些老師到縣委做學生的工作。〔相當一部分學生處於失控狀態，校方有些招架不住了。儘管如此，王建國還是上街勸說學生回校。〕

學生到縣人委時，韓縣長出面接見了。學生提出：答覆升學指標並給文件看；如果沒有文件，請縣長帶領我們到省教育廳請願。韓一聽便批評了學生，學生不服，便調頭到縣委會。地委秘書長趙克艱同志證實：「13日，王建國在縣委做了不少工作，他在二樓喊學生回學校。」張良紹也證實：「13日上午11點鐘，我見王建國一人坐在辦公樓，表現得聲嘶力竭、筋疲力盡的樣子。我進辦公室後，他對我說：「學生太不聽話，要他們不進縣委會，他們偏要往裏擠，任你怎麼攔也攔不住，結果進去挨了打。特別是些小傢伙，打得真可憐。」王建國還說：「縣委幾個幹部也不像話，我要他們把3個學生放出來，他們不肯。結果學生衝進去打起來了。」學生回校後，數百工人、農民湧到學校。王建國見勢心情焦急，兩手直擺，說：「這怎麼得了，工人來了，周圍農民來了，事情鬧大了。這要政府想辦法，不然把學校搞成什麼樣子？」胡平軒也拍著桌子說：「學生鬧事沒有平息，工人、農民又夾在中間鬧，叫我們有什麼辦法！」王建國還通過王少平轉告班主任：「有鬧事學生請假，立即批准，留在學校是個禍根子。」〔如果王建國蓄意把事情鬧大，就不會提出放學生回家。〕

13日深夜，王建國聽到許斯武、吳林反映，以吳方亮為首的少數學生在寢室區開會，決定去省請願。並寫好了〈告全國同胞書〉等，王當即向韓茂林、團縣委書記楊行舫報告，並在一起研究制止辦法，直到14日凌晨兩點。以上事實充分說明，王建國等人對學生鬧事是積極制止的。〔積極制止學生「鬧事」，又沒有有效制止住。如果只是

要校長、副校長承擔領導責任，該撤職降級就撤職降級，怎麼處分都順理成章。〕

不是陷阱

王建國完全可以不去參加全省教育戰線政治工作會議。這樣重要的會議，理應讓學校一把手校長兼書記韓建勳出席。漢陽縣其他三所中學也都是由校長出席，為什麼唯獨漢陽一中指派副校長王建國去呢？

這當然不可能是預設的一個陷阱。

漢陽一中召開學生代表會，旨在疏導學生情緒，做好穩定工作，避免學生鬧事。這麼重要的會議，完全應該由學校一把手韓建勳主講。為什麼要讓王建國主講呢？

這當然不可能是預設的一個陷阱。

省裏的會議，講的就是對學生鬧事，如何應對，如何處理。王建國回校向教師傳達，不可能回避這些內容。學校專職團幹周秉賢，同王建國一道上省裏開過會，他證實王建國「在講話中根本沒有渲染『匈牙利事件』，也未提及咸寧一中的問題」。

王建國在學代會上的講話稿，由副教導主任張良紹起草，並且經過韓建勳過目認可，韓建勳並當面讚賞王建國的水平高。

當學生罷課遊行了，王建國代表校方的講話，怎麼就變成了「煽陰風、點鬼火」，有計劃有目的地煽動學生鬧事呢？

一中學代會開得怎麼樣，縣委文教部副部長張靖證實：「韓茂林、傅彥明、胡平軒和我都參加了，學代會開得還好。處理我的問題：嚴重的官僚主義。因為我說了學代會開得還好，也只是聽韓茂林說的。」

漢陽一中學潮的導火索是升學率5%。面對審訊，王建國明確交待：「12日吃了午飯，陳淑斌老師來說，今天上午第四節課，李穗老師談今年招生5%，學生有意見，我當時說5%沒有這回事，今年是30%。不久楊詩惠老師來了。我當時向她解釋了，她就走了。於是我就午睡。以後王少平來喊，說

三下學生拿著繩子找校長。我起身到辦公樓見學生問百分之幾,我說不是5%,而是30%。學生要看公文,我說沒有公文,是韓校長傳達的。」王建國從來就不贊成5%的說法。因此,認定王建國煽動學潮,是太冤枉他了。

張靖從縣委調到縣民政局,1982年從民政局長任上離休,後來雙目失明,但頭腦非常清晰:

> 韓茂林說學代會開得還好,學生提了些意見,主要是生活上的問題。過了兩天,一教員在班上說了5%的升學比例,學生為此鬧起來。韓建勳、王建國在縣委會找到我,說學生為升學問題鬧起來了,我聽後,上樓去找趙連吉,趙說:「你叫傅老頭講講話,不行的話你再去講講。」我轉身就打電話找傅彥明,沒有找著,找韓茂林,他也不在。我到了學校,韓建勳說:「學生出去了……」我打電話給縣委找趙連吉,趙不在,說是到高廟去了,我打電話到高廟,高廟的人說趙連吉沒有來。我和韓建勳、王建國商量了一下,要各班教師到學生中做工作。第二天(13號)學生又上街了,到縣政府要韓茂林講話,韓茂林給學生講了話,講話時我在旁邊。學生離開政府時,韓茂林聽別人說學生打起來。韓對我說:「屎死。」(糟了的意思。)過一天後,公安廳一處長說是人民內部矛盾。趙克艱去省彙報後定為敵我矛盾。

學生會主席范賢仕可以證實,王建國出面做了工作:

> 事件發生後,韓建勳不會制止得住,因為他的威信不高。王建國出來做工作可能制止得住,因為他說話學生聽。問題是王建國做了工作沒有?我聽到王建國說過:「不能出去鬧。」他阻止學生。學生被工人打回後,王建國在紅樓處曾說:「你們不要這樣鬧,有什麼意見可以反映我們,我們可以向上反映。」這話我是聽到的。

王建國是不是鼓動有組織有紀律地「鬧事」呢?有兩份對王建國不利的檢舉信。

一份是教工中的王少平，7月15日的檢舉信寫道：

> 12號晚上，我與學生由街上回來，王建國叫我快通知三年級二、三、四、五班四個班，內容：①說明今日鬧事不對。②明天復課。③各班選四個至十個代表，明天有組織有紀律的談。
>
> 從表面看來這通知還好，但反而加了尾巴，果然第二天他通知的幾個班有組織有紀律的出隊了。當學生集中在操場時，韓校長叫我下去通知班主任跟下去維持秩序，王建國在樓梯處囑我跟下去，他們（指學生）到哪裏你們就跟到哪裏，學生到省裏去，你和周秉賢跟到一起去。我是搞學生工作，當然唯命是聽。

王建國本來是說讓各班選代表「明天有組織有紀律的談」，意想不到的是，「果然第二天他通知的幾個班有組織有紀律的出隊了。」這能說明王建國在鼓動學生「有組織有紀律地鬧」嗎？王少平後來定為「壞分子」，「降職降級控制使用」。他的這份檢舉信，有為自己開脫的意思：「我是搞學生工作，當然唯命是聽。」在這裏，他稱韓建勳為韓校長，而稱王建國則直呼其名，顯然，經過考察團一個月的工作，到了7月中旬，批判的炮火已經集中在王建國身上。

7月13日余明超同學的檢舉，同樣涉及「有組織有紀律」這個詞組，以下敘述中的第三人稱「他」，即指王建國：

> 12日下午6、7時左右，他召開代表大會，地址是在會議室，他談捆人打東西違反了憲法，外面有反動標語，這恐怕不是同學們寫的。我們說不是我們吧，我們沒有看到。他說是在〔縣〕黨委會上，他當還是落的漢陽一中的款，可能是我們同學中，可能是外面的敵人鑽了空子害我們，叫我們把同學說回來，不捆上官局長。還說什麼這樣鬧，我將來負不起責任的。開會人數大約有20人左右，主要主持人有王建國、張良紹、胡平軒、韓校長，學生會的范賢仕、朱能紹，我班宋仁英、蕭秀山。

13日上午吃稀飯以後，我拿一張標語從教室到辦公樓找漿糊，推到教導處的門，他一人坐在裏面，當我推門時他把手一招，我便進去。我說，我們有兩個要求，全省統一招生，城鄉比例數相差不大。他說可以，根據他幾年的教育經驗，城鄉相差不會超過10%，同時還說青年人應該冷靜考慮，罷課遊行是可以的，應該有組織有紀律的搞。這樣下去對學習有影響。表面看來是好的，暗地批示我們遊行罷課。談話的時間大約是半個小時左右，前20分鐘是我一個人，後上十分鐘有劉元奇同學在內。後我們兩個人出去時，他沒有阻止我們，叫我們不寫標語，不貼標語。

　　王建國說「青年人應該冷靜考慮，罷課遊行是可以的，應該有組織有紀律的搞」，我不懷疑余明超這段話的真實性。但這段話並沒有錯。當時，罷課遊行已經發生了，你能說罷課遊行是不可以的嗎？在6月12日下午，已經出現學生在縣人委會、縣委會機關打砸公物的情況，作為學校領導人，要求學生「有組織有紀律的搞」，並沒有錯。從上下文看，這句話的本意，沒有鼓勵學生「搞」的意思。前幾年余明超跟我說，考察團逼他寫檢舉信，按照考察團的意思寫檢舉信。他也是被逼糊塗了。他和王少平用的是同樣的句式，都是要在王建國的話中，剝離「表面看來」是「好的」內容，再按考察團的指點，從骨子裏挑出毛病來。

　　所謂「有組織有紀律」地「鬧」也好，「搞」也好，其實就是這麼一回事。

　　漢陽事件剛發生時，校長兼書記韓建勳在場，縣文教局副局長胡平軒在場，副縣長傅彥明在場，縣委文教部副部長張靖在場，這麼多人都在學校裏，而且他們誰都比王建國官大，為什麼要把制止不力的責任，全部推到王建國一個人頭呢？

難得不糊塗

王建國預審卷宗裏，有這樣的口供：

> 關於反革命集團問題，1952年月10月我到一中不久，就和葛某某、張某某玩得很好，在一起上館子，談論老師這個行，那個不行，這個進步，那個落後。今年春假，胡平軒、鄒振鉅、袁希文到我家裏玩，吃過飯，以後又到鄒振鉅、張良紹家裏吃過飯，劉少丹、余心平、周秉賢等聯合起來請過客。

王建國雖然頭腦健全，但經過七審八審，也有受不了的時候：

問：這夥人在一塊談算不算一個小集團？
答：當然算一個集團。
問：算一個什麼小集團？
答：是個反黨的小集團。
問：以那個為首？
答：我在學校是個校長，是以我為首。

他居然糊塗了，承認有一個小集團，有一個反黨小集團。那麼這些人在一起幹些什麼呢？

> 王建國供認：主要一塊發牢騷，對黨支部不滿意，⋯⋯現在寫起來，是反黨行為。
> 王建國供認：李某某的問題發生後，污蔑了漢陽黨委。韓校長說，群眾有意見，叫我檢討，當時我對處理張某某的問題很不滿，就說，漢陽黨委是不公正的，漢陽縣是黑暗的。

上面的兩句話，被演繹為：漢陽縣委是黑暗的，漢陽縣沒有真理。

上一段中的李某某為男教師，下一段中的李某某為女教師。其實有些事情，王建國背了黑鍋。

> 王建國供認：鄒振鉅前幾次所揭露的關於我的材料，很多是真實的，有些是擴大化了，有些是我們共同的看法和說法，有一些不是我談的。如李某某問題，我因對余科長有意見後，對李某某也就有些意見，看法不太好了。但對李某某不滿意的，鄒振鉅、高士英、袁希文等從1952年他們一到學校就開始了，說李某某這不行，那不行，以她的水平，教小學就不夠格，還提拔當小學校長，當我們這樣學校的團幹，這完全是余科長的關係，在團員生活會上有時故意挑剔，他們說她（李某某）只有哭的用。他們說我眼中只有張某某、葛某某、李某某。在1956年暑假中，團員會上還把我整了一通。
>
> 1953年「思改」〔思想改造運動〕，李入了黨，我沒有〔被〕批准，鄒等又在我面前說：「我看入黨沒有別的條件，只要成分好，有好關係就行，李入黨我們教師都不服氣，我們當時認為你那一次一定會被批准的。」韓校長來了，說韓校長是土改幹部，說我搞這幾年還當副校長呀，韓校長一來就當正校長，他還不是一個黨員嗎？像這些話我根本沒有談過，這可能是他自己的看法。

這段供詞非常耐人尋味，它道出了王建國受冤枉的實情，也道出了人與人之間的微妙關係。女老師李某某入黨了，本來是一些老師不服氣，卻要拿王建國來說事。王建國對李某某不錯的時候，有人說王建國「眼中只有」李某某幾個人；本來是一些老師對李某某有意見，卻把他們的看法和說法強加

在王建國身上。李某某是中共黨員，對她的看法和說法，又自然引伸到對黨的態度上。韓建勳到漢陽一中任職，是對王建國心理承受能力的考驗，即使王建國有難言之隱，以他的智商和修養而論，他都要嚴嚴實實地隱忍下去。他怎麼會隨隨便便說出口呢？一些老師對韓校長的「土改幹部」身份不認同，卻要挑起王建國來說事，好在王建國閉口不談此類敏感話題，而到頭來卻還是要栽到王建國頭上。

王建國的供詞中，有些涉及一些人的隱私，我不在這裏引用原文了。根據我所掌握的資料，我說說大概是怎麼一回事。韓校長調來漢陽一中前後，發生過兩起男教師與女生之間的曖昧事情，這兩位教師受到的處理或許有輕重之別，由此引發老師們的不同看法，而且這些不同看法，反映到了縣委那裏。王建國1957年8月25日〈上訴書〉寫道：

> 在去年暑假處理教師李××與女生發生不正當的男女關係的全體教師大會上，由於有些教師提出問題的產生，與學校過去處理張××問題不認真不嚴肅有關，韓校長馬上要我向大家檢討，當時我是有情緒的，我想李××發生的問題，學校黨支部主要是領導政治思想教育工作，不無責任，同時處理張××問題由於余科長懷疑我報復，老師認為我包庇，當時處理很困難，同時還經過縣委，問題沒有解決好，那是我個人的責任，老師們有些不實事求是，因此當韓校長要我檢討時，我說過，漢陽黑暗，漢陽沒有真理，但我不是罵縣委的，當時參加會議的老師都可證明。

王建國知道死期已近，再次聲明自己沒有罵過縣委。

8月25日的上訴書，用毛筆寫就，計有11頁，落款自稱「犯人王建國」。他的陳述分為6個方面，第一條是與中國共產黨的關係：

> 一、關於我對黨的態度及與黨支部爭權問題：由於自1951年到現在，我10次申請入黨未批准，加之個人思想改造差，驕傲自滿，認為自己在工作中有成績，有能力，沒有入黨，遂認為黨對我不關心，不

信任，於是對黨的態度是時冷時熱，若即若離的。在小集團中及部分教師中散佈了一些不滿情緒和言論，但我在思想上並沒有發展到反黨的境地，雖然對漢陽縣黨委和學校黨支部有意見，但對整個黨的領導是衷心悅服的。

8月30日，在孝感中級法院作出二審判決，維持一審的死刑判決，王建國的上訴書中，只承認有集團，但否認反革命集團的存在。他也許想到了，不能不明不白落個「反黨」之罪。他寫道：

> 集團成員中多次談論漢陽個別黨委及學校支部，在我的思想上並沒有仇視，與黨沒有發展到對抗性的矛盾，我並沒有反對黨的領導以及學校黨支部在學校的領導。

但是，晚了，晚了。

王建國等人被定為反革命暴亂罪，所謂「暴亂」並不存在，所謂「反革命」只是一些言論而已，看看判決書就知道並沒有什麼實質性的內容。王建國的那些言論，有強加於他的，也有他確實說過的。他確實說過的一些話，有的是說得太早了，要是今天說就沒事了。當時說了，並沒有錯誤，更不是罪過，不能與「反革命」一詞拉扯在一起。

舉例說吧。王建國的死刑判決書裏，有一條罪行是他說過「國民黨抗戰有功勞」。這段話是不是他的原話不得而知。這句話就是說得太早了的一句話。2005年9月3日，紀念抗日戰爭勝利60周年，中共中央總書記胡錦濤在講話中明確指出：「中國國民黨和中國共產黨領導的抗日軍隊，分別擔負著正面戰場和敵後戰場的作戰任務，形成了共同抗擊日本侵略者的戰略態勢。以國民黨軍隊為主體的正面戰場，組織了一系列大仗，特別是全國抗戰初期的淞滬、忻口、徐州、武漢等戰役，給日軍以沉重打擊。」

中華人民共和國誕生之後，憲法歷經1954年、1975年、1978年、1982年等四個版本。當今適用的1982年憲法，又歷經四次修正。1999年3月15日，第九次全國人民代表大會第二次會議通過的《中華人民共和國憲法修正

案》，將「鎮壓叛國和其他反革命的活動」，修改為「鎮壓叛國和其他危害國家安全的犯罪活動」，將「反革命」一詞從憲法條文中刪去。張晉藩著《中國憲法史》就此寫道：

> 在憲法中刪去在中國革命特定階段所形成的、具有特殊政治含義的「反革命」一詞，有利於消除「以階級鬥爭為綱」的消極影響，和協調法律體系內部的一致性，也符合世界憲法的慣例。

中國進入了依法治國的軌道。

辯證法的悲哀

漢陽事件複查工作組，經過兩個月調查研究，已經就多個專題形成複查報告。1985年9月3日至4日，由湖北省委常委、省委政法委書記、漢陽事件複查組組長張思卿主持，向省、市政法部門和漢陽縣委彙報複查工作情況，與會人員就漢陽事件一案的性質，發表了意見。是時，漢陽縣隸屬武漢市。這裏摘錄兩天中發言的一部分，也是非常經典的一部分。其中有些句子不完整，只要猜測琢磨一下，便可知其意了。發言人所注明的職務，為當時的職務。

> 張思卿：反革命集團是怎麼形成的，沒有名稱就沒有宗旨。說那些人是反革命成員，明明是睜眼說瞎話。但當時為要製造這樣個反革命集團，黑的說成白的，這個過程更有說服力。不追究個人責任是回事，但經驗教訓要搞清楚。

> 李文學〔省高級人民法院副院級審判員〕：這個問題也能回答清楚。首先是要在老師中找反革命，抓了王建國一個東西，他管教學，與教研組長、班主任比較好，上個館子，吃個飯，犯個自由主義。但並沒有議論中央，也很少議論縣委。又經過30

多次談話，拉出個張良紹，揭出一個反革命集團。這還不夠，要找一個靠山，這樣就把楊煥堯勾在一起。另外從學生中拉出一個許斯武，搞了個反革命組織聯絡路線圖。

謝傑民〔省委政法委秘書長〕：楊煥堯怎麼與王建國聯繫上的？當時楊煥堯在一中發展盟員確有其事，但非違法。

　　張良紹揭了個詠荷茶樓三人密會。楊煥堯在事件中接觸過學生。

李文學：在王建國楊煥堯的材料上說他們背著支部互相勾結，而在韓建勳的處分材料中，說韓建勳對楊煥堯發展民盟表示了支持。這是自相矛盾，各取所需。

張思卿：要議論一下，經過複查，應該如何結論，如何處理，要把這個案子定成鐵案，送檔案館。

金敬濤〔武漢中級法院副院長，複查工作組副組長〕：複查兩個多月，受到很多教育，是個發人深省的案件。我們對10個判刑的人的案件一一複查，沒有一筆罪行能成立，能夠上反革命。教訓是深刻的。

一、對當時階級鬥爭形勢作了錯誤估計，這是錯誤的根源。

二、在處理此案時，違反認識原則。大膽假設，下定性，找反革命。認識路線錯誤。

三、工作違背實事求是〔精神〕。認定材料上，主觀隨意性太大。凡有利於被告的，一筆都勾掉，有利於定罪的，隻字也不放。

　1.歪曲原意，掐頭去尾，隨意編造，斷章取義。

　2.同一情況，不同運用。同一行為，兩種對待。如韓建勳上街不算問題，王建國上街就一定反革命。

3. 正面材料反上綱。支持反對都上綱。本是正面的，如五四紀念會，進行傳統教育，說成反革命。學代會也是如此，主張開的定罪，反對開的也定罪。畢石城一見發生事情，在家待了3天，說他對一中事件不聞不問，宣佈勞教，後開除遣返回家。畢石城不服上告，不定一中問題，而以歷史問題判刑5年。

（李文學插話：參加的是臨陣指揮，不參加的是臨陣脫逃。）

（謝傑民插話：魏剛蓬在窗口看一會，說是袖手旁觀。）

4. 捕風捉影。否定的材料也運用，任意誇大。如反標問題，說有470多條，實際上只有1條，其他不能成立。當時說像雪片一樣。說占郵電局，實際只有兩個學生打電話。

5. 考察團民主作風差，任何人不能說一個「不」字。孝感中院一位同志說了點不同意見，就受到處分。

四、跟形勢，趕任務，沒依法辦事。當時都是走過場。如果認真閱卷，就能發現問題。死刑犯申訴材料未送上。此案確實是冤案，應該平反。

田中木〔武漢中級法院院長〕：這個案子錯得出奇，基本上沒有事實依據。先框好了，先定了調子，因人湊事，拼湊起來。一件事，在這個人身上這樣定，那個人身上那樣定。在政法機關出現誘供情況是可能的。只有順著框框拋材料的好說，其他都不好說，確實順我者昌，逆我者亡。

大量事實是斷章取義，曲解原義，把正面東西說成反面的。

事件本身是存在的，學生鬧事目的是明確的，就是為了升學率，多升點學，少到農村去。行為是有節制的，儘管遇到兵

役局長這個問題,說聽口音,反覆兩次找到局長,到兵役局不上二樓,是有節制的。

老師在這個問題上態度是明確的,批評了學生做法是錯誤的,而且明確提出復課。

我認為此案是冤案。當時是震撼全國,蔣介石開追悼會。

通過這個事件揭開了反右序幕。

是個冤案,要徹底平反。

孫振華〔武漢市委政法委副書記〕:是個隨著風跑的案子。

當時,6月1日發表了「工人說話了」,此案應了當時的政治氣候。

再一個是左右當時階級鬥爭動向。

當時認定就含含糊糊,說王建國是暗藏的,幾種概念,把不滿也好,重大歷史問題也好,都包進去,提法混亂。

從思想路線上是顛倒的,先定性,後湊材料。不夠,把道聽塗說的,逼供的,似是而非的收進去。真材料卻不要。

馬文忠〔漢陽縣公安局長〕:我們任副局長說過,一中事件總是要平反的。

這個案件正如張廳長講,當時辦案不久,年紀很小的人,不是說用今天的觀點看錯了,就是在當時看,也沒有以事實為依據,而是張冠李戴。

此案受冤者都是知識分子。

張思卿〔陳順堯發言中插話〕:你那辦公室主任有不同意見,我們還聽聽不同意見。……提倡頂。頂不是壞事。

寫到這裏,我感到人性的悲哀,辯證法的悲哀,大喊辯證法的人們的悲哀。不知道從什麼時候起,神聖的辯證法,蒙上了詭異的色彩。真理喪失了客觀標準。人分辨不出善惡。強詞奪理大行其道,斷章取義成為大批判的法

寶。要你成為被告你就成為被告，既然是被告還要講理，肯定就是「態度不老實」。

1957年8月30日，王建國在最後一次申訴書中寫道：

> 我在審訊中，確是本著有什麼談什麼的態度，沒有任何隱瞞，而檢舉人捏造事實，擴大事實，我根本不知道，我也就無從談起，審訊員一再說我頑抗，拒不交待，這是不公允的，懇請上級法院本著不放過一個壞人，不冤枉一個好人的精神，對法律負責，對人權負責，深入下層詳細瞭解情況，分清是非，作出公正處理，不勝迫切待命之至，不勝感恩之至。

如果，當年從容一些，聽聽王建國們怎麼說，聽聽社會各界人士怎麼說，「對法律負責，對人權負責」，就不會釀成那麼大的悲劇了。

我知道我說了一句廢話。

我寫這部書的一個理由是，不想再看到歷史的輪迴，希望人們共同阻斷荒誕的複製，那麼我的廢話就會變廢為寶了。

人民法院院長王志成

我為什麼要將王志成單列一章呢？

王志成是漢陽事件受牽連的一位特殊人物。

王志成是人民法院一位敢於說真話的人民院長。

因為說了真話，王志成吃盡了苦頭。

他對我說：「我一生蠻苦的呀！我想得開，想不開早死了。」

他對我說：「我一生堅強得很。」

他是我們漢陽人心目中的一位正直的英雄。

我經過多方打聽，總算找到他兒子家的電話，他們老兩口那段時間就住在那裏。我在電話裏自我介紹一番之後，他爽朗地說，那你現在就來吧。那是漢陽區一個偏僻的小街，他們家的背面就是農田。按年齡他是我的前輩，我稱呼他王院長。漢陽縣人民法院院長這個職務，是他一生中的驕傲，他為這一職務付出了沉重的代價。

老院長的夫人，是我們漢陽人，退休老幹部。由於漢陽事件給他們一家帶來太多的麻煩和痛苦，她對我的到訪表示謹慎的熱情，在確認我的身份之後，去幫助兒媳準備招待午餐。

陽谷縣來的硬漢

　　王志成自己編寫了一本小冊子，原書名是《滿腔摯情話人生》，後來又改成《滄桑風雨話人生》，兩個書名正好道出了王志成人生的兩個境界。他為漢陽事件受苦受難，多少年日子過得不順心，又為漢陽事件的平反而欣慰，盼到了出頭之日。雖然身上的怨氣並沒有散盡，畢竟共產黨還原了自己的清白。到了晚

陽谷縣來的硬漢王志成

年，他要寫一本書，把自己一生的經歷寫下來，把自己反反覆覆申訴的經歷寫下來，直到2003年元月，這本小冊子終於完成了。

　　1924年，王志成出生在山東陽谷縣，也許在那個地方聽多了武松打虎的故事，養成了單打獨鬥、敢作敢當、清白做人的性格。18歲上到大連寄居姑母家，給日本人開辦的機械廠打工，經常挨打受罵。一次日本工頭看他有不滿情緒，大罵他「良心壞了」，把他背起來摔了一丈多遠，他動手抽了日本工頭兩個耳光。為此又逃回山東老家。

　　1945年7月，王志成加入革命隊伍，正好趕上屬於抗日戰爭時期的離休幹部。

　　王志成是二野的南下幹部。

　　1955年擔任漢陽縣人民法院院長之後，王志成因為有那種秉公執法的剛烈性格，凡辦案與縣公安局、縣檢察院發生意見分歧，總是當仁不讓。有一次縣公安局、縣檢察院轉來水洪口李某一案，長達半年不能定案。李某曾因搶劫過新四軍船上的財物，在共產黨執政之後坐過3年牢，回家務農又不識時務地說：「互助組都搞不好，還搞什麼合作化。」王志成認為此人雖有前

科，但已經服刑過了，對合作化運動雖有不滿言論，但並不構成犯罪，不能再追究刑事責任。於是在李某被監禁期間，多次同公安局交涉，要求對李某教育釋放。公安局卻堅持要對李某判刑5年。為此王志成親自到孝感地區公安處、中級人民法院，到省高級法院，分別呈送報告，將公、檢、法三家不同的意見附卷呈批，最後省、地、縣三級司法部門會議，裁定縣法院的判決正確。當時縣委書記趙連吉接到批示後，立即下令釋放了被關押半年之久的李某。可是事隔不久，趁王志成脫崗到中南政法學院學習期間，公安局又將李某捉拿歸案，判刑5年。

王志成自1956年6月帶職到中南政法學院進修，1957年7月上旬結業。結業典禮令他難忘，最高人民法院院長董必武來到學院，接見了即將回到工作崗位的法官們，同他們合影留念。董必武對他們說：「你們畢業要返回單位工作了，你們怎樣當好人民的法官？要當個清官，就要秉公執法辦案。」在王志成心目中，德高望重的董老，就是法官們的楷模。

省高級人民法院院長錢益民，當時也講話了：「你們辦案一定要堅持原則，堅持實事求是，要忠於黨忠於法律。」錢院長還特別對王志成說：「漢陽出了個一中事件，你回去後正好參加處理這批案件。」

王志成滿以為自己剛剛學到的有關法律知識和法官操守，可以在實際辦案中發揮作用，他非常願意當個清官，可萬萬沒有想到卻碰了個大釘子，很快就結束了法官生涯。

為了捍衛法律的尊嚴

王志成的小冊子裏，回憶了1957年的這段經歷：「記得大約是7月下旬的一天，我正在吃中飯，檢察院的院長張志貴同志打電話通知我：『縣委趙連吉書記在地委打來電話講，對漢陽一中事件，要快辦，快送，快批，要保證在8月上旬召開萬人大會，公開審判以王建國為首的反革命暴亂案件，以配合全國反右鬥爭。』按照這個指示，公安、檢察、法院三家辦案人員，在沒有提審的情況下，縣法院就聯合辦公，補辦了法律手續。」

　　漢陽縣委書記趙連吉在孝感地委開會，他從孝感地委傳回的指示，肯定不會是他個人的意見。漢陽事件成為一大冤案，就與這個「快」字有關，一些必要的法律程序，都被這個「快」字踐踏了。

　　1985年7月24日，複查組在漢陽飯店同王志成約談。主持約談的是謝傑民。李文學、金敬濤、易思泉、黃仁賢、吳洵松、李海清等人參與。王志成這年61歲，記憶力相當好，思路非常清晰，當年的時間地點人物，都能一一回憶出來：

　　　　一中的案件辦得很急，很突然。張志貴（縣檢察長）告訴我，說這個案件縣委要快批快送。8月12日，縣委在公安局樓上開會，有張光志、李德龍、喬書義、上官明顯、白登坤、王志成、劉浩參加。還有副縣長張俊。主要是研究鍾毓文、楊煥堯、王建國的死刑。會上沒有什麼爭議，是根據考察團材料的，沒有什麼調查研究，由張丙彥（縣法院副院長）送地委。8月18日地委批了。鍾毓文、楊煥堯兩個死刑，王建國是無期。

　　　　在這個過程中，法院並沒有審理案件。

　　　　8月20日，省委批了三個死刑。縣委寫的東西直接報上去的。可能是張俊親自寫的，說不殺不足平民憤。20日批回來的。當時提出要「快辦快殺」。對這個「兩快」，我思想上是有想法的，又不好講。

　　　　8月21日，將案件報省法院，叫劉浩送去的。省法院看了案卷給退回來了，還批評我，說我們法院審都不審就報，才是有意思呢！在這種情況下，明知不合法律手續，非要審，我們只有審。

　　　　我找白登坤〔副〕書記說，你們說越快越好，我們卷都沒有看，怎麼審？白書記說，批都批了，還那麼認真，審吶。

史世恩劉浩夫婦

8月22日，我叫史世恩、陳昌熹審楊煥堯、鍾毓文，我審王建國。時間來不及，卷都沒功夫看，我只好叫書記員蔡遠華看檢察院起訴書，據起訴書寫幾點要點給我。檢察院是吳克華出庭。檢察院一唸起訴書，王建國不等我發問，就提出，報告院長，准不准我發言？准，我就講，不准，就不講。我說：「可以講。」王說：「一中學生為升學比例鬧事，講升學比例是我到省裏開的會，回來後向校長韓建勳彙報的，向學生講是通過韓校長的，經韓校長同意的，不是我策劃的。」

（原材料說是王建國策劃的。）

按說，像這樣重大事實不清的案件，是要退回檢察院的，這個案件的導火線是升學，這個問題不清楚。當時我很為難，退也不行。當時法庭裏圍滿了群眾，等著宣判。宣判吧，事實不清，不宣判，省委縣委已批了。黨員不能不執行省委縣委的決定。合議庭合議，大家說，算了，按省委的決定宣判死刑，無條件服從省委的決定。我鬥爭了很久，也只得宣判還是宣判。問題作為問題再反映。

閉庭後，趕快開會，決定再作調查。對王建國無論是殺也好，不殺也好，把事實弄清楚。當晚派夏禎祥（縣法院助理審判員）去調查王建國提出的問題。叫他專門找了韓建勳。夏調查韓建勳後，韓承認是研究過的，並交出一份講話稿，是王在學代會的講稿。這個事實與考察團的材料有區別。

重大情節出了問題，不能不向縣委彙報。我連夜找了管政法的張俊副縣長，將情況向他作了彙報。我提出要開審判委員會，張俊要參加。張先說你們辦了算了，我說我們不能定。這樣把張俊請來了。

爭論了4個多小時，爭論的焦點是判不判死刑。認為不判死刑的有我，史世恩〔縣法院副院長〕等。史世恩第一個發言。不同意判死刑的認為：一、案件材料不扎實，事實變化，重大情節有出入，法院不管反革命不反革命，要重事實，重大情節有變化，殺了就不好辦了。二是地委也有兩種意見。可是時間太緊，第二天就要坐飛機去報批。在這種情況，張俊也沒法說服我們，他沒表態就走了。他有他的

難處。要執行縣委決定。張丙彥後來退場了。只好來個少數服從多數，上報中央，把兩種意見都帶去，批個什麼算什麼。

當時我們年輕，沒有考慮問題的複雜性。第二天，賈明光發覺了法院與縣委意見不一致。下午兩點白書記把我、史世恩找到公安局，縣委都在那裏，問我說：「老王，老王，你與縣委意見是不是不一致？」我說：「是的。」他說：「《人民日報》都登了，你相不相信？」我說：「是黨報，怎麼不相信。但它是綜合性的，還有具體的，動機，後果，經過，它沒講。」他又說：「考察團搞了個把月，你信不過，你們搞那個把小時，就信得過。」我說：「我們只重事實。」我又說：「我跟張縣長講了的，你叫張縣長講。」但張不吭聲。

在案件爭執不下的情況下，有人把李毅同志叫來了。他趕來後聽了情況，說：「老王，你不知道，韓建勳有思想問題，他怕不過，寫了那麼個東西。」史世恩聽了李毅的話，把桌子一拍，說：「韓建勳要負法律責任，搞材料真真假假，假假真真，拿人命開玩笑。」說著要撕韓寫的材料。我說，老史，那不能撕，那是證明材料。放在案卷裏是歷史見證，史才沒有撕。

李毅又叫韓建勳補了個證明材料，把案子報走了。報的時候，我給省法院錢一民〔錢益民〕寫了個信，但沒有發。給中級法院院長寫了信，他來電話批評我說，還有什麼講的，批都批了。中央批是叫（縣）公安局賈明光送的，對這我是有想法的，法院辦案，要公安局送上級審，縣委對我們不信任。

對這個案子，我認為整個法律手續不合法。起訴，閱卷，審訊等，都沒有搞。事實有問題，有些出入，韓建勳是個關鍵人物，他寫的證明材料，第一次第二次不一樣。直到現在，我還是這個觀點。至於該不該殺我不管。我只談審案經過，別的我就不好談了。

為這件事，張俊當時要處分我，趙連吉書記不同意，認為我是認識問題，1959年還是給了處分。至今還給我留著尾巴。雖然我多次申訴，仍不落實。說什麼我過於自信，固執己見，不執行縣委決定，組織原則有問題等等。還說什麼我「包庇王建國」，我認也不認識他，包庇什

麼？法律要重事實，我不管它是什麼案子，過去也好，今天也好，都是這樣。為這件事不僅處分了我，也影響到子女妻子，使他們受到牽連。

既然「批了」，就不用審了，那還要法院幹啥？

我看了這個文件，一時傻了，好半天回不過神來，是那個現實將我出局，還是出局回到現實？

在王志成發起爭論的4個小時中，他的主要爭論對手是張縣長，張縣長張俊應為副縣長，兼任縣政法委書記。是時，王志成為縣政法委副書記，還沒有下達正式任命文件。賈明光回憶說，當時張縣長見王志成不聽招呼，拍起桌子說：「是聽你的，還是聽黨的？」當然應該聽黨的呀，黨從成立的那天起，就高舉堅持真理的旗幟。

面對如此長時間的爭議，面對如此強大的政治壓力，王志成只要稍微隨和一點點，他後來的結局就沒有那麼糟糕。但是，作為一名人民法官，為了捍衛法律的尊嚴，他選擇了伸張正義。

其實，韓建勳所寫的書證，僅僅只涉及一個學代會的問題，即使這項罪名不能成立，照樣也會判處王建國的死刑。想想看吧，所謂「炸電廠、劫監獄、搶軍火」這幾樁罪名，經過偵察已經做出結論，屬於謠傳，但依然寫在了決定王建國們死刑的中共漢陽縣委《關於一中暴亂事件考察工作總結報告》上。

一份必讀文件

王志成向我出示一份中共漢陽縣紀委對他的問題的複查結論文件。這份文件制訂的時間為1979年3月9日。這時漢陽事件沒有平反，對漢陽事件性質的認定還沒有改變。這份文件的價值在於，比較客觀地記述王志成在審理王建國一案時的表現。這是研究漢陽事件難得的寶貴文獻。

王志成王玉珍夫婦

關於王志成同志在處理縣一中問題的對正材料

王志成同志1947年參加革命，1950年5月入黨。歷任區長、區委書記、縣人民法院院長，1958年調任新農區委書記。後調整為新農區委第一副書記，現任獸醫站長。1959年，王志成同志任新農區委書記時，在整風反右傾中，以犯右傾機會主義錯誤，1957年處理漢陽一中反革命暴亂事件喪失階級立場問題，1959年5月15日經孝感地委批覆，定為右傾機會主義分子，撤銷黨內外一切職務，工資級別由18級降到20級之處分。1960年3月14日經原武漢市委監委和孝感地委監委複查，結論為右傾機會主義錯誤，給予留黨查看一年，工資級別由18級降為20級之處分。1961年11月6日縣委兩次複查，對新農右傾整風的機會主義錯誤經予否定。結論為個人與組織的關係擺佈不當，對某些領導人抱有個人成見，不合作，甚至在某種不適當的場合有些議論，也是有錯誤的。但仍以思想一貫右傾，在審理一中反革命暴亂事件中喪失立場，不執行縣委決議，堅持改判王建國無期徒刑，處分仍按1960年7月14日復議結論執行，並報地委監委備案。這次複查，我們根據王志成同志的多次申訴，對他1957年任法院院長期間處理一中事件，審理王建國的經過，以及對待案犯的態度進行了調查。現將情況報告如下：

1957年縣一中發生反革命暴亂事件，是以反革命分子王建國為首進行有組織、有計劃的反革命暴動活動，事件發生後，地、縣委組織考察團駐縣一中進行調查，縣委根據考察團調查的情況，研究決定判處王建國、鍾毓文、楊煥堯三犯死刑，於1957年8月12日報請地委批覆，地委8月18日批覆鍾毓文、楊煥堯二犯死刑，王建國為無期徒刑。縣委認為，如不判王建國死刑，不足以平民憤，縣委已將報告和地委的批覆，一起呈報省委，省委於8月20日批覆，判王建國、鍾毓文、楊煥堯三犯死刑。省委批覆後，責成縣人民法院按照法律程序補辦手續。

王志成同志在公審案犯王建國中，案犯王建國在法庭上申辯他學代會上的講話稿（因學代會上的講話稿是學生上街鬧事的導火線），

是經過學校黨支部書記兼校長韓建勳研究的，拒不承認學代會上的講話是他一手策劃，王志成同志在合議庭上合議後仍執行了縣委的決議，宣判了王建國的死刑。

為了弄清事實，王志成同志在公審之後，就派夏正祥同志找韓建勳落實材料，結果韓建勳承認學代會上的講話稿，是經過他研究，這在重要情節上跟考察團的材料有出入，王志成對判決王建國死刑發生動搖，王志成對史世恩等人說：「判處王建國死刑把握不大，還是判王建國無期徒刑。」當晚決定召開審判委員會，並請原副縣長、政法黨組書記張俊同志參加會議，會上王志成同志堅持要判王建國無期徒刑，而張俊同志要堅決執行省委、縣委的決定。會議爭執了四個小時以後，張俊同志再次明確指出：「個人有意見可以保留，黨組織的決定要服從。」而後才離開會場，結果王志成同志以審判委員會名義（法院審判委員會由五人組成，實際參加四人，三人同意判王建國無期徒刑，一人同意判王建國死刑），責成劉浩同志整理會議記錄，刪掉了張俊同志的意見，以少數服從多數為由，決定判王建國無期徒刑，次日準備派人將記錄呈送高級人民法院「慎重審理」。

第二天縣委決定派公安局預審股副股長賈明光同志將材料呈送省院和最高人民法院，賈明光同志在閱卷時發現未經縣委審查，法院審判委員會向省級和最高人民法院呈送的材料，立即向張俊等同志報告，當日在辦公樓上由縣委副書記白登坤主持召開會議，縣委有關成員參加，對王志成、史世恩上報王建國無期徒刑的材料作了嚴肅的批評。為了落實材料的問題，由李毅同志帶領工作人員找韓建勳重新補寫了一份證明材料，之後由賈明光呈送省院和最高人民法院。

根據以上調查的經過，我們認為王志成同志在審理重大的反革命事件中，過於自信，堅持己見，對省委、縣委的決定不能堅決執行，當縣法院審判委員會的意見與省委、縣委的決議發生矛盾時，不經縣委審查，直接呈報省院和最高人民法院，這在組織原則上是有錯誤的。至於原結論中把王志成同志在一中事件中的錯誤，認為思想一貫右傾，喪失階級立場，是不恰當的。

鑒於以上情況，我們意見是撤銷原縣委1961年11月6日複議中維持1960年的處分結論，恢復王志成同志原工資級別，對他組織原則上發生的錯誤，應予嚴肅的批評教育。

中共漢陽縣紀律檢查委員會

1979年3月9日

這份文件冷靜客觀的記述，展示了主事人的政治智慧。這裏一定有許多難言之隱。主事者一方面要給申訴人撤銷處分結論，另一方面又不能越過漢陽事件原有的定性，只有採取大事化小的途徑，給王志成留個「組織原則上發生錯誤」的小尾巴。

王志成不喜歡這個小尾巴。1981年8月15日，他又寫了〈我對複查材料的申訴意見〉，其中有句話特別耐人尋味。

　　漢陽縣的許多老領導、老同志，都知道我不是在事隔3年之後的一中事件上受的處分，而是因為在新農區所謂反右傾鬥爭中受的處分。

　　我不能不鄭重地申明一個事實，即回避新農區的問題，而把一中事件作為主要的問題，純粹是當時的組織部長××同志與我搞個人的恩怨鬥爭，他採取了張冠李戴，使用了偷樑換柱的惡劣手法，私自將一中事件的材料塞進檔案，不讓我知道，強加在我的頭上，繼續陷害我，這是不能允許的！

　　張俊沒法說明要殺王犯理由，更沒有給同志們做耐心的思想工作，兩種意見分歧不統一，他只講按縣委辦，我問張，事實情節有重大出入怎麼辦？張俊一聲不吭，一氣之下溜之大吉。

　　怎麼是我過於自信，堅持己見呢？如果硬說我堅持己見，那就是我堅持法律的嚴肅性。

　　不錯，當時省、縣兩級主張判處王犯死刑，唯獨孝感地委主張處以無期徒刑，正因為三級黨組織的意見不一，才促使我去進一步核實情節，為什麼允許三級黨組織的意見不一致，就不允許我去核實材

料，我認為，即使看法不一致，也是黨內民主生活所允許的嘛，屬於
正常現象，為什麼揪住我不放呢？

是啊，為什麼允許三級黨組織的意見不一致，就不允許王志成去核實材
料呢？

如果——我說的是如果——王志成當年有效地抵制了各種壓力，那麼
當年處理漢陽事件就少了王建國一個冤魂。當然，如果沒有王建國的被判極
刑，漢陽事件就不能構成一個重量級的政治事件。正因為如此，才出現一個
歷史性的錯誤，一個荒唐的邏輯的錯誤，將王建國拉扯到「首犯」的位置
上。是歷史在跟我們開玩笑呢，還是我們在跟歷史開玩笑？

在為漢陽事件複查時，最高人民法院一位刑事庭庭長，由衷地對王志
成說：「王院長啊，你作為基層法院院長，你能看出問題，你敢頂，不簡單
呀！」

王志成說：「我們敢頂，你們為什麼不敢頂呢？」

這位庭長說：「我們頂什麼呀，上面批，我們辦。你耿直得很呢。」

王志成是一位沒有勳章的英雄。

從程序上看三個無辜死刑

中共漢陽縣委〈關於一中暴亂事件考察工作總結報告〉，寫於1957年8月30日。

考察團報告開頭這樣寫道：「我縣一中反革命暴亂事件，經過兩個多月的工作，已基本處理結束，現將情況報告如下。妥否？請指示。」

為什麼是「基本處理結束」，而不說已經處理結束呢？原因之一是此案重點三名死刑的案卷，等待最高人民法院核准，送卷人員正在北京等候。隨後的結果是，考察團報告上報的第4天，即9月4日，最高人民法院核准了，下達了立即執行死刑的終審判決書。等到9月6日，三位無辜者被驗明正身，綁赴刑場，執行槍決，也就大體處理結束了。那麼，所謂「妥否？請指示」，不過是公文例行的開頭語，對於本案已經毫無意義。此報告還有什麼妥與不妥呢？

我們來做審判程序上的研究。

為了配合當前運動

1985年7月23日。複查組在漢陽飯店召開座談會。複查組參加的人員有：謝傑民、金敬濤、黃仁賢、吳洵松、李海清、劉毓必、蕭萬侯、易新華、陳坤義、張輝、李恭誠。邀請參加座談會的有：縣法院原副院長史世

恩，縣公安局秘書股原股長馮朝義，縣公安局預審股原副股長賈明光，原縣檢察院幹部蕭秀貴。

當時複查組非常謹慎，明明是在為漢陽事件做平反工作，卻要表現出不帶任何框框的樣子，廣泛聽取各方面知情人的意見。因此，與會人員的發言，不是一邊倒的觀點。

> 馮朝義：突擊預審。
>
> 　　趙連吉在地區來電，說一中事件省〔委〕地委已作決定，要在三級幹部會上把為首分子殺掉。於是我們找回了局長，連夜突擊審訊，這時已決定殺三人。
>
> 　　李德龍審王建國，張敏審鍾毓文，馮朝義審楊煥堯。
>
> 　　我們當時看卷還來不及。我看了⋯⋯報告書，無暇看證明材料。幹了一通宵。我審，他們在旁邊遞條子。
>
> 　　審楊煥堯，主要是他與事件的關係。我對案情⋯⋯五更就寫了預審決定，宣佈罪狀，辦了起訴手續。楊煥堯當時在校發展民盟。
>
> 　　聽說王建國不承認，狡辯。說不承認也不要緊，反正有兩個承認。
>
> 　　死刑是在黨委商定之後才預審辦案的。按照死刑來辦。
>
> 　　當時在考察團辦案的有朱清泉。
>
> 　　楊煥堯在詠荷茶館與他們碰過頭。當時認為是反革命秘密會議。

馮朝義的這一段話，聽起來毛骨悚然。你再聽聽：「要在三級幹部會上把為首分子殺掉」，「這時已決定殺三人」！既然要大開殺戒，「於是我們找回了局長，連夜突擊審訊」。當時的分工是，縣公安局局長李德龍審訊王建國，副局長張敏審訊鍾毓文，秘書股長馮朝義審訊楊煥堯。當時怎麼審訊呢？馮朝義描述了他審訊楊煥堯的情景。因為來不及看案卷，他在前臺審訊，另有人「在旁邊遞條子」，直到五更就寫了預審決定，「按照死

刑來辦」。另外兩位主審官，也差不多採取同樣的辦法。這是公安局預審這一關。有資料表明，到縣檢察院，就只是辦個起訴手續。到了縣法院，院長王志成是負責審判王建國的法官，他也沒有時間看案卷，也是有人給他遞條子。馮朝義所言王建國「不承認」有詠荷茶館的三人黑會，「反正有兩個承認」，這兩個人是指胡平軒和楊煥堯，他們被逼供，一時承認，一時否認。這個所謂黑會，是張良紹估計出來的，被考察團採信了。

原縣法院副院長史世恩話不多，他只說了當時辦案的簡單程序：「過去辦案，是先由黨委批，再由法院審判。當時孝感地委批王建國無期，縣委報死刑於省委，省委批准。」

縣公安局預審股副股長賈明光是個關鍵人物，有話可說：

> 馮〔朝義〕說是省、地公安〔部門〕定的反革命暴亂事件，我記憶是趙克艱在工人俱樂部公佈敵我矛盾的。
>
> 我認為一中事件現在只能是複查，是不是反革命事件，要通過調查實事求是，才能作結論。不能帶框框。我不是護短。有些事還是有問題。如果用現在政策水平看當時鎮反有一些人就不該殺。要看當時的情況。
>
> 當時有爭論，並不否認王建國有罪。當時主要思想，王建國是事件頭子，不殺他就不能定主犯。
>
> 當時為什麼要我送案，因為張俊看法院意見不一致，就派我去。我持縣委介紹信找許道琦，許在開大會，看了一下就簽字了，就送高級法院，也沒有過細審理，就簽了意見，幫買了飛機票，我到最高法院，很快就接過了案卷。
>
> 王建國的材料，高級法院整理了一下，就送給彭真同志，當時毛董在青島，董回後與彭真研究就批了。
>
> 整風反右，要把我搞成右派，因我說過考察團整理王建國的材料不扎實，還是最高法院整理一下的。右派沒搞成。

請聽聽，有這樣的邏輯：「當時主要思想，王建國是事件頭子，不殺他就不能定主犯。」那就是說，王建國是責無旁貸了。

　　以漢陽縣人民法院名義，於1957年8月23日同一天，分別判處王建國、楊煥堯、鍾毓文等三人死刑，其法律依據是「根據懲治反革命條例」某條某款之規定。判決書寫明，「如不服本判決，可於接到判決書的第二天起10天內向本院提出上訴狀及副本，上訴於孝感地區中級人民法院。」按照這個法律文件，上訴期應該到9月2日。

　　王建國8月25日上交了上訴書。

　　鍾毓文也在8月25日上交了上訴書。

　　楊煥堯是8月28日才交上訴書。

　　然而，就在8月28日這一天，按照「快辦快殺」的既定方針，孝感地區中級人民法院即以（57）刑上字第113號，寫出了刑事判決書：

> 　　本院於1957年8月28日由副庭長胡伯戎擔任審判長和審判員張成、景國宏組成審判庭，書記員李良忠擔任記錄，依法審理了上訴人王建國提出的上訴，並審理了原審本案同犯楊煥堯的判決。本案業經本庭審理完結，現查明……
>
> 　　……
>
> 　　一、駁回上訴，維持原判上訴人王建國死刑，剝奪政治權利終生。
>
> 　　二、維持原判楊煥堯死刑，剝奪政治權利終生。
>
> 　　限三天內申請湖北省高級人民法院審核。

　　以上判決書的第一條，有「駁回上訴」字樣，而第二條沒有「駁回上訴」字樣，是不是楊煥堯不上訴呢，不是，他因為身體不適，遲遲沒有動筆，在有關人員再三催促下，才於8月28日交了上訴書。雖然是遲遲上交，但並沒有逾期，距離截止日期還有4天呢。

　　在一遍又一遍的催促聲中，楊煥堯已經預感到死期將近。

他遲遲上送的上訴書，在8月28日孝感中級人民法院覆核之前，是不是送達審判人員手中，都不好說。那時從漢陽縣城蔡甸到孝感，無論走哪條路線，都得花一天時間。

就在同一個8月28日，同一個審判班子，又發（57）刑上字第114號刑事判決書，作出了對鍾毓文的死刑判決，上訴期同樣為3天。

就在8月28日同一天，孝感中院的判決書，上送到湖北省高級人民法院覆核。所謂覆核程序，是由漢陽縣公安局賈明光攜帶案卷，直接呈送省委分管政法的許道琦副書記簽字，再到省高院辦理相關手續。

孝感中院8月28日上送湖北省高級人民法院函件寫道：

> 我院受理漢陽縣人民法院移送的王建國、楊煥堯、鍾毓文等反革命上訴案，現已審理完結，均維持原判，並已向上述人宣判送達。謹將本案全部有關材料呈送你院，請予覆核。
>
> 附王建國、楊煥堯、鍾毓文等案卷材料共三件

就在同一個8月28日，省高院向北京發出了急件：

> 最高人民法院：
>
> 漢陽縣人民法院判處反革命暴亂犯王建國、楊煥堯、鍾毓文等人死刑，在上訴期間內主犯等提起上訴，經孝感中級人民法院二審判決，維持原判。業經本院研究同意原二審判決，處王建國、楊煥堯、鍾毓文三犯死刑。為了配合當前打擊現行反革命運動，現著漢陽縣賈明光同志攜帶該案卷宗前來你院呈批，請速覆核。
>
> 附王建國、楊煥堯、鍾毓文等案卷材料共三件
>
> （院印）
>
> 8月28日

好一個「為了配合當前打擊現行反革命運動」！

「漢陽縣賈明光同志」，當天或者次日，乘飛機到達北京。

就在賈明光已經或者即將到達北京之時，8月29日，二審判決宣判之後，王建國陳述：

> 完全不符合事實，我的死刑可以暫時不執行，把問題搞清楚再執行，與楊煥堯開秘密會沒有此事，判我死刑冤枉。

但是，已經沒有搞清楚的時間了。王建國在8月30日寫出了最後一份上訴書，還在期待上級法院「作出公正處理」，還在「不勝迫切待命之至，不勝感恩之至」。

賈明光在京等候一個星期，就等到了結果：

中華人民共和國最高人民法院刑事判決書
1957年度刑複字第203號

> ……
>
> 上列被告人因現行反革命暴亂一案，經漢陽縣人民法院於1957年8月23日判處王建國、鍾毓文、楊煥堯死刑，立即執行。湖北省孝感地區中級人民法院於1957年8月28日維持一審漢陽縣人民法院判決。被告人等不服，申請覆核。本院於1957年9月4日由審判員巫從理擔任審判長，與審判員周增華、荀肇玉組成合議庭，書記員陳文浩擔任記錄，對本案進行審理，現查明：……

1957年9月4日，最高人民法院對這一案件的審理的結果是，將原來三名被告人王建國、楊煥堯、鍾毓文的排序，改變為王建國、鍾毓文、楊煥堯。楊煥堯既然被安排為「軍師」，理應放在坐陣指揮的位置上。

一個越俎代庖的角色

賈明光身為漢陽縣公安局預審股副股長，為什麼派遣他向上級法院呈送案卷呢？

由於當時縣法院院長王志成對死刑案件的判決持有異義，副院長史世恩也同王志成的意見一致，他們原來準備送往上級法院的案卷中，包含有兩種不同意見的材料。縣委有關領導人怕縣法院在呈報案卷時再從中作梗，就乾脆讓公安局幹部越俎代庖。

劉浩是縣法院的書記員、助理審判員，同賈明光一道送案卷到省裏，但她只是扮演一個跟班的角色。劉浩帶著王志成寫給省高院院長錢益民的一封信，有三張紙，陳述縣裏的意見，地區的意見，縣法院的意見。到了省裏，她交不出去。

明白人都知道，這個活並不是賈明光自己攬下的，但他做了這個奇冤極枉大案的經手人。

我想從賈明光這位「經手人」身上，看看當時執行「快辦快殺」指示的途徑。聽說賈明光為此受了很大委屈，弄得裏外不是人，日子過得實在不舒心，也不想再見什麼人了。為了不在賈府吃閉門羹，我特意請了漢陽一中老總務主任姜茂堂老師給我引見。我們去時天色已暗，屋子裏燈光卻不太明，只有老兩口的家顯得冷冷清清。賈明光瘦骨嶙峋，病態十足，一臉無奈。他對我們說：

> 檔案我沒看。我搞預審，派我去。材料是包著的。地區的章子蓋好的。到省裏找許道琦。不是我找的。李翠才她從省公安廳下放縣公安局，她引我到省裏，找許道琦。在大會禮堂，把他找出來，當面簽的字。許道琦叫到省高院辦手續。省高院寫介紹信，並代買飛機票。

李翠才領著賈明光見到許道琦。許道琦問過地區和縣裏的意見，賈明光籠統地回答，都同意判死刑。許道琦就批了。省高院並沒有經過審核，只是辦了個「手續」。劉浩說，賈明光彙報時，她就在外面等著。

到北京是賈明光一人去。給他買了飛機票，他是直接去了北京，還是回漢陽縣再去北京，他記得不是太清楚。他說「記得好像又回來的」。省高院買好飛機票，第二天上京。到北京下飛機，哪有車接呢？碰到捷克斯洛法克大使館的人，看他沒人接，就把他帶到王府井。他再坐三輪車，到最高人民法院。他上交了材料，在院內接待室住下來，每天交1元錢，吃小灶。

去北京一回，沒有被打回來。

我當時回來說過這樣一句話：最高人民法院辦案的人說，王建國的材料不扎實。

在那裏等消息，等了一個多禮拜，等彭真批。因為王建國是校長，楊煥堯是民主人士，要彭批。董老在北戴河休養，牽涉到毛主席曉得這個事。我回來說最高人民法院辦案的人說王建國的材料不扎實，就為這句話定我右派。副局長張敏負責反右，他當時掌權。他開始對我蠻信任，我在大會上給他提了意見，後來就⋯⋯

後來賈明光受到張敏的報復。

審判員的級別蠻高。看了材料以後，他說王建國的材料不扎實。報中央，他們自己整了材料。這邊要開大會。催。董老回來，批了。我打電話，說坐火車得兩三天。張俊說，你明天坐飛機回來。一張飛機票120元。到南湖機場，派個吉普車來把我送到武昌江邊。坐輪渡到漢口。在王家巷坐輪船到蔡甸，已是下午5點了。第二天就開會。等倒得。

「等倒得」是漢陽土話，等著的意思，就等著最高人民法院的批覆，以便在全縣即將召開的三級幹部擴大會議期間，執行三個死刑。

最高人民法院刑事判決書1957年度刑複字第203號，落款時間是兩個，一個合議庭核准日期為1957年9月4日，一個判決書由書記員成稿日期為1957年9月5日。

9月5日，賈明光取到蓋有最高人民法院大印的判決書，當天乘飛機回到武漢，當天乘船趕回漢陽縣。他趕回漢陽縣的第二天，9月6日，即漢陽縣召開三級擴幹會議的日子，在漢陽一中公開宣判並立即執行三個死刑的日子。

一環套一環地完成「快辦快殺」啊！

賈明光：最高人民法院說搞少了，這麼大個反革命事件。

　　從這句話可以推斷，當時對漢陽事件真相的認識，上上下下都被蒙蔽了。
　　按說，對漢陽事件的處理，是當時國內政治的需要，可以對全國各地躍躍
欲試的學潮，起到震懾的作用。上面的滿意度如何，可以看看夏正祥的回憶，
他當時在縣法院工作，知道一些內情。為了保留這段話的完整性，我就全引了：

> 夏正祥：形成案件後進行書面審理，王志成院長叫我找韓建勳取材
> 　　　　料，找過2次。內容是學代會開會韓知道不知道，支持不支
> 　　　　持。（當時說學代會是非法開會。）我取了材料後交給院長
> 　　　　王志成了。這個案子影響蠻大，判了王建國、楊煥堯、鍾毓
> 　　　　文三個死刑。當時董老（董必武表態）還寫了個信，表揚漢
> 　　　　陽縣委對此事處理的好。這個情況最清楚的是賈明光。我是
> 　　　　直接看到這個信的，賈明光送案去北京帶回董老給漢陽縣委
> 　　　　的這封信。還有當時的縣委副書記也清楚信的事。
>
> 　　　　　我思想上以為這是個非常大的事情，沒有想到要複查這
> 　　　　件案子。

　　賈明光作為一名信差，按時完成了任務，順利完成了任務，理應受到嘉
獎。但是，在那個年代，翻手為雲，覆手為雨，命運之神經常會來捉弄人。
　　就在漢陽事件處理剛剛塵埃落定，漢陽縣的反右鬥爭又接踵而來，不
知道是不是有這樣一個規定的指標，在縣公、檢、法等三個部門，要各搞一
個右派。縣公安局就定了賈明光，一個剛剛上京完成任務的幹部，就因為傳
達了最高人民法院辦案人員一句話，認為他同情王建國，思想右傾，不幸定
為了右派，對其展開批鬥。賈明光說：「右派定了以後，差點搞到牢裏去
了。」後來出現一個轉機，把預審員楊九成搞成了右派，賈明光就解脫出
來。賈明光說：「我沒有戴帽子，當年就離開了公安局，搞下去了。先到漢
陽十中教了3年書，調水利局當一般幹部，搞中心工作，到處調。之後到物
資局。1981年到司法局。不存在平反。找他們，他們說，沒跟你搞麼事，怎
麼平反？」

所以，賈明光說：「我已經到鴉渡區參加右派勞動，成天在棉田薅草，但我不服氣，找了張俊，把我擠下來，楊九成頂了我，我沒有戴上帽子，是好事也是壞事。說是壞事，因為平反沒有我。」

賈明光是漢陽縣黃陵磯人，1949年6月入江漢軍區襄南公學，1950年分到漢陽縣公安局工作。因為他是不戴帽子的右派，走到那裏，都受到特別關注。到學校教書，老師問校長，他是右派？校長說不是，是刮下來的。這個「刮」字，通常用於貶義，指從上往下淘汰。從右派名單上「刮」下來，就顯得意味深長了。賈明光背著這個不明不白的名譽，直到1970年，已經混到40歲上了，才和當年襄南公學的女同學成家，結束了單身生活。賈明光特別補充說：「經過組織批准。」意思是：不是擅自結婚。賈明光住在一套陳舊的房子裏，這套不大的單元房，是他用自己的小兩室一廳，加上老伴的一室一廳換來的。

如果不是為漢陽事件一案當過信差，賈明光一個堂堂堂正正的離休幹部，日子肯定比現在滋潤得多。

劉浩的丈夫是史世恩，前文寫到的縣法院副院長，因為不同意判王建國死刑，據說劃了右派，內戴外不戴（帽子），平反就沒有他。在漢陽事件之後，他被調離縣法院，下放到黃陵區軍山公社當社長，背了個留黨察看兩年的處分。他說，要是成分不好，要是有歷史問題，早下地了。所謂下地了，就是完蛋了，說到極端，就如史世恩所說，搞死了。他是河北衡水地區阜城縣人，1946年上小學五年級時，就背著糞筐當聯絡員，加入了共產黨。1947年加入解放軍隊伍。他說劉浩的文化水平比他高。劉浩受他的牽連，下放到了黃陵法庭。史世恩最刻骨銘心的感受是，想當清官當不了。儘管堅持原則，沒能留下王建國一條命，儘管因為堅持原則而受了很多磨難，但問心無愧。

大事件中的小細節

就在最高人民法院作出終審判決的前一天，9月3日，湖北省高院審判庭發函最高人民法院：

最高人民法院：

　　漢陽縣人民法院及孝感地區人民法院判處王建國、楊煥堯、鍾毓
文三犯死刑案，經我院研究同意原二審判決，並於8月28日著漢陽縣
賈明光攜卷前來你院呈核了。現該三犯均提出申訴，我庭9月3日收
到，為了便利你院審核此案，特將申訴書三份轉你院並案處理。

　　　　　　　　　　　　　　　　　　　　　　　　　（庭印）

　　　　　　　　　　　　　　　　　　　　　　　　　9月3日

　　省高院審判庭9月3日才收到王建國、楊煥堯、鍾毓文三位的上訴書。在
收到上訴書之前，已經「研究同意原二審判決」，並派遣漢陽縣賈明光於8
月28日將案卷送往北京。這是一個程序上的倒置。

　　就當時的交通、郵政狀況而言，最高人民法院在作出判決之前，絕對不
可能讀到三位被告人的上訴書。上訴書未到，判決已經作出。這又是一個程
序上的倒置。

　　不過，最高人民法院並沒有疏忽大意，在作出終審判決之後，沒有忘記
向漢陽縣人民法院索取三位被告人的申請覆核書。有漢陽縣法院寄到省高院
的信件為證：

湖北省高級人民法院：

　　我院接到最高人民法院來信，要王建國、鍾毓文、楊煥堯申請覆
核書，但我院已寄貴院，請貴院將三犯之申請覆核書寄給我院，再寄
給最高人民法院為荷。

敬禮

　　　　　　　　　　　　　　　　　　　　　　　　　漢陽縣人民法院

　　　　　　　　　　　　　　　　　　　　　　　　　1957年9月19日

不知道中間哪個環節出了差錯，三位被告人的申請覆核書，北京向漢陽縣要，漢陽縣向省裏要，省裏卻明明寄出了。請注意，漢陽縣向省裏索要的時間是9月19日，此時，最高人民法院作出終審判決已經過去半個月了。

而就在這半個月之前作出的終審判決書上，卻又明白無誤地寫上了：「被告人的申訴，沒有理由，應予駁回」。被告人的上訴書並沒有送達，怎麼就知道一定「沒有理由」呢？如此彌天大謊，草菅人命，「人神之同嫉，天地所不容」啊！

我翻閱過那個時期的《人民日報》，有很多各地相繼出現的壞事的報導。這樣一些事情，既給人們以警醒，又給人們以錯覺，好像天下已經大亂臨頭。因此，《人民日報》1957年9月19日發表社論〈對壞分子必須實行專政〉。這篇文章寫道：「過去有些同志很怕混淆了兩類矛盾，把人民內部矛盾當成了敵我矛盾，所以很怕錯捕，很怕錯判，很怕重判，總之是很怕犯法。」事物的發展，有時從這一面走向那一面，有時又從那一面走向這一面。歷史也是這樣，想走進這個房間，卻走進了那個房間。

蘇共二十大之後，毛澤東曾說：「史達林不知怎麼想的，抓一個就殺一個，結果犯了大錯誤。其實，托洛茨基是可以不趕走的，季諾維也夫也是可以不殺的，至少可以讓他們當政協委員吧！」「特別重要的是，不割腦袋的辦法可以避免犯錯誤。人的腦袋不像韭菜那樣，割了一次可以長起來，如果割錯了，想改正錯誤也沒有辦法。」當時毛澤東還提到王實味之死，他說，他向警衛團要人！這段話轉引自黎之《回憶與思考——從「知識分子會議」到「宣傳工作會議」（1956年1月～1957年3月）》。

如果毛澤東真向警衛團要王實味，也要不回來了。

因為漢陽事件掉了腦袋的人士，平反之後也不能重新長出腦袋來了。

這個道理很簡單，就是毛澤東所言，人的腦袋不像韭菜割了可以再長。

誰為漢陽事件定性

誰為漢陽事件定性？也就是說，將漢陽事件定為敵我矛盾性質，定為反革命暴亂，是誰做出的決定？

考察團報告寫道：「14日，地委趙秘書長向全體教師、學生作了報告，明確這次事件是敵我性質。晚上縣委書記向全縣人民廣播了事件的經過與敵人的破壞活動，事件從此就平息下來了。」

6月14日，漢陽事件進入第三天。

現在的問題是，趙克艱宣佈的內容，趙連吉宣佈的內容，是他們自己的意見，還是漢陽縣委的意見，還是孝感地委的意見，抑或是湖北省委的意見？

複查組經過數月的調查，查檔案，查會議記錄，查電話記錄，都沒有找到記載。

是不是因為有顧慮，怕承擔這一歷史責任，有人故意隱匿相關的原始記錄？

複查組多次承諾不追究任何個人責任，但相關機構管理檔案人員，仍然沒有拿出相關的記載。

讓我們看看相關人士是怎麼說的。

許禮鈞的說法

　　許禮鈞在漢陽事件發生時，任縣委辦公室主任，若干年以後擔任縣委書記。1985年8月12日，複查組同他進行了交談。其時，他任武漢市社隊企業局局長、黨委書記。以下是當時的談話記錄：

　　許禮鈞：我當時是縣委辦公室主任。學生鬧到縣委以後，我去組織工
　　　　　　人，要工人保護縣委會。
　　　　　　　　反正是鬧得比較凶的一天。學生鬧到縣委會以後，我去
　　　　　　組織了工人，開了一個會。
　　問　：開始縣委認為是學生鬧事，但後來不知怎麼樣又定為反革命
　　　　　暴亂事件，這個過程的情況？
　　許禮鈞：定為反革命事件，一是根據出現了反革命標語口號，二是聽
　　　　　　到說要「劫監獄」，三是要「破壞電廠」。在我印象中，圍
　　　　　　攻打人，把縣委書記趙連吉推的推，把縣委幾個幹部抓了，
　　　　　　把兵役局上官局長抓了，抓了縣團委的幹部胡子樵，幹部魏
　　　　　　修貴，但他們辦案的最後落實了材料沒有，就不清楚。
　　問　：在縣委的報告中都認定了，但沒有落實。
　　許禮鈞：光憑遊行示威是定不了反革命的。在我當〔漢陽縣委〕書記
　　　　　　以後，有些當時受處理的人找我申訴，我都不好答覆。如余
　　　　　　世中、張安健等人都申訴過。如張安健就與一中事件沒什麼
　　　　　　關係，沾不上邊。
　　問　：從現在複查情況看，鬧事，捆人，打人的事實存在，但反革
　　　　　命的東西還不好認定。當時縣委研究有沒有記錄？
　　許禮鈞：我記得縣委常委開會都有記錄的，都歸了檔。可以到檔案館
　　　　　　可以查到。反正縣委會，常委會都是有記錄的。

問　：據複查，縣委書記趙連吉在6月14日就在縣廣播站廣播定為
　　　反革命事件。現在就查查定性的依據。

許禮鈞：當時跟地委通電話很多，差不多一二小時就要通一次電話，
　　　我記得地委書記王家吉在電話中還批評說：「怎麼招呼幾個
　　　學生都招呼不住。」

問　：我們現在就是要調查定反革命的依據。

許禮鈞：李毅應該是比較清楚的，後加強到那裏去的。〔指調到漢陽
　　　一中擔任校長兼黨支部書記。〕

問　：13號學生包圍以後，你去動員工人的情況。

許禮鈞：我去之前，就有人召集了工人，在工人俱樂部裏。當時學生
　　　還沒有到縣委會，只是知道了情況，大約上午9點多鐘，我
　　　到工人俱樂部。

問　：你去時，學生到縣委會沒有？

許禮鈞：還沒有。只動員了幾分鐘。我去時，工人已集合了，我當時
　　　講話時，還沒有認為學生鬧事是反革命事件。我講過：學生
　　　已到縣委會，動員工人去保護縣委會，要求工人做到「打不
　　　還手，罵不還口」。當時是趙連吉叫我去的。

　　　　原法院院長王志成找過我多次，要求平反。當時縣委認
　　　為他右了，不和縣委一條心，因而受到處理。我有一點看
　　　法，當時判王建國死刑，王志成不同意，因為死刑定不下
　　　去，打電話到縣委，要縣委參加討論。張進〔俊〕還發脾氣
　　　的。事情過後，就把王志成調到新農。另外，對王建國。王
　　　〔建國〕原和我一起搞過土改，我當組長，他當副組長。他
　　　雖然出身剝削階級家庭，但他在土改中立場堅定，態度鮮
　　　明，是很積極的。但後來說他是反革命，是策劃者，我感到
　　　不好理解。他在土改中政策觀念強，也有組織能力。幾十年
　　　來，在我腦子裏確實是個疙瘩。這個人怎麼突然變成反革命
　　　了？我記得，韓建勳曾寫過一個材料說，王建國講過的話，

是通過韓建勳的。但後來韓又推翻了。因為有這兩件事，所以對王建國我有考慮。

這是一種說法。漢陽縣委與孝感地委之間，當時保持著熱線聯繫。

韓建勳的說法

在《漢陽一中事件始末》一書中，有韓建勳一篇文章〈憶「漢陽一中事件」〉，關於這個事件的定性問題，他有如下表述：

6月14日上午8、9點鐘，孝感地委秘書長，副專員兼公安處長，還有省公安廳部分同志及新華社記者等十多人趕到學校。他們聽完彙報後，沉思了半響，便拍板定案說，這不是一般的為升學而升學的問題，而是借升學之名發起的一場反革命暴亂。地委有關領導語重千鈞把這個結論一定，其他人一致表示贊同。

14日中午12時，地委秘書長在學校廣播室用大喇叭向全校師生宣佈了這一結論。他說：老師們、同學們，根據你們這兩天的情況，表明學生的行為不是單純地為升學而升學的問題，而是有人借升學為由製造的一起反革命暴亂事件。希望老師們、同學們不要再上當了，不要再胡鬧了，你們要各回各班聽候審查。誰要再繼續胡鬧，我們就要實行武裝鎮壓。在秘書長宣佈這個結論的時候，在操場上發生了一件奇怪的事，副教導主任楊松濤說了句工人不該打學生的話，被一位工人聽到了，這位工人一把揪住他就打，楊松濤掙脫了，連忙往學校辦公樓跑，邊跑邊喊救命呀，他跑到了學校廣播室，連喊救命，我和韓茂林、李德龍等都在廣播室，那位工人趕到廣播室，還要打。韓縣長說什麼事、什麼事，並說不要打，不要打，把這個人交給我們，反正他跑不了。這個工人聽韓縣長一說，就轉去了。地區領導這番話一講，結論一宣佈，學生們就樹倒猢猻散一個個驚呆了，有的還不服氣，哭哭啼啼，大叫大嚷：「我們要求升學有什麼罪」，「我們挨了

打，還說我們是反革命行為」；有的學生回到教室，有的學生嚇得回了家。

　　6月15日，地、縣委組織了百人考察團進駐學校。一開始，考察團就對各班派兩名成員跟班考察，開展大發動、大揭發、大檢舉。考察團首先考察了我的思想言論和行為，我沒有半點支持學生鬧事的行為，便將我暫時放下。又通過大會小會動員，發動老師和學生七揭八揭揭到了王建國頭上，說王建國是一中事件的幕後策劃者、支持者，說學生在鬧事的過程中都有聯絡員向王建國彙報情況。考察團根據師生們揭發的情況，馬上責令王建國停職反省。王建國在反省期間曾給他在蔡甸一小的愛人楊續淑寫了一張紙條，紙條上說看來我這次不好下地，你要作好充分的思想準備。這張紙條沒有送出去，就被考察團同志查獲了。第二天公安局就將王建國逮捕了。

　　上文中說的地委秘書長為趙克艱，副專員兼公安處長為劉佑鈞。按韓建動的說法，似乎是6月14日上午，上述領導人在漢陽一中聽完彙報，現場「拍板定案」。究竟「拍板定案」在什麼時間，可以從其他人的口述材料加以判斷。

　　逮捕王建國的時間是7月16日。

韓茂林的說法

　　韓茂林是河北衡水人，新中國漢陽縣第一任民選縣長，他當縣長當得挺瀟灑，喜歡玩槍，自己掌握有5條槍，其中有一把「加拿大」，一條雙管獵槍，還有輛摩托車。按他自己的說法，「省裏派一中事件考察團，劉佑鈞是團長，我是個副團長，我跟劉佑鈞講，我搞這不行吧，我是行政幹部，不是政法幹部。我天天忙得不得了。我說，有事叫我來，沒事我就不來。開大會，審查這個，槍斃那個，我都沒參加。」其實他是考察團團長，劉佑鈞是考察團政委。

韓茂林說，當時省裏派來一船武裝部隊，有人穿便衣上岸探消息，他讓他們回去了，沒有讓部隊上岸來。因此，省公安廳說，韓茂林不糊塗，成天到晚玩，騎摩托，大事不糊塗。他當時在考察團的任職，可能存在記憶上的誤差。《漢陽一中事件始末》裏有篇黎角先生整理的文章，大標題是〈娃娃們要讀書沒有什麼不對〉，以下是韓茂林回憶中一段。

老縣長韓茂林年輕時是個好木匠

上面早定了一個模式，考察團按照模式考察

縣一中學生上街鬧了兩個大半天，不准他們鬧，他們就沒有鬧了。當時我也不曉得這叫麼「事件」。是事件平息了以後叫的。

對上面反映資訊的渠道，主要是兩條：一條是公安機關，縣公安局——地區公安處——省公安廳，縣公安局隨時要向上級機關報送情況；一條是黨委機關，縣委——地委——省委，隨時保持聯繫。他們怎麼向上報告的，我不清楚。當時在漢陽縣幫助工作的孝感地委秘書長受地委委託，在出事第二天就來縣委住下了，在這裏負責瞭解情況，進行指導。第三天（14日），他說上面來了指示，學生鬧事不是內部矛盾了，是「敵我性質」的矛盾。接著，他就到漢陽一中宣佈學生這次鬧事是「反革命事件」，要求學校師生都留在校內接受審查。6月15日，孝感專署副專員兼公安處長劉佑鈞來到漢陽縣，由他牽頭的地縣聯合考察團上百人當天就進駐了一中。我也是考察團主要負責人之一，但一縣之長，政務繁忙，只能掛個名。我很快又下鄉去了，抓防汛抗旱。考察團裏有三四個副團長，都是縣委委員，專門搞這個事。

　　考察團在一中搞了兩個多月。他們按照上面預先定下的「模式」，當作「反革命暴亂事件」、「小匈牙利事件」來落實材料。那個時候，左傾思想占上風，什麼事情都要用階級鬥爭的觀點去分析，國際上要和「匈波事件」聯繫起來看，國內要和「右派勢力」向黨進攻聯繫起來看，和敵對階級的人還在心不死聯繫起來看，把問題看得越「左」越好。預先定了那個「模式」，要硬往模式上套，我心裏覺得不對頭，但不敢說不對。地委有人在縣裏主持考察，公檢法都有人參加考察團，誰說了算？黨領導一切，聽黨指揮。縣法院院長對「主犯」王建國定罪量刑持有不同意見，後來還受了紀律處分。劉佑鈞是搞公安的，他比較重事實，但他也不敢明明白白地堅持實事求是，不然不好交差。

　　記得我與趙連吉在地區參加一個會，會議期間，考察團派人送來一個材料，那題目就寫著「反革命暴亂」，要趙書記在材料上簽字，好往省裏送；一層層往上報，最後送到北京董老那裏，朱筆一批，就沒得改了。

　　老縣長回憶說，對上面反映資訊是兩個渠道，有關公安系統的渠道，本書已有交待。

　　老縣長對劉佑鈞的評價道破了天機：「劉佑鈞是搞公安的，他比較重事實，但他也不敢明明白白地堅持實事求是，不然不好交差。」原來考察團上上下下都在忙著「交差」呀！

　　老縣長享受副專員級待遇，在蔡甸蓮花湖畔有個小院，小院內有一大間木工房，做木工活是他的健身之道，他在少年時節學過木工手藝。自家許多傢俱都是他的作品，還一批一批做木椅送人。

　　2005年他接受我採訪時說，東西湖區幾個漢陽一中學生請他吃飯，席間有人談及漢陽事件，「我臉上發燒，不光彩，影響別人一生。」他說：「最大的遺憾，就是一個叫楊煥堯的，說他燒水學生喝，把他槍斃了。王建國，一路搞土改，是個明白人。」可惜一個明白人死得不明白。

趙克艱的說法

趙克艱時任孝感地委秘書長，此前任漢陽縣委書記。漢陽事件發生時，他正好在漢陽縣指導防汛，就住在縣委大院裏，親眼目睹了學生衝擊縣委的情況，親自參與了事件的處理過程。1957年7月17日，中共孝感地委發文〈批轉趙克艱同志關於漢陽一中事件的情況報告〉，此件發至孝感地區各縣委並報省委。趙克艱後來任咸寧地委副書記。1985年8月8日，他在咸寧泉山賓館接受了複查組的調查，時年62歲，已經退下來了。

在他的談話的記錄裏，意味深長的是最後一句話。

看看他怎麼說吧：

> 趙：當時我在漢陽防汛，住在縣委。學生在縣委鬧時，我正在現場。韓茂林是縣長，書記是趙連吉。以後工人出面制止了。學生鬧時，我曾在樓上跟韓茂林說要王建國出面制止，趕緊把學生搞到學校去。工人來了後，把學生拉的拉，扯的扯。到了夜晚，當時弄得很緊張，當時縣委到學校去做了工作，〔學生〕把上官弄到學校去了。當時我瞭解了情況，還說有口號標語。
>
> 鬧事後，地委劉佑鈞帶隊去的，講話我好像是講了的。
>
> 是在學校講的。
>
> 我不記得哪一天了（指講話）。
>
> 當時跟地委怎麼聯繫的，記不清了，只曉得當時把這件事看得很嚴重，我在學校是講過話的。
>
> 問：14號在學校講了，晚上又在全縣廣播了，是縣委廣播的，都是同一天。
>
> 趙：我是到省裏彙報過一次的，但好像不會離鬧事只隔一天（14號）。當時組織了考察團，馬上進到學校去了，是地委劉佑鈞帶隊去的。

問：縣委研究時，您在不在？

趙：我在，縣委一個勁地研究，夜裏都在研究，都認為事情嚴重，當時認為是階級敵人挑起來的，我記得當時收集了一些標語、口號，搞得是很緊張，聽說是要搞爆炸，搶武裝部的槍，一夜都不敢睡覺。

趙：好像鬧事的當天就有這些謠言。當時我講話，可能是根據這些情況講的。

問：工人怎麼去的，知不知道？

趙：主要是要工人去平息學生鬧事，工人是組織去的。當時還聽說學生打傷了一些機關幹部。

問：你到省裏去彙報過一次，會不會是14號之前？

趙：恐怕不會那麼快。當時在學校講話的原話我記不清楚。

問：你的講話，講了鬧事的矛盾性質是敵我矛盾，這樣，14號縣委書記就向全縣廣播了。

問：當時對事件的定性，是哪一級研究定的？

趙：如果是14號宣佈事件的性質，那麼就可能是我們跟縣委研究定的，不可能跟省委彙報。跟地委也只是電話彙報。跟學生講話我記得是在學校裏講的。當時鬧了縣政府後，緊張了一夜，鬧了縣委會，緊張了一夜，兩夜我都在那裏。定調子是跟地委通電話或是跟省委通電話，我就記不清楚了。很可能是在縣委研究定的調子。

問：縣委當時肯定是研究了性質的，但地委是不是研究了的？

趙：記不清楚。學生第一天鬧政府時，我在縣委會，12號當天縣委研究時，我很可能參加了研究。

問：鬧事時王建國是不是在場？

趙：王建國在，是我們叫他出面制止學生鬧事，這個情節我記得清楚。

問：這次複查，我們首先就調查在鬧事前是不是存在以王建國為首的反革命集團，以及這次鬧事是不是這個反革命集團發動、操縱的。我們這次找您調查，主要是瞭解在當時宣佈敵我性質時，是

不是掌握了以上的情況。這個問題，請您再回憶回憶，如果有新
情況，可以再跟我們提供。

趙：當時跟省裏彙報過一次，這是記得清楚的。

問：跟省裏彙報時，縣裏去了人沒有？

趙：反正不止我一個人。

問：今天就談到這裏，有什麼情況，可以寫好了，寄到政法委員會。
您對一中事件有什麼看法？

趙：以前還想過，怎麼沒有人提出複查「漢陽事件」，我是想到了的。

最後一句話有意思吧。

「人心所歸，惟道與義。」

漢陽事件的複查問題，趙克艱「想過」了，「想到了」，說明他對此事
有過食寢難安的時候，說明他在反思這段不平常的歷史。誰走路一腳踩死幾
個螞蟻，誰也不會記得這件事，歷史也不會記載這件事。漢陽事件一案剎奪
了四個人的生命，歷史記載了這件事，遲早會有人翻閱這段歷史。

究竟誰為漢陽事件定性，儘管趙克艱有些記憶模糊，但他畢竟說出了關
鍵性的一句話：「定調子是跟地委通電話或是跟省委通電話，我就記不清楚
了。很可能是在縣委研究定的調子。」在縣委研究定調子之前，得到了大量
真真假假的情報。

李毅的說法

1985年8月21日，漢陽事件複查組一行多人向1957年漢陽事件考察團副
團長李毅進行調查。複查組成員有：李文學、吳洵松、謝傑民、黃仁賢、易
思泉、李海清。從這個陣容看出被調查人的重要性。謝傑民也是當年考察團
成員，李毅的部下。這年李毅已經56歲了，在湖北省農墾總公司工作。下面
是他們的談話內容。

李文學：①事件前一中是否存在以王建國為首的反革命集團？②當時材料（縣委報告）是如何形成的？③處理王建國縣法院提出不同意見，當時縣委又是如何討論決定的？

李　毅：發生漢陽事件，我本身不在家，正在孝感地區開審幹工作會議，聽到地區組織部副部長楊白明同志講一中學生鬧事，我在13日在地區往縣裏打電話，是姚明濤同志接的，我跟他講，審幹辦公室幹部不能出去，並要保護好檔案。我大約18號回縣，召集了審幹辦公室開會，傳達了會議精神。大約在20號就參加了考察團進駐一中。我回縣聽的第一個報告是地委韓治副書記作的。前面的情況不瞭解，報告的調子是：問題在學生身上，……當時劉佑鈞是考察團政委，韓縣長是團長，上官（明顯）和我是副團長。當時分工，上官負責老師工作，我負責學生工作，李德龍搞專案。

現在回顧起來，當時分工很細，團下面有組，工作抓的緊。劉佑鈞同志每天掌握碰頭彙報情況，學生鬧事我不瞭解，回來後聽同志們介紹，學生衝了縣委，嚴欣敏被打，要搶檔案，並聽說學生要占廣播站，劫監獄，情況是這樣，我是聽介紹的。當時組織整理材料上有分歧，當時中級法院有個庭長叫陳英敏，對落實材料有看法，後劉佑鈞把他調回去了。當時在處理上有爭議，總的來講，誰整理和誰交待的材料合乎領導的調子，劉佑鈞就講好，例如當張良紹交待了「詠荷茶樓會議」，劉認為合乎他的調子，他就講「交待得好」，並說過本該判死刑可以不判死刑。〔注：此話指對張良紹而言。〕在處理王建國的問題上，縣法院爭議比較大，法院王志成對處理王建國〔的意見〕有分歧，有一次在公安局研究案子，是白登坤通知我去的，我記得他們爭論其中一個問題是：王建國講他作的學代會報告是通過了韓建勳，韓講王的材料是通過我但沒照原稿講。他們爭論了半天，我去了一會就走了。我總的概念，當時的所有材料都是考察團碰

頭會上組織的。後就交法院審查辦理。我沒有直接找有關證
人當面談。

吳洵松：王（建國）在學代會報告中篡改了韓的報告內容以達到煽動
學生鬧事？

李　毅：我的記憶，當時為王的這個報告，張俊和王志成爭論較大，
爭論的中心也就是我前面講的，劉佑鈞當時講了這樣一句
話：「韓建勳完全被別人利用。」考察團當時也定了這樣個
調子，認為韓建勳被別人利用，不然他當時也會被處理，考
察團先搞的學代會，後搞的「詠荷茶樓」的問題。

吳洵松：胡平軒是因詠荷茶樓的問題，還是因升學比例搞出來的？

李　毅：胡平軒的問題主要在學生升學比例上搞出來的，可能當他講
了升學比例5%，因這點搞出來的。這個問題是不是張良紹揭
發的，我不太清楚。

易思泉：

李　毅：關於張良紹檢舉詠荷茶樓的問題，是在鬥爭張的鬥爭會上揭
發的。這個會我參加了。當時由上官局長掌握的會議，定
「漢陽事件」是反革命暴亂事件性質，是劉佑鈞由省裏回來
後傳達的。〔此處用紅筆批註「不對」兩字。〕

問　：

李　毅：我當時沒有看到原件，只看到打印的標語。

黃仁賢：《報告》〔考究團報告〕認定一中事件是以王建國為首的反
革命暴亂事件有何依據？

李　毅：我記憶中當時討論過這個問題。是不是有這件事，王建國等
是不是組織反革命集團我不太清楚。當時我沒有進考察團之
前，王建國還是考察團成員，我進去後王已反省，當時主要
因王參加過三青團和沒有入黨對黨不滿。

易思泉：你10月份作了反「右」的報告嗎？（出示報告原件以對筆
跡。）

李　毅：這次報告我作了。

黃仁賢：這麼講，事先一中不存在反革命集團？

李　毅：我的認為，當時處理這個問題，一存在左的東西，二存在組織材料上是靠碰頭，比較粗，比較急，碰一件材料就是一件材料。而是按劉佑鈞傳達地委省委的意見辦。

李　毅：只瞭解嚴欣敏被打了，其他的不太清楚。

李　毅：現場我不清楚，（當時）我在地委開會。我進考察團後也沒查，也沒有叫別人查。

吳洵松：報告中講學生捆了上官，上官現在講沒有捆，這類情況有出入？〔李毅在讀記錄時，把出入的「出」改為「曲」。〕

李　毅：這個情況應由上官負責，他當時還受到表揚，那他當時為什麼不講清楚呢？總的來講，開始的情況我不瞭解，後來我的分工搞學生工作，上官搞老師工作，對學生鬧的場面我不瞭解。

吳洵松：擬定報告，當時討論有沒有記錄？

李　毅：當時工作很緊張，天天碰頭，太頻繁，估計沒有什麼記錄。後來定性，處理具體那個人，我後段抓學校開學工作去了。對這類情況我沒有參加。就是張俊與王志成在那個問題爭論時我參加了。我們應該實事求是。〔最後一句話，是李毅的筆跡。〕

吳洵松：「漢陽事件」當時定為反革命暴亂，你現在怎麼認為？

李　毅：性質當時由上面定的，現在經複查，如事實有出入〔李毅改為「曲入」〕，有的不存在，應按黨的實事求是的政策辦事。當時就有的同志對這件事處理有分歧，當時（孝感地區）中級法院有個叫陳英敏庭長的對這件事的意見分歧較大，還受到劉佑鈞的批評，把他搞回單位去了。〔以下最後一句話是李毅的筆跡，〕應本著黨的實事求是的精神。

　　李毅在結束考察團工作之後，就任漢陽一中校長兼黨支部書記，不到一年時間又回到縣委組織部去了。我對這位校長一點印象都沒有。複查組副組長謝傑民曾是李毅的同事，謝老師說，在向李毅作調查時，李毅「怕得要

死,雙手不停地哆嗦」,謝老師就對他說,「我用政策和法律保護你。」當時有言在先,不追究過去的責任。李毅的兒子對原縣法院副院長史世恩說:「我父親內疚,對不起你們。」

毛澤東是不是介入了

我查閱過的資料,多稱漢陽事件一案的處理,經過了「御批」。1978年以後,漢陽事件涉案人員多次上訪上訴,各級法院的答覆都提到,此案為中央所定,只有中央表態才能重新審理。也有一些信息明確寫到,漢陽事件之所以遲遲不能平反,其原因也在於經過了「御批」。

對於漢陽事件的處理,毛澤東是不是介入了,我們只能從一些信息進行推測。

新華通訊社辦的《內部參考》,通常稱之為「大參考」,山西學者〔現為廈門大學教授〕謝泳在〈「漢陽事件」與現代新聞制度〉一文中寫道:「新華社的內參是當時高層決策的主要資訊來源,毛澤東對此就非常重視,這個傳統一直保留到今天。」新華社記者孫玉昌、曲一凡的兩篇關於漢陽事件的內參稿,分別是2237期、2263期的頭條,標題赫然寫著「暴動」二字,毛澤東不會不看吧?

作家權延赤寫了一本《毛澤東與赫魯雪夫——1957～1959年中蘇關係記實》,吉林人民出版社1989年10月出了第一版,到2004年1月,內蒙古人民出版社又將它作為《權延赤文集》中的一卷再版。這本書開頭用意識流的筆法,寫了毛澤東在1957年6月間的心理歷程。他寫道,在毛澤東的大床上,「堆有一尺高的書籍和上下散亂地放著大量文件和材料。」

清明以後,沒有春寒,這些文件材料卻如雪片般從全國各地飄來北京。有各級黨組織的彙報、呼喚、甚至是告急。有對共產黨進行批評的言論彙編,又和許多誣衊性語言,甚至是要求排斥和推翻共產黨領導的言論編輯在了一冊中。

文章中的「雪片」，成為一個意象，隨後再次出現。

　　毛澤東一生未曾停止發動運動。
　　全國都在大鳴大放、大字報、大辯論……〔這句話有語病，「大字報」不能與前面的「都在」搭配。〕
　　驀地，毛澤東掀起眼簾，目光從那堆積桌案和床鋪上的「雪片」一掠而過。
　　旋即合上眼。
　　鳴放和辯論者中，有人不滿足於批評個別弊病，而是對整個社會主義制度的基本原則發起了挑戰！特別是武漢發生的規模不小的學生示威遊行，竟呼喊出「歡迎國民黨！」，「歡迎蔣介石！」比匈牙利事件的規模小，性質卻更加惡劣。匈牙利還沒人喊「歡迎法西斯」「歡迎霍爾蒂」！
　　我有言在先，在這個制度下！在這個制度下，人民享受著廣泛的民主和自由。
　　可是，他們矛頭所向恰恰是這個制度！看來，搞了鎮壓反革命運動並不會一勞永逸，他們人還在，心不死，而且還會有新的資產階級右派分子不斷產生……

從這段行文看，漢陽事件這個「雪片」，是飄到了毛澤東面前。

毛澤東已經聽到了武漢附近學生遊行示威的所謂「反動口號」聲。

毛澤東的眼簾如何掀起，如何合上，權延赤彷彿身臨其境，親眼所見。我這裏不對這種筆法加以評判。我只是覺得權先生如果再多寫幾句就好了。

漢陽縣公安局幹部賈明光，當時受命前往北京，向最高人民法院呈送漢陽事件三個死刑案卷。他在回憶中談到：「王建國的材料，高級法院整理了一下，就送給彭真同志，當時毛董在青島，董回後與彭真研究就批了。」

董必武提前離開青島，毛澤東當然應該知道，董必武提前回京的原因，毛澤東也應該知道。不過，這樣說僅僅只是推測，推測不能代替文獻資料。總會有一天，這樣的文獻資料，會大白天下。

賈明光說，「去北京一回，沒有打回來。我當時回來說過這樣一句話，最高人民法院辦案的人說，王建國的材料不扎實。在那裏等消息，等了一個多禮拜，等彭真批。因為王建國是校長，楊煥堯是民主人士，要彭批。董老在北戴河休養，牽涉到毛主席曉得這個事。我回來說最高人民法院辦案的人說王建國的材料不扎實，就為這句話要定我右派。」

正是權延赤說的那些雪片，使毛澤東的注意力，投向了國內動盪不安的形勢。

1957年元月，毛澤東在省市自治區黨委書記會議上，有過幾次這樣的講話。1月18日，他說：「在學校裏頭也出了問題，好些地方學生鬧事。石家莊一個學校，有一部分畢業生暫時不能就業，學習要延長一年，引起學生不滿。少數反革命分子乘機進行煽動，組織示威遊行，說是要奪取石家莊廣播電臺，宣佈來一個『匈牙利』。」1月27日，他再次說：「對於少數人鬧事，第一條是不提倡，第二條是有人硬要鬧就讓他鬧。我們憲法上規定有遊行、示威自由，沒有規定罷工自由，但是也沒有禁止，所以罷工並不違反憲法。有人要罷工，要請願，你硬要去阻止，那不好。我看，誰想鬧誰就鬧，想鬧多久就鬧多久，一個月不夠就兩個月，總之沒有鬧夠就不收場。你急於收場，總有一天他還是要鬧。」同時又說，「除了大規模的真正的反革命暴亂必須鎮壓以外，不要輕易使用武力，不要開槍。段祺瑞搞的『三一八慘案』，就是用開槍的辦法，結果把自己打倒了。我們不能學段祺瑞的辦法。」

毛澤東的講話，常常充滿幽默感，充滿大家氣度。「我看，誰想鬧誰就鬧，想鬧多久就鬧多久，一個月不夠就兩個月，總之沒有鬧夠就不收場。」可是，真要有人鬧起來，用我們漢陽話說，那就不好下地了。漢陽事件才鬧了一天半呢！

毛澤東講到了憲法有關遊行示威的規定。1954年9月21日誕生的《中華人民共和國憲法》，第三章為公民的基本權利和義務，其中第八十七條規

定：「中華人民共和國公民有言論、出版、集會、結社、遊行、示威的自由。國家供給必需的物資上的便利，以保證公民享受這些自由。」當年漢陽一中學生，都接受過憲法教育，具備一定的憲法知識。但是，正是這種憲法意識，使他們產生了天真的錯覺，為升學而走上街頭，進行行使民主權利的大膽演習。

毛澤東說過了，學生鬧事，不要動用武力，不能學段祺瑞。而在漢陽事件中，手無寸鐵的學生，僅僅只是在機關內鬧了一下，中共漢陽縣委就調集數百名工人還有農民介入，並且在某種程度上使用了武力。應該說學生受委屈了，但是，卻要承擔政治責任。

1957年7月17日至21日，中央在青島召開了全國省市長會議。毛澤東在7月17日的講話中，對國內形勢做出非常嚴峻的估計：

> 反革命搞得厲害的地方，要鎮壓。肅反不徹底的，要殺一些人。少殺不是不殺，殺少數人是完全必要的。浙江仙居、臨海兩縣，合作社解散百分之八十。每年準備一百萬人鬧事，或者還要準備多一點。
>
> 河南長葛修飛機場趕走農民，打傷4人，這是國民黨作風殘餘。有些國民黨作風殘餘的，是合乎實際的，一定要整好，雖然是經過一個過程才能徹底整好。要想一次徹底整好，一勞永逸，我才不信。現在要把鬧事的數目擴大一點，六億人民每年準備要三百萬人鬧事，百分之零點五的人鬧事，經過幾年右派一鬧，我們摸了底，就不怕了。過渡時期有個不穩定的時間，再有五年半能把社會秩序大體穩定下來，就是好的。總要相信群眾的絕大多數。

在毛澤東的同一次講話中，對全國可能鬧事的人數，從一百萬人陡然增至三百萬人。我翻閱了當年幾個月的報紙，披露全國各地的反革命案件一個接一個。不排除有真正的反革命集團的活動，也有的就是殺幾頭耕牛之類的事情。

這個講話明確講到，「肅反不徹底的，要殺一些人。少殺不是不殺，殺少數人是完全必要的。」這可是處理漢陽事件的一個政策依據。

張戎、喬・哈利戴的中文版《毛澤東：鮮為人知的故事》（香港開放出版社2006年9月出版）寫道：

> 殺人是為了殺一儆百。湖北省漢陽縣的三名教師、圖書管理員為此倒在刑場上。他們的罪名是煽動漢陽一中的學生鬧事。這個縣城的初中生罷課並上街遊行，抗議教育經費又要縮減，嚴重影響農村，「二十個初中畢業生中，只有一個能升入高中」。他們要求擴大招生比例，縮小城鄉差別。這一事件被定性為「小匈牙利事件」，全國報紙都刊登了對他們的死刑判決。可以肯定，死刑是毛澤東一錘定音，他在宣佈死刑的頭一天（九月五日）到達武漢。他來之前，當地法院對是否判死刑意見不一。〔此處有刪節〕「小匈牙利事件」的鎮壓就是為了防備憤怒的星星之火形成燎原烈焰。

遺憾的是，這段敘述文字不準確，從字面上看似乎三個死刑的判決，是毛澤東到達武漢後才「一錘定音」。本書前文已經交代，漢陽縣如何派遣賈明光到最高人民法院呈送案卷，最高人民法院如何判決，賈明光如何回到漢陽縣，這裏就不再重複了。

毛澤東到南方視察反右鬥爭情況，1957年9月3日從北京出發，當日到達邯鄲，次日到達鄭州，乘飛機到達武漢。9月7日到達長沙。

9月7日，武漢出版的報紙，刊登了9月6日處決漢陽事件三名「要犯」的消息。其中一張大報，登載了最高人民法院的判決書全文。

新聞人推波助瀾難辭其咎

我想再一次提出這樣一個問題：誰為漢陽事件定性？

一群新聞人推波助瀾的作用絕對不能小視。

當然，所有記者的報導，都離不開考察團提供的材料。作為新聞人起碼的責任，應該對這些材料進行篩選甄別，應該有一個去粗取精、去偽存真的過程。而當時所有新聞人，無一例外地全方位地配合考察團工作，這樣所起到的配合作用，只能是使這群頭腦發熱的人的頭腦更加發熱，其結果是眼睜睜地看著無辜者的人頭落地。

從三個名詞看新聞報導的常識性失誤

有關漢陽事件的新聞報導，至少犯了一個濫用名詞的錯誤。

看看對事件性質界定的用詞。

新華社記者孫玉昌，是最早報導漢陽事件的記者，《內部參考》2237期刊登他的稿件時，所用標題是〈漢陽縣發生一次暴動性的中學生鬧事事件〉。把這篇報導輸入電腦之後，我發現一個值得注意的問題，在正文中卻「查找」不到「暴動」兩個字。

那麼，標題上的「暴動性」幾個字，源自何人之手？

我以往的經驗是，新華社記者向總社發稿，一般都沒有標題。由總社發出的電訊稿，一般也沒有標題，各個報紙採用時所擬標題，往往突出不同的側重點。難道說，孫玉昌的內參稿標題，包括那個「暴動性」的用詞，也是《內部參考》編輯時加上去的？

《內部參考》2263期刊用曲一凡的報導，標題為〈漢陽縣第一中學暴動事件詳細情況〉，這個「暴動事件」的提法，在導語裏又寫成「暴亂事件」。我見過這篇報導的另一個版本，原電頭是：「新華社湖北分社七月二日訊　內部參考：漢陽縣第一中學學生與教員鬧事並進行反黨、反蘇宣傳及破壞活動的真相。」這個電頭像一個標題，這裏將漢陽事件稱為「學生與教員鬧事」。它的導語寫道：「爆發了一次近千名學生和部分教員的罷課、遊行示威、搗毀縣委、政府機關，捆綁和毆打機關幹部、工人的騷亂事件。」請注意，這裏寫的「騷亂事件」，到了《內部參考》2263期上，變成了「暴亂事件」。

新華社武漢8月5日的電訊稿，是有關漢陽事件的公開報導，《人民日報》、《湖北日報》等報紙採用時，將漢陽事件統統稱為「暴亂事件」。

到8月7日，《湖北日報》記者江石、麥漸的報導〈王建國等反革命集團製造漢陽暴亂事件始末〉，稱漢陽事件為「有組織有計劃的暴動事件」「六‧一二暴動事件」。

什麼是騷亂？什麼是暴亂？什麼是暴動？

《現代漢語規範詞典》2004年月1月第一版解釋如下：

騷亂　指混亂不安的局面。

暴亂　破壞社會正常秩序的武裝騷動。

暴動　為反抗當時的政權和政治制度而採取的集團武裝行動。

顯然，無論是暴亂，還是暴動，都是一種武裝行動。漢陽一中參與遊行的學生，既沒有攜帶槍械，也沒有揮舞棍棒，這算哪門子的暴亂或暴動？

《辭海》2002年1月第一版，只收錄暴動一詞：

> 暴動　突然發起的有組織的暴力行動。有不同的性質。革命暴動即武
> 　　　裝起義，是革命人民經過秘密籌畫，組織力量，突然發動的武
> 　　　裝鬥爭，以打擊反動統治階級或外國侵略者。反革命暴動即武
> 　　　裝叛亂，是被推翻的反動統治階級為了復辟或搞亂，經過陰謀
> 　　　策劃而發動的武裝行動。

再看看早一些年的辭書。商務印書館《四角號碼新詞典》1950年初版，1962年上海第30次印刷的版本上解釋：

> 暴動　群眾用武力奪取政權，或為達到某種目的，而與統治者正面搏
> 　　　鬥的直接行動。

看看，暴動是一種暴力行動。手無寸鐵的漢陽一中學生，到了縣人委會、縣委會，有些過激的行動，損毀了一些公物，但並沒有主動向幹部出擊，更沒有武裝的行動發生。他們既沒有佔領縣人委會，也沒有佔領縣委會，這怎麼能用得上「暴動」一詞呢？

我手頭有更早的一個辭書版本，商務印書館《辭源》，因為缺下冊，看不到版權頁，不知道具體出版時間。不過可以肯定，這個繁體直排本，為1949年前的版本。看看它的解釋：

> 暴動　聚集眾人，為非法之舉動。如罷市鬧散放火劫獄等事皆是。

漢陽一中學生，一沒有放火，二沒有劫獄，這叫什麼「暴動」？

所有參與漢陽事件報導的新聞人，所有與漢陽事件相關社論的撰稿人，都是國家的文化精英，我相信沒有哪一位不知道騷亂、暴亂、暴動的詞義，不懂得它們之間存在的差異，我也相信沒有哪一位不知道以暴亂或暴動論處，將會給無辜的被告帶來怎樣的後果。然而，他們在常識面前，要麼選擇回避，要麼執意挑戰，全然不考慮他們的行文要不要接受歷史的檢驗。

假話玷污新聞職業的操守

誘發漢陽事件的導火線,是一位老師在課堂上說了當年升學率為5%,另一位老師也向本班學生說過升學率為5%,兩位老師的消息來源是《教師報》。年初孝感地區文教局發佈招生計畫也是5%。兩位老師向學生傳達這個資訊的目的,是為了激勵學生加緊復習功課。無論兩位老師的說法引起什麼後果,都不能認定為「傳播謠言」。這應該是基本的常識性的判斷。

為什麼所有參與報導的記者,眾口一詞地誣指兩位老師是「傳播謠言」呢?

明知是「非謠言」,卻指認為「傳播謠言」,屬於什麼性質的問題?這才叫做「製造謠言」。

漢陽縣公安局1957年8月25日出爐的偵察報告,結論是「燒電廠、搶倉庫、劫監獄、放犯人」是「街上的謠傳」。為什麼8月30日的考察報告,照樣把這些「街上的謠傳」當做犯罪事實寫進去呢?其中有一個原因是,報紙已經把這些「街上的謠傳」當做了事實,以新聞輿論的形式確認了。覆水難收呀。不將錯就錯地搞下去,就收不了場。

縣公安局確認「燒電廠、搶倉庫、劫監獄、放犯人」是「街上的謠傳」之後,沒有一位記者,沒有一家新聞單位,站出來澄清事實。所有相關新聞人一方面對此保持沉默,一任那些以訛傳訛的「謠傳」繼續傳播。

更為莫明其妙的是,一些報紙在發表的通訊、社論中,批判王建國的言論:「學生的前途就是六個字:金錢、名譽、地位!」這太離譜了。把當事人批判的思想,當做當事人自己的思想,這種斷章取義、強加於人的伎倆,實在有損於一個新聞人的人格。當時的報紙說青年學生被這六個字所「迷惑」,如此說法,看來不僅是對王建國人格的侮辱,也是對漢陽一中全體師生智力的蔑視。難道漢陽一中師生連這樣的無稽之談都不能識別嗎?

有關漢陽事件的假新聞、假輿論散佈全國,蒙蔽了許許多多善良的人,不少人真以為漢陽一中發動了反革命暴亂。當時,全國從各地向漢陽縣發來

近百封信，聲援漢陽縣人民委員會，支持鎮壓肇事的主謀。在近百件聲援信中，接近半數發自外省外縣，他們不可能知道事件真相。

作為一個新聞人，應該成為代表社會良知的發言人，應該是用正常思維思考問題的人。不要寫那些太離譜了的東西，不要以為讀者是可以被愚弄的，不要以為今天混得一碗飯吃，就不管明天有沒有人指背脊骨。你不敢說真話，但可以不說假話。

所有新聞人，我們全民族，都應該鄙視謊言。

世界有必要建立一個謊言資料庫，收集各種職業從業者的謊言，分門別類便於檢索。（善意謊言除外，愚人節戲言除外。）

英雄可以製造出來

初三（1）班劉發達，聰慧過人，品學兼優，卻被一張報紙弄得他厄運臨頭。

暑假期間，他與同班同學李行楚留校護校，李行楚是分團支部書記。

8月14日，一位同學送來當天的《湖北日報》：「劉發達，你看，報上有你的名字！」

這是一篇歌頌李行楚的通訊〈疾風中的勁草〉，劉發達趕緊找到自己的名字：

> 大概是罷課委員會的鬧事頭子們看中了李行楚，怕他削弱了他們的鬧事力量吧，因此就想利用他，收買他，叫他班上鬧事積極分子劉發達去動員李行楚當向省請願代表或者下鄉宣傳組長，李行楚感到這是莫大的侮辱，他當場就給劉發達頂回去說：「我絕對不當這些鬼代表，對黨不利的事打死我也不幹！」

《湖北日報》8月7日發表的〈王建國等反革命集團製造漢陽暴亂事件始末〉，已經寫到上述相關內容，不過沒提到劉發達的名字。李行楚所謂保護

檔案的事蹟被大大渲染了，成了疾風中的勁草，劉發達成了陪襯英雄的反面人物——「鬧事的積極分子」。

前來通報的同學提醒道：「你這個事蠻嚴重呢。」

當然嚴重呀。漢陽事件被判定為反革命暴亂，「鬧事的積極分子」，豈不就是參與暴亂的積極分子！劉發達頓時如五雷轟頂。

劉發達作文寫得好，常被老師拿到鄰班去唸，學潮期間有人鼓動劉發達寫告全國同胞書，他沒有寫。同學們提名他當請願代表，他沒有當。全班同學提名李行楚。這事與劉發達沒有什麼關係。過了兩天，劉發達給報社寫信，反映真實情況，罷課期間與李行楚都在一起，證明自己沒有犯錯誤。這樣的信件，一般都會石沉大海。

到了8月底，馬上就要開學了，劉發達升學無望，回到自己的家鄉。

隨著英雄的名聲越來越大，劉發達的日子越來越不好過。

高中部同學陳榮權奉命寫了一部四幕歌劇——《暴風雨中的雄鷹》，在本縣隆重上演，李行楚就是暴風雨中的雄鷹。

網上可以查到這樣一個書名——《在反右派鬥爭中吸取教訓——記黨的捍衛者和青年的敗類》，1957年中國青年出版社出版的這本書裏，漢陽一中初中畢業生李行楚，作為一個年齡最小的「捍衛者」，與清華、北大、武大、北航以及全國其他高校的「捍衛者」齊名。

當時保護檔案的同學有好幾位，李行楚幸運地成為一個英雄，這當然不是他自己的過錯。

但是，相關報刊為了塑造這樣的一個正面典型，可謂挖空心思，甚至不惜用其他同學莫須有的事情做反面陪襯。

周秉賢身為共產黨員，共青團漢陽縣委委員，漢陽一中團總支書記。在他還沒有被處分時，報社女記者找他瞭解情況，要他介紹事件中表現好的學生，周秉賢隨口回答「沒有哪個好的」，女記者說：「矮子裏頭找長子嘛。」周秉賢介紹李行楚，他是吃甲等助學金的。周秉賢說，沒想到登在報上的〈疾風中的勁草〉，寫些「無中生有」的東西。

當年李行楚在學潮中表現究竟如何呢？

看看他自己的檢討書吧。

工人在我們學校打人時，我班錢宏毅同學被工人所捉，後被放，於是他到了教室放聲大哭，又聽說個別老師被打了，同學們這時驚驚慌慌，當時我的思想不冷靜，不能三思而後行，我被當時的這種現象模糊，我想，那些毆打幹部，損壞公物，不聽別人說理的同學，應該打，是打得對的，但是錢宏毅和其他的個別同學，他們在當中並沒有亂搞、亂鬧，他們又沒有什麼罪，又為什麼被工人所打呢？尤其是我們的老師，被他們打了，我更是對當時打人的工人不滿，當時思想一時衝動，於是寫了二百字左右的文章，題目是〈你們為什麼不跟我們講理〉，內容：主要是說工人的年齡大些，社會知識比我們強，我們學生有錯誤，應該給我們講理，不應該打我們。尤其是沒有鬧事的同學，以及老師，他們沒有錯誤和罪，為什麼打他們呢？老實說，我當時對打老師和未鬧事的同學確實有點不滿，到以後我吃了飯想到是否寄走，我到辦工〔公〕樓去，同學們把樓圍住了，要打周老師，我不能上去，於是一出辦工〔公〕樓，在門前會見了我班的一位走讀同學，於是主觀的把稿給他帶到郵局去發到《長江日報》去了，到晚上我睡在床上想起來了不應該寫的，更不應該寄出去的，知道自己錯了，盲目犯了自由主義，不知道當時工人的心情，和同學們不講理的情況，如〔於〕是自己責備自己，自己有些不好過，直到以後我主動向班主任講了，今天我也給組織談了，我覺得現在〔有〕再一次向組織談的必要，因為這次對我的教訓很大，所以我要再次的向組織交代。

檢討人　李行楚

幾天來〔團縣委〕楊書記和周〔秉賢〕老師叫我在裏面瞭解情況，雖我在寫稿時一時思想有些模糊，但我始終是對當時同學們的作法不滿，當然我也是同學仇恨的，幾天雖因老師與我隔絕，我有些情況沒有即時彙報，現在我還記著得，希有時間叫我談談。

李行楚同情被工人毆打的同學，還向報社寫文章反映真實情況，證明他是一位有良知的青年。他當時的檢討，也是無奈之舉。在報紙報導他的事蹟之前，他也不知道自己是什麼結局。他在小心翼翼地爭取過關。

當時向報社寫這樣的信件，被認為是一種嚴重錯誤，不知道為什麼，考察團對此忽略不計，新聞記者對此裝作不知，照樣讓他當上了英雄。

讓李行楚當上英雄應該是時政的需要，而點名道姓地拉出一個劉發達來做陪襯，既有違新聞的真實性，也有違新聞人的職業道德。給「勁草」李行楚當反襯的還有一位，被稱之為「班上鬧事最積極的侯乾正」。不是侯乾正，應為厚乾正。順便說一句，在相關報導中，寫錯姓名者比比皆是。他在十堰二汽工作年年評上先進，叫他入黨他不寫申請，總說自己不夠條件，其真實原因是怕查出漢陽一中的老賬。他已經改名為厚幹止。

李行楚經過考察團的教化，開始用所謂階級鬥爭觀念看問題。譬如，鄒振鉅看到學生的過激行為，感到痛心不已，在大街上落淚，對此李行楚批判道：「以王建國為首的宗派集團分子鄒振鉅，花樣巧妙，在13日那天，在街上假惺惺的哭，是何用意？」李行楚完全掌握了批判語言的一般格式，學會了在人名前面加定語，學會了「透過現象看本質」，學會使用詰問句。原來，只要昧著良心說話，這種批判格式並不難學。在人人過關的漢陽一中師生中，李行楚贏得了一份最滿意的政治結論。

在他的政治結論卡片上寫道：

姓名：李行楚　三（1）班分團支部書記

成分：

鬧事中的表現：在事件中能堅持真理，（中間劃去兩行）不同流合污。

運動中的表現：該同學思想進步，在運動中能犧牲個人利益，放棄自習
　　　　　　來協助考察團工作，從始至終沒有叫聲怨，總是積極揭發檢舉，
　　　　　　大膽向敵人鬥爭，又能展開批評與自我批評，群眾中有威信。

備考：本人孤兒，在土改中跟著姑母劃的成分是貧農。

在當年升學率極低的情況下，李行楚如願以償地升上本校高中部，後來順利升上武漢大學哲學系。大學畢業之後，李行楚在國務院文化部工作，文革期間隨同文化部及其直屬部門的精英們，被打發到湖北咸寧向陽湖五七幹校勞動。

我的朋友李城外，是研究向陽湖五七幹校的專家，他編纂的《向陽情結——文化名人與咸寧》一書，有佟韋寫的〈向陽湖裏向陽人——周巍峙在咸寧〉。我在這篇文章裏搜索到李行楚的大名。

> 一場批鬥「五一六」頭頭的鬧劇收場了，但一切抓「五一六」的真相也就大白於向陽湖。被連裏非法關押著的蔡岐青、張庸、李行楚等同志，都回到我們中間。大家勞動著，一有機會就描繪這場鬧劇，真是大快人心。

我在這段文字中，讀出了一個新的李行楚，他「回到我們中間」。

武漢市蔡甸區編纂的《人才覓蹤》一書中，李行楚的職務是文物處處長，另一資料說是文化部辦公廳主任。1976年唐山地震之後，中國文聯、中國作協在文化部大院內的地震棚內辦公，持續了很長時間。上世紀90年代我到那裏辦事，就聽說李行楚已經去世，真乃英年早逝。

新聞人的人格良心與現代新聞制度

網上天涯社區有「一則丟盡中國老臉的新聞」，提要寫著「8月8日的《人民日報》發表了該報記者曹葆銘採寫的……」打開一看，令人啼笑皆非，原來是一位山區大娘到天安門的感想。曹葆銘當年採寫的一篇通訊，怎麼會同「一則丟盡中國老臉的新聞」聯繫在一起呢？

1957年8月8日，《人民日報》刊登了記者曹葆銘的長篇專稿〈馬哲民策動的「小匈牙利事件」〉，副標題為〈漢陽縣第一中學事件真相〉。這個報

導的導語技高一籌，已經到了十分滑稽的程度。讓我另起一行，更醒目地呈現在讀者面前：

> 6月12、13日，在章羅聯盟駐武漢的大員馬哲民策動下，以漢陽縣民主黨派聯合小組長、民盟盟員楊煥堯和民主黨派發展對象、漢陽縣一中副校長王建國為首的反革命集團，在漢陽縣機關所在地蔡甸鎮製造了一次他們自稱的「小匈牙利事件」。他們利用漢陽縣一中學生要求升學而又缺乏政治經驗的弱點，組織了八百多名學生罷課遊行，搗毀縣人民委員會和中共縣委機關，捆架和毆打幹部。他們還圖謀打電廠、搶軍火、劫監獄，擴大事件。

厲害吧！用新聞的職業眼光看，這個導語寫得夠有水平了，只可惜它所濃縮的全部事實，或誇大其詞，或子虛烏有，與事實真相相去甚遠。它應該是中國新聞史上最不能經受歷史檢驗的一例。

楊煥堯不過是一個民盟基層成員，王建國並不是他的發展對象，他也不是湖北民盟主委馬哲民的親信，更與章羅聯盟八杆子搭不著邊，漢陽事件怎麼可以上掛下聯成了「在章羅聯盟駐武漢的大員馬哲民策動下」的一個事件呢？中國的新聞人以及寫手們，別再幹這種貽笑大方的事情了。

曹葆銘何許人也？他是四川樂山人，出生於書香門第，家學淵源深厚，其胞兄為著名翻譯家、詩人曹葆華。1946年，就讀燕京大學新聞系期間，根據中國共產黨的決定，棄學到重慶《新華日報》工作，同年加入中國共產黨。1947年2月底，《新華日報》突然被國民黨查封，他正值夜班編新聞版。在軍警持槍包圍報社的緊急時刻，毫無畏懼地堅守崗位，把最後一期報紙編了出來。3月初由重慶撤回延安。

曹葆銘多年在武漢新聞界工作，出色地採寫過許多有影響力的報導，漢陽事件期間任職於人民日報駐武漢記者站。

筆者在陸軍五十一師擔任過幾年新聞幹事，1970年曾被借調到新華社湖北分社工作，湖北分社當時在漢口南京路。這裏還掛著人民日報社駐湖北記者站的牌子，實為一套班子。有一天站在分社門口，有人指著樓上一扇

窗戶說，原來的社長曹葆銘就死在那個房間，令我
們唏噓不已。（當時我完全不知道他報導過漢陽事
件。）時值文革期間，那個日子是1967年2月2日，
曹公被迫自戕時年41歲。

曹葆銘一表人才

38年後，曹葆銘的老同事郭萬里、田莊、羅
重璋著文，緬懷這位新聞界的先賢：「他高尚的品
德、樸實的作風、拼搏的精神都一直感染、激勵和
教育著我們。他是我們的好領導、好老師、好兄
長。可惜他逝去的太早、太冤、太慘。每念及此，
我們猶心有餘痛，悲傷難抑。」

讓我們按下對曹公的緬懷之情不表，我們來探討一個問題，一位這麼優
秀的新聞前輩，怎麼會寫出一篇讓今人反思的新聞通訊？

我現在要搬出謝泳的〈「漢陽事件」與現代新聞制度〉了。他提到湖南
朱正在《同舟共濟》雜誌上發表的一篇文章，「批評當年《人民日報》的一
位記者在『漢陽事件』中所寫出的不實報導，他特別提到了一個記者的人格
和良心問題」。謝泳寫道：

> 這個被視為「小匈牙利事件」的「漢陽事件」所以能成為一件冤
> 案，固然與1957年夏天的形勢有關，但與我們的新聞制度和新聞從業
> 人員的人格與良心確有極大關係。我一想到這裏，就對當年的新聞記
> 者有一種說不出的感覺，更對沒有現代新聞制度感到悲哀。要知道，
> 一件由正常的升學矛盾而最終導致三個正在壯年的中學教師被槍決，
> 這不是一件小事，人命關天，世間還有比這更大的事嗎？「漢陽事
> 件」的發生，是一個時代的悲劇，死者長已矣，我們還活著的人，特
> 別是新聞從業者，應當從這一事件中想到，一個沒有現代新聞制度的
> 時代，記者的筆是很容易殺人的。

是啊，「一個沒有現代新聞制度的時代，記者的筆是很容易殺人的。」
謝泳寫道：

「漢陽事件」的事後分析證明，現代新聞制度比現代新聞記者更重要，有了現代新聞制度，才能有現代新聞記者，沒有制度，光有記者的人格和良心也是靠不住的。

在我讀到的有關漢陽事件的所有新聞稿中，只有曹葆銘先生的文稿少有錯別字，人名大體沒有差錯。但願曹葆銘先生的一次失誤，不會毀了他的一世清名。至於其他文稿，恕我直言，僅人名就錯得一塌糊塗，一看就知道是沒搞清白就寫，寫出來就發表了。

中國漢代遺存的三大頌碑之一的《西狹頌》寫道：「強不暴寡，知不詐愚。」怎麼能夠隨便糊弄天下百姓呢？

漢陽事件在境外海外的影響

漢陽事件在國內外造成非常廣泛的影響。新華通訊社,從中央到地方各大報刊,紛紛連續發表消息、通訊、社論。中央新聞紀錄電影製片廠攝製了《鐵證》,在全國放映。湖北省孝感專員行署文教局印製小冊子,在全地區學校廣為散發。如此大的宣傳聲勢,必然引起境外海外的注意。關注這一事件的,有社會主義陣營國家的政要,有西方國家的團體和媒體。表現得最為活躍的,是臺灣當局以及一些好事者,彷彿他們所盼望的中國大陸變天的時刻到了。

一本記載謊言的文集

　　僑居美國的胡適也關注過漢陽事件。湖南學者朱正讀《胡適全集》(安徽教育出版社2003年版)第34卷看到,胡適1957年9月8日的日記,內容只是英文報紙一則消息的標題:

10,000 See 3 Executed In China
〔萬名中國人觀看三人被處決〕

日记 1957 年 ・479・

1957 年 8 月 30 日

写长信给雷儆寰，劝他们切不可轻信流言，说胡适之可以出来领导一个反对党。

1957 年 8 月 31 日

打第四针。

1957 年 9 月 8 日

10,000 See 3 Executed In China ①
〔万名中国人观看三人被处决〕

---

① 这是原附一则英文剪报的标题。该文主要内容为：9 月 7 日，中国报纸报道，学生骚乱的三位首领昨天在万人群众大会上被判处死刑。其他四名首领被判处 5 至 15 年徒刑。6 月 12 日和 13 日，在衡阳，1000 多名学生发生了反对政府的骚乱和示威活动。报道说，"反革命分子"已被逮捕。他们曾煽动学生捣毁当地共产党办公机构，绑架主要领导。本日日记仅附此则剪报，无报名及日期。从略。——编者

《胡適全集》第34卷第479頁

頁末注釋：

　　這是原附一則英文剪報的標題。該文主要內容為：9月7日，中國報紙報導，學生騷亂的三位首領昨天在萬人群眾大會上被判處死刑。其他四名首領被判處5至15年徒刑。6月12日和13日，在衡陽，1000多名學生發生了反對政府的騷亂和示威活動。報導說，「反革命分子」已被逮捕。他們曾煽動學生搗毀當地共產黨辦公機構，綁架主要領導。本日日記僅附此則剪報，無報名及日期。從略。——編者

朱正發現注釋中把「漢陽」誤寫成「衡陽」。

社會主義陣營關注漢陽事件

　　被稱為小匈牙利事件的漢陽事件，引起社會主義國家的普遍關注，而匈牙利社會主義工人黨對這一事件尤為在意。匈牙利在1956年10月至11月間發生的動亂，使國家機器陷於癱瘓狀態，造成了流血衝突，其損失慘重。而漢陽事件，說是一場反革命暴亂，歷時僅一天半，第三天就平息了。整個事件只用了3顆子彈就解決了問題。匈牙利社會主義工人黨對此當然自愧弗如。1957年9月30日的《人民日報》，發表了匈牙利社會主義工人黨中央委員會書記基什‧卡羅伊的長篇文章〈裴多菲俱樂部與匈牙利反革命〉。文章開頭寫道：「除蘇聯共產黨而外，匈牙利共產黨人最感興趣的是另一個最偉大兄弟黨，中國共產黨如何發展與加強。六億中國人民的領導力量的加強不但對中華人民共和國的發展而且對世界共產主義及整個工人運動的發展，對世界局勢的形成及和平力量的增長都有著極大的影響。因此，我們深切地注意著中國右派分子危險的活動，以及為兄弟的中國共產黨所進行的揭露右派分子有害的反黨活動的堅決而有效的鬥爭而高興，是完全可以理解的。」

　　也就在1957年9月間，匈牙利黨的代表團，到武漢進行了秘密訪問。漢陽一中參加會見的有新校長李毅，學校團委書記謝傑民。前者原是漢陽縣委組織副部長，考察團副團長，後者原為考察團成員。會見在漢口璇宮飯店進行。李毅平時並無抽煙習慣，那天因為實在太緊張了，把大前門香煙一支接一支地抽，每支煙不等抽完，就把長長的煙蒂在茶几上按滅，木質茶几上留下了一個個烙痕。飯店服務員發覺了，要求賠償。璇宮飯店，是漢口的一家老飯店，共和國誕生之後，成為最早接待外賓的飯店。李毅當時雖然是個官員，但那時當官的貪污受賄者極少，他哪有錢賠得起？謝傑民只好找飯店經理說情，算是免了。

　　次年，1958年8月28日，朝鮮元首金日成將軍也來過湖北，他從武漢到應城考察紅旗人民公社，所走的路線是老漢宜公路。老漢宜公路，原本為清末修築入川鐵路的路基，鐵路沒有修起來，就改做公路用了。老漢宜公路上

的走馬嶺，1957年時是漢陽縣鴉渡區政府所在地。金日成將軍路經此地，同漢陽一中校長李毅進行短暫的會見，李毅的隨行人員也是謝傑民。這次會見也未見有任何報導。

西方人關注漢陽事件

美國青年代表團要到我們學校考察的消息，我最先是從父親那裏知道的，他當時已經從縣人委會食堂調到縣人委會招待所當管理員。縣人委會招待所在三義巷，與縣人委會所在地王家塘緊挨著，早先這裏是德記茶館，後來曾是朱德和醬園。臨街是一幢民居式二層樓房，一樓二樓有幾間客房。樓房後面的醬園作坊，改成容納幾十張床鋪的招待房。我到父親那裏，看到樓房平房牆壁全都粉刷一新，所有床鋪都換上嶄新的白床單，感覺非常新鮮。父親告訴我說，美國青年代表團要來考察一中事件了。那麼一個簡陋的招待所，準備接待外賓呢。

美國青年代表團於9月8日在北京上火車，9日上午抵達漢口，11日到我們學校。外賓到達蔡甸之前，從縣直機關，到全鎮學校和企業事業單位，直至居委會，都進行了宣傳教育，以應對外賓的訪問。對全鎮所有認為可疑的人員，都採取了嚴密的監管措施。還有，這是必不可少的，全鎮進行了大掃除，並清除大街小巷張貼的死刑佈告。

說一段插曲，縣公安局股員楊九成很不情願地做這些事情，以致被劃為了右派分子。在他的處分結論中有這樣一段話：「1957年9月份，美國青年代表團來我縣，為了避免美帝國主義鑽空子，當時要寫生產性的標語覆蓋法院槍殺反革命分子王建國等人的佈告，楊在執行任務時誣衊說：『他們（指共產黨）做得對不住人，害老子！』」〔摘自1979年縣委摘右辦公室的複查報告。〕

楊九成1931年出生，洛陽市三區人，1948年參加工作。如果不是因為漢陽事件，他就是一個好端端的離休幹部。1958年5月14日被劃為右派，開除共青團籍和工作籍，送農場監督勞動。1979年3月1日，中共漢陽縣委摘右

辦公室的複查報告中寫道：「經複查，楊在辦理縣一中反革命暴亂事件中，有畏難情緒，缺乏深入細緻的工作，有缺點和錯誤，但不是反黨反社會主義。」請注意這次複查的時間，就可以理解複查報告中的難言之隱，楊九成雖然被摘掉右派帽子，但其時漢陽事件並未平反，所以有必要指出他的「缺點和錯誤」。

這個美國青年代表團，在出席莫斯科舉辦的第六屆世界青年與學生和平友誼聯歡節期間，接受中華全國民主青年聯合會的邀請來華觀光。本屆世界青年聯歡節規模空前，有127個國家10萬名代表參加，中國派出的代表有1200人之多。《人民日報》在為期兩周的聯歡節結束當天——9月11日，發表題為〈和平萬歲！友誼萬歲！〉的社論中說：「以美國為首的帝國主義國家卻那樣仇視和害怕聯歡節，他們百般地破壞和誣衊聯歡節。美國國務院不給願意參加聯歡節的青年以簽證，宣佈聯歡節籌備委員會為顛覆組織，並下令美國駐北大西洋集團各國大使採取措施阻撓當地青年參加聯歡節。」「包括美國在內的不少青年，他們衝破重重難關，以旅行者身份參加了聯歡節。」來華觀光的美國青年，又受到美國國務院和美國駐蘇聯大使館的阻撓，但他們依然我行我素地成行了。

漢陽事件發生以後，蘇聯《真理報》即有報導。美國青年代表到達北京時，《人民日報》又剛好報導了9月6日鎮壓漢陽事件3名「主犯」的消息。這些敏感的美國青年，以為中國政府鎮壓學生運動領袖，強烈要求到武漢考察，得到北京方面的應允。在中國當局看來，漢陽事件是企圖推翻政權的一場暴亂，對此所採取的一切鎮壓措施，完全是正當而合法的。儘管當時境外海外已有大量的負面輿論，但按照中國人的邏輯，凡是敵人反對的我們就要擁護，因此根本不在意美國青年對此持有什麼態度。

英國路透社記者大衛‧齊德，是當時駐中國大陸唯一的西方記者，周恩來總理送他一個中國名字——漆德衛。漆德衛笑稱自己是「刷著油漆的道德衛士」。1956年3月來華後不久，在中國與尼泊爾簽訂友好邊貿協定儀式上，他看見劉少奇走過來，本能地後退一步，恰好踩了毛主席的腳。這位製造著名「踩腳事件」新聞的漆德衛，得知美國青年代表團要到武漢，委託代表團成員泰勒和黑人女記者格蘭特，瞭解漢陽事件真相。代表團團長麥肯納一行到

達武漢，又要求到漢陽進行實地訪問。這一情況，新華社記者孫玉昌以〈美青年代表對漢陽一中反革命暴亂案件的反應〉為題作了記載，在《內部參考》1957年9月16日2311期刊出。該文寫道：「來漢第二天〔9月10日〕晚上，由瞭解漢陽案件的新華社和《湖北日報》兩位記者向他們作了介紹。當場部分代表態度很是無禮，如施瓦茲說：『這樣的介紹是給我們打預防針，還不及看報紙，我一點也不感興趣。任何一個國家都有正義和非正義的事情，這案件如果是非正義的，現在也沒有辦法〔指執行槍決〕了，很遺憾。』」

在漢期間，美國青年代表團遊覽了武漢市容，參觀了武漢長江大橋和歸元寺，參觀了湖北省第二監獄、武漢醫學院、武漢市立二醫院。有一部分人參觀了武漢歌劇院，遊覽了東湖。這些活動報紙上都有過報導，唯獨到我們學校訪問，國內公開報紙上隻字未提。

《參考消息》1957年9月15日有一則報導：

〔路透社武漢12日電〕（記者：漆德衛）日前在中國觀光的一批美國青年定於今天上午乘船離開武漢到南京去。這些美國青年還得到一次機會向一位當地記者詢問今年6月漢陽學生鬧事的情況。這位記者參加了宣判三個鬧事首領的判決書的一萬人的群眾大會。

不知道為什麼，美國青年代表團到過我們學校的情況，還是沒有提及。

到我們學校的美國青年代表團一行11人，另有中方保衛人員和女翻譯隨行。是時從武漢到蔡甸不通汽車。省裏派出運送美國青年代表團的專車，取道漢水北岸的老漢宜公路，經由漢陽縣北鄉（今武漢市東西湖區境內），抵達蔡甸對岸的鴉渡嘴。外賓及陪同人員由擺渡過河，執行擺渡任務的是蔡甸劃業生產社，劃手為精心挑選的中共黨員幹部。

學校安排團幹周本志負責迎賓，從校門口一直到辦公樓，只有他一個人領路。客人上樓之後，他就把守在樓梯口。

周恩來與漆德衛

按照層層下達的規定，全校師生不得主動接近美國青年，不得用英語同客人交談，所有受訪談話一律通過翻譯進行，凡外賓問到有關漢陽事件的問題，一律按照公佈資料予以回答。不得接受客人禮物，如果客人給了禮物，應如實報告上交。對外語老師曹盈華、沈士錦，則另有特別交待，明確規定不許同外賓交談。

學校的許多規定，對我們來說都是多餘的。全校學生都在教室裏正常上課，只有經過精心挑選的數十名同學在校門口迎候，其他同學無緣一睹美國青年風采。而且當時我們只開俄語課，不可能用英語交流。直到下午，美國青年從辦公樓出來，我們正好下課了，才有機會看到他們。給我印象很深的是一位美國女青年，她身材高大，著西裝短褲，露出修長的腿，如果不是鼻子高得我看不習慣，應該說非常漂亮。她見到每個人，都重複一句話，大概是「下午好」吧。要想接近美國青年也是不可能的，因為除了便衣保衛人員相隨左右之外，學校還安排了一些所謂進步學生充當服務人員，他們可以隨時採取相應措施，阻隔學生與美國青年接近。

在辦公樓二樓會議室裏舉行賓主雙方的座談會。由新任校長李毅回答客人提出的問題。李毅原為中共漢陽縣委組織部副部長，並且充當過漢陽事件考察團副團長，當然可以做最有權威的發言。

近兩小時的座談會上，李毅根據事前準備的材料，隨機應變地回答了美國青年提出的各種問題。當時考察團善後工作成員祥章，有回憶文章〈1957年，美國青年代表團到漢陽瞭解「漢陽一中事件」〉，載於《武漢文史資料》2003年第10期，列舉了全部問題計26條：

1. 有多少學生參加這次反革命暴亂事件？

2. 事件前是否發現王建國等有反革命活動？

3. 學生代表會是否經常召開，其他學校是否開過學代會？

4. 你們這次逮捕的學生中的反革命分子有多大年紀？

5. 你參加審判犯人沒有，審判時有無陪審員，有無群眾參加？

6. 被判處死刑的3個反革命分子有無家屬？可不可以接見？

7. 暴亂時你在不在學校，他們是否要殺你？

8. 學生畢業後是就地安置或是到大城市裏去？

9. 這次事件是否是地方政府的錯誤造成的？

10. 反革命案件是否要比一般殺人案重些？

11. 王建國反革命集團有無具體的反革命計畫？他們的要求是什麼？

12. 這次反革命暴亂是僅計畫推翻地方政權或是想把事件擴大到全國？

13. 這次暴亂事件是否與臺灣有聯繫？

14. 300多吃助學金的學生是否參加了暴亂？參加了暴亂是不是停止他們享受助學金的權利？

15. 你們是否打算向學生進行教育，消除反革命分子對他們的影響？

16. 監獄裏關的什麼人，有多少，為什麼他們要劫監獄？

17. 學生要求升學為什麼跟著反革命跑？

18. 這裏人民生活水平提高的速度與其他地區是否一樣？

19. 你是否知道《真理報》和西方報紙都登載了這個事件的消息？

20. 這次暴亂事件的發生，學校是否有錯誤？

21. 參加暴亂的學生頭子還在不在學校，是否可以接見？

22. 這些反革命分子是什麼時候逮捕的？

23. 召開學代會是否為了緩和不滿情緒？

24. 哪些人可以升高中，可不可以找他們談話？

25. 韓建勳是否在校，可不可以找他談話？

26. 你們說楊煥堯是個歷史反革命分子，罪惡那麼大，過去為什麼不殺他？

　　在二樓會議室隔壁的一個小房間裏，有位縣委副書記在此坐陣，總務主任姜茂堂隨其當差。姜茂堂回憶，美國青年代表團領隊，是個身穿短袖花上衣的大個子，年齡稍長一些，雙臂露出黑茸茸的汗毛，左腿有些瘸，拄著鍍鉻拐杖。訪談焦點：我國政府是依法鎮壓混進教師隊伍的歷史反革命分子，還是學生運動領袖？賓主雙方爭辯了好幾個回合。由於女翻譯不得力，遭到李毅校長的橫眉冷對。美國青年要看宣判大會場地，這一要求予以滿足，至於會見被處決者家屬及所謂學生領袖的要求，都被以各種理由擋駕了。

　　姜茂堂回憶說，為了辦好招待午餐，新買了全套紅花細瓷盤碗，特請校外名廚料理，縣衛生局藥檢師到場檢驗食物飲料衛生。美國青年個個吃得眉開眼笑，誰想吃哪盤菜，就站起來將它拖到面前，自己吃個夠。此舉為大家效法，人人爭先恐後，都來這個動作。一大桌山珍野味，在一個小時內一掃而光，留下一片杯盤狼藉。飯後，李校長向翻譯徵求意見，翻譯回答：「客人對學校的印象很好，沒有發現有鬧學潮的跡象。」

　　下午3時許，美國青年代表團離開學校，按原路返回。他們走後，給我們留下一個經久不衰的話題。大家談論最多的，是一個高鼻子美國青年，從上岸開始，沿路舉著攝影機，拍街景校景，連街上赤膊赤腳的勞動者，學校的豬圈，操場外的私人廁所，也都攝入鏡頭。我們這些充滿愛國情懷的青年學生，對此深深厭惡。

臺灣當局借題發揮上演一場鬧劇

　　漢陽事件本是個大冤案，王建國本是共產黨的忠實追隨者，當大陸所有媒體用同一個聲音將漢陽事件妖魔化，王建國臉上也就被越抹越黑了。臺灣國民黨當局利用這些資訊，添油加醋，借題發揮，大做文章，大肆渲染，上演了一場鬧劇。1957年當年，為在漢陽事件中罹難的王建國等3人開追悼會。以後在多年間，舉辦紀念活動。

　　臺灣當局及一些起哄者，完全是自作多情。

　　在姜茂堂的回憶文章〈「一中事件」之我見〉中，簡短地寫到了臺灣「追悼會」，資料來源於黃寶石在臺灣主編的《漢陽縣誌》。黃寶石係漢陽縣消泗九溝人，1930年任漢陽縣縣長兼清鄉團長，屬於蔣介石的嫡系。姜茂堂在鄭桓武家中看到這本所謂縣誌，鄭桓武原為民國時期任職於湖北監利縣的模範縣長，晚年為漢陽縣知名人士，縣民革負責人，縣政協常委，早些年作古。我的老師姜茂堂帶我上鄭公家裏，鄭公的侄女翻箱倒櫃，給我找到一本精裝臺灣版《海角天涯憶漢陽》，並沒有找到黃寶石在臺灣主編的《漢陽

縣誌》。這些書都是海外朋友寄給鄭公的，漢陽有關方面經常從鄭公這裏借閱這些書籍，或許那本臺灣版《漢陽縣誌》留存在某處了。

臺灣版《海角天涯憶漢陽》，是一本1974年印製的一種縣誌類讀物，編者艾時為漢陽縣周霸嘴黃灣人氏，時年72歲。這本書的「兵事」目錄計有6節：太平天國之役，辛亥起義之役，革命軍北伐之役，武漢淪陷日，武漢赤沉之今昔，漢陽中學起義反共。漢陽中學起義反共一節，對漢陽事件的敘述及其呼應，都太離譜了。如按艾時所述，王建國乃一真反革命分子，死得一點也不冤枉。

以下摘取數款，並以我之見證，予以澄清事實。

兵事第6節原文開頭寫道：「旋由王、鍾、楊三義士，指揮全校學生，整隊出發，作遊行大示威！」謬矣。這完全是一次學生的自發行動，只有約800名學生參加，楊煥堯是校外人士，根本未參與其事，鍾毓文雖為學校教師，有證據表明並未到場。而王建國是副校長，在學生出發之後跟進，瞭解情況並做勸阻工作。

記述6月12日，「迨晚8時，復擁至兵役局，打開軍火庫擬奪取軍械，但被武裝匪兵所阻，未能達到目的，為此一事件失敗的主因。否則。如能攻破軍火庫取得槍械，則以當時民心對匪偽仇恨，辛亥武昌起義之事不難重現。」事實為學生上兵役局二樓要找兵役局長上官明顯，兵役局軍人以二樓有軍火庫為由，警告學生不得進入，學生退走了。一個縣兵役局，能有多少現役軍人，又能有多少可用槍支彈藥呢？本人在湖北省軍區工作多年，自然心知肚明。上世紀50年代，縣兵役局的槍械，多為戰爭年代留下的各種雜牌貨，有的是有槍無彈，只能在民兵訓練時比劃比劃用。大陸方面是欲加之罪何患無辭，臺灣方面則是反攻心切霧裏看花，居然與神聖辛亥武昌起義並提，真是貽笑大方。

「奸匪以此次學生行動類似匈牙利事件重演。目擊事件日益擴大，遂向其他各處調集大批軍隊，採取強力鎮壓行動。第三日，當學生衝出校門，即被匪黨軍警機槍掃射，恣意屠殺，當場死難者七十餘人，被捕者有王建國等數百人。其餘志士皆因手無寸鐵，無法抵抗。多數潛入山區參加游擊部

隊。」這些都是全然沒有發生的事情。王建國本人在事件平息之後，最初還是考察團成員，他是後來被捕的幾個人之一。

「同年8月5日，共黨舉行群眾鬥爭大會，對起義志士凌辱備至。9月6日，共黨協迫群眾舉行公審，經——拷打之後，即宣判王建國、鍾毓文、楊煥堯等死刑。」「王、鍾、楊三烈士就義時，猶高呼反共口號：『打倒匪首毛澤東』、『剷除共產黨』。」在我的記憶中，那個時候的所謂鬥爭會，尚只停留在強詞奪理威逼承認的範圍內，並未發生後來文革中那樣動手動腳的現象。就是在審訊中，一般也不會出現拷打的情況，宣判大會上絕無——拷打之事發生，我當時就在現場。這裏說的「猶高呼反共口號」，完全是主觀臆想出來的情節。即使三位蒙難者有機會高呼口號，我想也只有一個字：冤。或者兩個字：冤枉。最多三個字：我冤枉。如果按艾時所言，高呼這些口號，豈不正好該殺！

艾時稱王建國在蘄春縣啟明中學求學期間，加入中國國民黨，也不是事實。

艾時編寫縣誌記載，1957年10月6日，「湖北旅台人士」假臺北市徐州路臺灣大學法學院大禮堂舉行「追悼大會」，參加者有「全國各機關、各團體、各學校暨民眾代表數千人，蔣總統、故陳副總統各頒『英靈不泯』、『義烈常昭』匾額。全國各界多致送輓聯、誄詞、花圈以表哀悼！」同時，還散發了〈告大陸同胞書〉，其中稱「漢陽起義可以說是46年前武昌起義的歷史重演」。

現在看來，臺灣上演的這場鬧劇，源於大陸方面提供了口實，加上一些「光復」心切的政客們的惡意炒作，把整個漢陽事件，弄得烏煙瘴氣了。臺灣的這些動作，又反過來給大陸方面提供了口實，更加堅信了對漢陽事件反動性質的認定。

一些善良的人們，並不瞭解事實真相，受到錯誤輿論的影響，很自然產生錯覺。一位《漢陽報》的女記者，剛從廣西調來就抽調到考察團，主要任務是看守胡斌和李穗兩人。她回憶當時的想法是：

不久聽說臺灣開追悼會，說王建國們是三義士，所以我們就用毛主席語錄「凡是敵人擁護的我們就要反對」，臺灣開追悼會，說明王建國們是敵人。

　　1959年，漢口中蘇友好宮舉辦了一次階級鬥爭教育展覽會，設有漢陽事件專欄，其中就有臺灣為王建國等人召開追悼會的照片。王建國的大女兒楊文佳回憶說，她14歲的時候，同屋一位伯伯，從區委帶回一本畫報，上面印著法新社、美聯社的報導，印著蔣經國名字，印著他爸爸的相片，臺灣在為他爸爸開追悼會。「這就是我爸爸呀？好嚇人嘛！」

　　臺灣當局對此的特別關注，也成為漢陽事件長期不得平反的一個重要因素。「凡是敵人擁護的我們就要反對」，這是我們的政治理念，是我們判斷大是大非的基本定律。事實上臺灣當局的所作所為，使漢陽事件冤上加冤。

胡斌：我的一段血淚史

如果沒有胡斌老師鍥而不捨的努力，漢陽事件能夠平反嗎？

我經常在想這件事。在中共十一屆三中全會之後，她寫上訴狀89件之多，三上京城，歷時8年，終於迎來了複查漢陽事件的喜訊降臨。

胡老師已經寫了《我的一段血淚史》，有23000多字，字字血，聲聲淚，記錄了她半生的經歷。我想，我如果把它作為素材，拆得零零碎碎，那就是一種罪過。因此，我徵得胡老師允許，讓這篇文章完完整整地出現在本書中，讓讀者能夠看到它的全貌。我在輸入電腦時，順手加上一些小標題。既然胡老師已經寫了上訪的一些經歷，我在本書中也就不再另闢這樣一章。

一位作家朋友讀《我的一段血淚史》，邊讀邊哭，讀完哭完。他告訴我說，從中看到一個靈魂的掙扎，一個小人物的掙扎。有俗話說，不能抓起石頭打破天，我們的胡斌老師，她就是抓起石頭打破了天。

有一天，胡老師對我說：「我沒有教過你，我不是你的老師。」出事那年，胡老師教初三，我上高一。

我說：「我以有你這樣的老師而驕傲。」

胡老師用一天搭一個晚上，寫了兩萬多字，用專業寫手的標準看，也是一個驚人的速度。她邊寫邊哭，一氣寫成，一字未改。能夠寫出這麼好的文章，當然是我的好老師。胡老師能夠從逆境中堅強地走過來，她在人格上更是我的好老師。

她有時喊我小劉，讓我感覺到的不只是親切，還有不同尋常的幸福感。像我這個年齡，有人喊我小劉，是我的福分。她看過我的一本散文隨筆集《閱讀感悟》，感覺「溫馨徹骨」，「有親和力」，認同我的樸實文風。當時她在大女兒家，迫不及待地打來長途電話，表示對我寫好這本書，有信心，很放心。這也是我的福分。

這一節，我只寫胡老師回憶文章未涉及到的一些事情。

胡老師入獄時，婆婆已68歲高齡，大女兒丁援朝才6歲，小女兒出生不久。那時候不知道有沒有哺乳期婦女可以暫不服刑一說。

胡斌、丁希天讀大學時結為連理

婆婆帶著3個孫兒孫女，沒有經濟來源，無法在蔡甸立足，於是回到沔陽縣楊林尾。沒多久丁希天當上右派，又有現行反革命妻子的牽連，被抓去坐牢了。學校本來缺少住房，有一個人去坐牢，對某些人就是件好事，因為騰出個房間來。他們家裏的東西，被某個老師搬了出來，丟在禾場的空地上。丁家祖孫4人在禾場露宿了三個夜晚，讓搬運站劉師傅看不過去，才把這一家4口人接到自己家裏住下。過了兩年，楊林尾居委會出面，幫助搭起一個高粱棚子，一住就是10年。高粱棚子塌了，就挪到彈棉花的倉庫內，每頓飯都有棉絮飄進碗裏佐餐。倉庫後來也拆了，就用車水架子圍上草簾，做成一個低矮狹窄的房間棲身。那才叫做蝸居呢，既怕白天太陽曬，更怕颱風下雨打雷夜。幾個月後，承蒙居委會幫助，又砌了個小屋，一直住到胡老師回來。

大女兒丁援朝，6歲就成了小大人，帶著弟弟牽著奶奶，一起出去要飯，一直要到12歲。一個12歲的小女孩，帶著弟弟學編蘆蓆，以維持一家的生活。援朝告訴我說，父親在九合垸農場勞改，1958年進去，1959年大病。那年她才8歲，帶6元錢和一點糧票去看父親。居委會幹部向柏芝阿姨是個好人，幫她把錢和糧票縫在棉襖裏，囑咐她一路上千萬不要說去看爸爸。她獨身一人走了110里路，中途歇了一夜，第二天趕到九合垸。她在爸爸身邊伺

候了40天。每餐飯到食堂打一銅瓣野菜羹，菜羹裏有少量黃豆末，父女倆一人喝一半。她回家8天，父親就死了，同一天死了4個人，都埋在一個坑裏。父親死後一個月她才得到消息。

胡老師平反之後，給丁援朝安排工作，分配到政府辦的「光榮院」，特別照顧她當會計，可她做不了。她沒有上過一天學。

兒子小鵬到了上初中的年齡，那時胡老師已經釋放回來，她給兒子4元錢到學校報名。老師問他家什麼成分，爸爸幹什麼，媽媽幹什麼。老師說，這麼多「帽子」呀，沒敢收這個孩子。

小女兒運姣也被安排了工作。同事問她，你媽是個老師，怎麼跟你叫這個名字呀？同事都不叫她運姣，而叫她丁丁。

婆婆帶不了3個孩子，把運姣給了人家。運姣的養父劉培林，是個老老實實的農民，有時駕條小船打魚。他大字不識一個，給養女取了個他自己喜歡的名字。胡老師刑滿之後，在婆婆的授意之下，找了他這樣一個人做靠山。

這一輩子最大的遺憾是，一個教書人，沒有讓三個孩子讀書。胡老師說。她給三個孩子取名原本是這樣：大女兒叫丁梅君，兒子叫丁松君，小女兒叫丁竹君。松竹梅，歲寒三友。因為有個副縣長的孩子叫抗美，胡老師就給大女兒改名援朝。兒子後來改為丁小鵬。

在沔陽師訓班的同學中，有位好友趙迪生，對丁胡夫婦一直以兄嫂相稱。趙迪生也當過錯劃的右派。從小學教師崗位上退休之後，在沔陽師範學校守傳達室，常到胡老師辦的幼稚園來玩。胡老師上訪上訴屢屢受挫，趙先生都看在眼裏。胡老師想，趙先生文字修養好，又寫得一手好毛筆字，何不請他來幫自己伸冤呢。胡老師求他說，婆媳打官司，各說各有理，需要一個中間人，你就出來當個中間人吧。趙迪生爽快地應承下來，站在客觀立場上，給中央首長寫了一封信，胡老師把它夾在寫給國務院信訪局的信裏。這是胡斌老師最末一次申訴信，寫於1985年3月28日。就是這封信帶來了轉機，1985年5月30日，中共中央辦公廳給湖北省委來函，請湖北省委牽頭，最高人民法院派人參加，對漢陽事件一案進行複查。

趙迪生先生身體不好，就在漢陽事件平反不久謝世了。他等到了胡嫂平反的一天，喝到了胡嫂的喜酒，當可瞑目。

與胡老師相伴半生的劉培林先生，在胡老師平反之後，最大的願望是添置一條小船，重操舊業。胡老師說，你真要買條船，我就真要給你砸它，跟我到漢陽一中去吧。他雖然沒有讀過一天書，但他理解一個知識分子的心願，不就是在哪裏跌倒，就在哪裏爬起來嗎。他跟胡老師一起來到漢陽一中校園裏。胡老師為了表達對這位樸實農民的真情回報，給他添置了城裏人應該有的全部穿戴。劉培林先生1990年謝世。

　　前幾年的一天，外甥女張文珍給胡老師來電話：「舅媽，我給您送個最珍貴的禮物。」什麼禮物最珍貴呀？原來她翻箱倒櫃找到舅父丁希天的一張登記相底片。於是，在陰陽兩界相隔多少年後，胡斌老師終於看到了自己前夫希天的照片，那是一位長得很帥，又有才氣的年輕人。丁希天被判的是三年勞教，沒到三年就去世了，年僅34歲。曾經想過，等到刑滿之後，再同希天一起生活。胡老師沒有看到這一天，丁希天沒有等到這一天。有人說丁希天不值，上世紀40年代後期，在武昌師範讀書參加鬧學潮，被國民黨抓去關在牢裏，說他是共產黨。沒想到國共兩邊的牢都讓他坐了。

　　胡斌老師是一位堅強的女性，她通過自己的努力，給自己贏得了光明，也給漢陽事件所有受牽連者帶來了光明。

　　如今漢陽一中老宿舍區裏，有胡老師一套居室，經常有學生去看望她。她對當年揭發批判過她的學生，非常大度地說：「那時你們都是孩子呢，不要去想這些事了。」

　　她家客廳裏，掛著學生們送的書法作品，其中一幅寫道：

九死一生鐵窗磨修烈火真金從不糊塗立天地
三番五次京城訴訪平冤昭雪終還清白在人間

　　此聯為陳宏善同學2004年所撰並書，它概括了胡老師的美麗人生。

我的一段血淚史

（1996年7月1日）

胡　斌

　　我是1957年漢陽事件中的倖存者之一，現在已是白髮蒼蒼的老太太，回憶我這段經歷，不禁熱淚盈眶，酸痛難忍。

　　現將我親身經歷和所見所聞分三個部分陳述。

我第一個被判重刑

　　記得是在1957年4月份吧，我看到《教師報》登載一封讀者來信，說到本年度初中畢業生升學率只有5%，於是有一天上晚自習，我找了十多個學生說：「今年升學率低，你們要好好學習，不然會有落榜的危險。」我擔任班主任的初三（7）班，是同年級成績比較好的一個班，同學們的升學願望都很迫切，我當然希望自己班的學生多升學。6月12日上午11點20分，正是第四節課的時間，初三（4）班上化學課，擔任教學的老師是李穗，她教的教材很多，學生接受不了，很不滿意。李穗老師解釋說：「你們記不住不要緊，只要有印象就行了，今年的升學率低，只有抓緊學習才能升學。」在同學們的追問之下，李穗隨口說出升學率為5%。在處理漢陽事件時，李穗和我就成了傳播5%升學率謠言，煽動學生鬧事的罪魁禍首。

　　學生上街時，我並不在場。這天第四節課我沒有課，正在家裏吃飯，校工突然跑來叫我，說：「胡老師，趕快到學校去開會，學生罷課上街了，校長召集緊急會議，叫你們快去。」我隨即丟下飯碗跑到學校。只見王建國校

長說：「老師們，請你們馬上上街，把各班的學生找回來。」我到街上時，只見滿街的人，水泄不通，我東擠西撞才趕到縣政府。我到處找本班的學生，見一個就拉一個回來。記得這天晚上我是在學生的寢室過的夜，怕他們夜晚出事。

第二天我回家給小孩餵奶。大概是在八九點鐘，我從家裏（街上的租住房）到學校，經過操場時，遇到我班的學生周萬安、楊榮洲、蕭石安等人，他們面帶驚慌地告訴我，街上發現反動標語。我感到事態嚴重，心想學生是為了升學，不要被社會上的壞人利用，造成影響不好。我於是說：你們趕快把所有標語撕下來。過不多久，周萬安等把撕下的標語用一個字紙簍子裝著交給我，我連看都沒有看就提著找王校長，並把撕標語的經過告訴了他。他接過簍子就扔到辦公桌下邊了。

6月15日，孝感地委和漢陽縣委組成考察團進駐學校，禁止全校師生出入。隨之學生、老師都分頭開會，開展了大檢舉、大揭發。首先我就看見牆上貼了我一張長兩米、寬一米三的大字報。全校搭起四五座批判台。大字報、檢舉材料鋪天蓋地貼滿校園，批判鬥爭翻天覆地，日以繼夜。我記得在老師開會時，杜老師（那時她剛從學校畢業，和李穗一起分到一中，當時表現很積極）突然站起來說：「現在是劃清界限的時候，再不要稱某某老師。胡斌，站起來！」就這聲叫喊，我預感到我完了。接著，何老師檢舉說：「1953年我們在武昌開展思想改造時，她說她曾叫小孩喊毛主席萬歲，又對孩子說，要不是毛主席來，你怎麼會見不到你爸爸了？她心懷不滿，對共產黨有仇恨。」何老師的檢舉，是我在1953年黨開展對知識分子思想改造學習時說的話，那時我為了對黨表示忠心，就在一次交待會上，把我曾在房裏抱著孩子看毛主席像，並叫她喊毛主席萬歲，但心裏想，若不是毛主席來，你爸爸也就不會被拉走了。這是為了向黨交真心，才將這些自己心裏的事說出來。正是由於我能坦白地向黨說出了真話，帶動了整個學習運動的發展，在這次思想改造運動中我被批准參加教育工會，當了工會小組長。沒有料到卻成了漢陽一中學生鬧事後是我犯罪判刑的材料。那時說真話也是一種罪惡啊！

因為上面所說的事實，再加上我的家庭關係，我愛人家是地主成分，他包庇了他的地主父親而被沔陽縣法院弄回去了。我也受到了牽連等原因，所

以首當其衝地被揪了出來。我是在6月20日左右的一天夜晚在批鬥大會上被捕的。當亮晶晶的手銬咔嚓一聲戴上我的雙手時，我當時就昏迷了，糊裏糊塗被刑警帶下臺來，到我清醒時，我又意識到我已成了犯人。我已失去了自由。我已失去了一切。我抱頭號啕大哭，將心中所有的委屈都隨著淚水流了出來。我這時才28歲啊！

　　我被逮捕後，接著就是不斷地被審訊。孝感地區公安處處長劉佑鈞擔任審訊，梅友生當記錄。一天，劉佑鈞問我：「你撕標語，是不是王建國指使的？」「不是的。」我回答。劉又問：「你和王建國是什麼關係，只要你檢舉王建國，就可以得到寬大處理。」我說：「我和王建國是湖北革大的同學，一起被分配到漢陽縣來工作的，除了這種關係外，沒有任何關係。」「這次鬧事中，你和王建國做了些什麼，王建國指使你搞了些什麼活動？」我說：「王建國沒有指使我做什麼，我現在瞎說，如果將來事實弄清楚了，我豈不犯有陷害罪？」劉佑鈞聽我如此說來，便勃然大怒，把桌子一拍，大吼道：「你不老實！」

　　有一次是在法院開公開審訊大會，記得那天帶我去受審時，法院禮堂裏坐滿了人，還有很多人站著，擠得滿滿的，刑警把我帶到會場，立刻就有人指手劃腳地議論，說些什麼，我聽不清楚，但我並不害怕。這時，我突然想起「江姐」，昂首挺胸地走進會場，直挺挺地站在台前，台前有一條小板凳，臺上有審判長、陪審員，還有人民代表，好像有五六位坐在審訊桌前。他們叫我坐下，我不理，仍直直地站著，刑警遞水我喝，我也不喝。審訊開始，台下鴉雀無聲，問道：「你撕標語是不是王建國指使的？」「不是的。」我說。我將撕標語的經過如實地講了一遍。「你們開過黑會，是什麼內容，在什麼地方？老實交待。」「我們從來沒有開過什麼黑會。只是有次我愛人丁希天從沔陽來看我和孩子，王建國和我們都是革大同學，王建國見丁希天剛來，很高興，便約同是革大的同學吳伯鈞、汪桂清（我們都是一同分配到漢陽縣的）共五人到蔡甸街上望記餐館吃飯。進餐中只談些同在革大學習的情況和現在各家庭的事情，根本沒有涉及政治方面的問題。」「你說過黃鶴樓上看翻船？」「沒有。」「你不老實。」「我是沒有說過，我根

本不知道這句話。」審訊很不順利。台下的群眾也鬧聲哄哄，七嘴八舌地議論。審訊不能繼續了，就叫休庭。

大概有一個多時辰，又重新開庭。這次開庭就宣判了我的罪行：「胡斌態度不老實，根據中華人民共和國法律第×條規定，抗拒從嚴，判處胡斌有期徒刑十年，交勞動改造。」

這天是1957年8月29日。

處理漢陽事件，我第一個被判重刑。

8月29日，可怕的8月29日！就從這天開始，我走上了人生坎坷、磨難、受侮、受辱的漫長道路。一晃就是30年啊！30年！它斷送了我的青春年華，斷送了我的事業前程，也斷送了我人生最美好的一切。30年，正是我的黃金時代呀。可是我是在囹圄中艱難地度過的。這筆債我能向誰要，向誰討還？

我的兩個十年遭遇

坐牢已是三個孩子的母親

我被判刑投入勞改時，我是3個孩子的母親。大的是個姑娘，取名丁援朝，只有6歲。第二個是男孩，叫丁小鵬，3歲。最小的是女兒，才滿月。家裏只有婆母，已60多歲了，帶著3個孩子。我坐牢後，一切經濟來源都沒有了，怎麼生活呢？我帶信叫婆婆把家裏值錢的東西都賣掉，我說我已坐牢，我什麼都不需要了，只要你們能生活就行。我那時剛滿月不久的女兒要吃奶呀！她是無罪的，當然不能和我同進牢房，於是每天就由婆婆送來餵奶。可是婆婆還要照護另外兩個孩子，還要到外去撿柴禾，便叫大姑娘、6歲的援朝抱著小女兒到監獄來吃奶。每當我看見大女兒像貓子抓老鼠似的抱著小女兒來吃奶時，我的眼淚便潸潸的往下直流，我的心都碎了。我自問，我到底犯了什麼法，我的孩子也跟著造孽。在看守所大概待了不久，我的姑子從沔陽來，把婆母和3個孩子接走了。

孩子一走，我感到整個世界都空了似的，心裏更難過。每天晚上，我都被惡夢驚醒。記得有天晚上，我突然醒來，以為孩子在我懷裏，我去抱她，

可是撲了一個空。我以為孩子掉在床下了，便爬到床下去找，我東摸西摸沒有摸著。當我清醒過來時，我才知道我已是犯人，現在是在牢房裏，孩子已回沔陽，我再也看不見他們了。我又一次地痛哭起來。我自問：胡斌，你是反革命分子嗎？我哪是流的淚，而是血啊，血淚啊！

我想過死，我不能死

過了不久，就上城頭山打石頭。記得管我們的帶隊幹部叫陳榮詩和陳加大。他們知道我曾在漢陽縣法院工作過，對我還比較客氣，開始叫我在工地辦黑板報，每天報導些生產進度，表揚些打石頭積極的犯人，或批評些偷懶的犯人。有快板，順口溜。每天出工，從看守所到城頭山，我就背著一塊四四方方的小黑板，還兼帶著藥品針線之類的東西上山，早出晚歸。過了不久，也許是生產任務緊，或許是認為我是個重大的反革命分子，不做重活是難以改造好的緣故吧，就叫我直接參加打石頭。坐在石頭山上，面前堆著一大堆碎石，要我們把它們打瓜米、大峰口、小峰口，誰打得多，誰就受表揚。幹部說，誰的勞動表現好，就可以爭取減刑。我當然不會想到減刑。可是我有一股倔強的性格，我好強，我總是忘命地打，捏著一把小小釘錘，上上下下不斷地捶，我想用勞動來沖洗我的恥辱，我想忘掉世上的一切。我對自己說，胡斌，你已經死了，活著的只是一具屍體，你已經沒有靈魂了，你只是行屍走肉。我的手上滿是泡子，有的泡子還帶著血。我痛了，就撕一塊布包著，又繼續打。由於我忘命地幹，我的產量最高，受到幹部的表揚。記得有一天，幹部為了樹我這個重犯積極改造的形象，便派了一個彪形大漢為我專門挑石頭，挑得那個大漢氣喘吁吁，換不過氣來。他對我狠狠地說：「我恨死你！」於是就在這次較量中我的右眼被石頭打腫了，腫得睜不開，眼淚直流，痛得要命。我心想，這下好了，成了瞎子，眼不見為淨。最好是死了好。幹部把我送到縣人民醫院去看，經醫治眼睛逐漸好轉，直到現在我右眼皮上面還留有一個疤。

我想過死。我想到我10年徒刑坐不滿，活不出去，我一定會死在牢裏。當我剛進看守所時，幹部就把我帶的所有東西檢查了一遍，凡是能致死的東西都拿走了，連褲帶也拿走了。我望著高高的天花板，望著四面光禿禿的牆

壁，連找一個掛繩子的釘子都沒有，我失望了。到城頭山打石頭時，我想到死，我想從山上滾下去。可是山不太高，死不了。我從沒有想到要跑，總想死，死了乾淨。只是在想到我那3個可憐的孩子沒有了父母而成了孤兒時，才想到要活著再見到他們。

插秧被關了籠子

1959年，我被押解到漢川縣三星垸農場。一進農場，滿目荒涼，十里以內不見炊煙，看不到一個老百姓，只見男女犯人衣衫襤褸，形容憔悴，面色黃裏帶灰，一片死氣沉沉的景象。

我被分配到女犯組，睡的地方是一個大統房，床是用長木板搭成，每人只分得1米寬的地方，夜晚睡了，一翻身就會把身邊人搞醒，所以睡覺總是小心翼翼，生怕撞了別人。熱天蚊子多，咬得要命，農場便發了一床大蚊帳，像帳篷似的，把整個木板床罩起來，睡在裏面又熱又汗氣難聞。臭蟲蝨子就更不要說有好多了，我到農場不久就生了蝨子，一有空就抓頭，找蝨子。我們洗頭，洗臉，洗衣服，都是在農場的小溪裏。吃飯很簡單，每餐每人一塊蠶豆粑，就是把蠶豆煮爛加米糠，做成各種斤兩的粑粑。那時已經開始發糧票了，每人每月發20斤糧票，男犯發25斤，有的吃半斤，有的吃四兩、三兩。到後來糧食緊張了，蠶豆粑也吃不成了，就用菜兼糠煮成糊塗，每餐發一碗。我們吃時筷子都不要，端起碗就喝，喝完把碗用舌頭一舔，連碗也不用洗。女犯人稍強點，男犯人就受不了，勞動強度大，又吃不飽，每天都有犯人昏死在田頭地裏。剛開始死了犯人，就用席子一包，用稻草繩子圍3圈，挖個坑埋下。到後來死的多了，席子也不用了，死了就挖個坑埋了算了。我那時想，早死了還有3道金箍，晚死了屍首只有喂豺狼了。

我剛進農場時，農場幹部就把我當成了看守重點，處處都有人監視著，直覺告訴我，我不能有任何越軌的行為，否則就不好收拾。我也自尊自愛，我知道自己是一個重大的反革命分子，必須嚴格遵守場規場紀，叫我做什麼，我就做什麼。開始要我在禾場做活，把稻穀曬乾揚淨，可我不會打連杆，我舉起連杆一揚，總是揚翻了，要不打在地上就是撲通一聲，把連杆板子打破了。我又急又怕，生怕幹部批評，說我是故意破壞。我嚇得總是暗暗

流淚。後來又要我下水田扯秧栽秧。雖然我不會，但我從未叫苦。我咬緊牙關，不會就學嘛。我身材胖，腿又短，下水田就陷在泥裏拉不出來，前又不能前，後又不能後，站在田裏慢慢移，栽下去總是一個大洞。會栽的犯人都爬上了田埂，我卻被關在田中央，哭笑不得。後來我下決心學，不讓別人關我的籠子，不久我就學會了，和會栽的犯人一樣快。幹部吃驚了，凡有外邊的人來農場參觀，總把客人引到我面前，看我栽秧。還隱隱約約地聽到他們介紹我原來是一位教書先生。

三年大災（1959～1961年）時期，全國人民都苦，我們犯人就更苦了，湖田裏的藕根、浮萍草、菱角藤子，都弄來煮成菜糊糊，就這些東西還吃不飽。有次，我和幾個女犯人薅草，頭頂烈日曬，肚裏咕咕嚕嚕叫，餓得實在難忍，便想到到溪溝裏去找蝦子蚌蛤。我們商量，把一個人在遠處薅草，一見幹部來就搖動鋤頭，其他幾個人分頭到溝裏去找，找上來後便用鋁制碗煎煮，分給大家吃。我被派去放哨。我一邊薅草，一邊警惕地看著四方，如果發現幹部就趕快發出信號。因為是在提心吊膽地煮食物，有時不等煮熟就吃，我吃了夾生蚌蛤肉，拉壞了肚子，害了腸胃炎，痛得好長時間不能吃東西，人瘦得不成形了，幹部見狀，便把我收回到漢川縣看守所。

全家都恨死我了

漢川縣看守所的條件好多了。時值農忙雙搶，原關在看守所的犯人都送到農場去了，只留下幾個老弱殘廢。還有幾個女犯人，專門留下給看守所的幹部和武警洗衣服，派給我的活路是登記編排衣服被子的號碼。一次編號碼，無意地將一位王姓幹部的衣服編成8號，他來取衣服時，我問他是幾號，他說是8號，旁邊的幹部一聽就開玩笑說：「你是王八。」那個幹部氣得狠狠訓我一頓。

犯人每月有一次接見家屬的機會，犯人家距農場近些的，每月都有親人來，有的家屬為了自己的親人，就節衣縮食地準備點東西送來，有的送粑粑，有的送點乾蘿蔔絲，有的送米粉。可我的家隔得遠，老的老，小的小，自坐牢以來，從未有人來看過我。有天幹部叫：「胡斌，你家來人看你。」我聽到驚喜萬分，想誰能來看我？我立刻跑到接待處，一見是我母親，我激

動得熱淚直流，連叫：「媽，媽！」媽見到我滿面怒氣地說：「你這個不爭氣的東西！你把全家都害苦了。」媽告訴我，我的3個孩子回沔陽後，頂小的一個因為沒有奶吃，餓得皮包骨。婆婆不忍心把她餓死，就送給別人了。我愛人丁希天也因我的緣故，被劃成右派分子，送沔陽九合垸農場勞教去了。家裏只有婆婆和兩個孩子，沒有生活來源，婆婆就帶著兩個孩子，到四鄉去討米要飯。又說，我哥哥原在沔陽糧食局工作，表現很好，支部打算吸收他入黨，後來因為我犯罪，沒有入成。我的大侄也不能參軍。全家都恨死我了。嫂子在家總找我媽罵，說她生了一個好姑娘，一個害人精。我聽了這些後，心如刀絞，疼痛難忍，心想我胡斌一個人犯罪受苦不說，為何要牽連我的孩子和親人，他們有何罪？我對著母親，痛苦地直流淚。我只能用淚水來向他們懺悔，向他們道歉。是我害了孩子，害了我的親人，害了所有的親戚六眷。我想我就是死了，也不能挽回這一切。我不能死，我決不死！我要堅強地活下去，我沒有罪！我相信黨總有一天會把漢陽一中學生鬧事的情況搞清楚。我總有一天要見天日，洗刷我的恥辱，歸還我的清白！雖然以後我遇到挫折，又想到過死，但我要堅決活下來的信念更強了。

在看守所一段時間，生活過得還清爽，能吃到白米稀飯，能吃到南瓜和冬瓜。勞動也輕些。早晨把衣服被褥洗完了晾曬，晚上收回疊好，中間的時間就空閒了，可以休息休息。但好景不長，在看守所只住了半年，第二年就解送到武昌湖北省監獄。這是1963年。

大牆內的進步

湖北省監獄位於武昌民主路，就在大街邊，從外表看，一點也不像關犯人的場所。除了大門有一位武警站崗外，沒有鐵絲網，也沒有鐵柵欄。進大門是管理幹部和刑警居住的生活大院，進到裏面圍牆裏才是犯人活動的場所。這裏有工廠，有汽車修配車間，有縫紉車間，有制鞋車間，一切安排，井井有條。房子高大亮堂，紅牆黑瓦，外觀很漂亮。我一到這裏就產生了新鮮感，非常高興。我被分到縫紉車間，開始學繡花。我們繡枕頭套子、蚊帳沿子和被面芯子，多數時間是為枕套繡荷花、玫瑰、牡丹等花卉。

我對繡花特別感興趣，一開始就全心全意地投入進去。這裏的幹部也好，教我繡花很耐煩，態度雖然嚴肅，卻很溫和，不像農場幹部，動不動就吼人，有時還捆綁毒打犯人。由於生活環境好，幹部教育有方，我安心多了，想孩子的時候也淡薄些了。我積極鑽研技術，進步很快，不久就當上了小組長。

我在省監獄的優美環境裏，見到熱氣騰騰的生產場面，就情不自禁地寫了一篇讚美的稿子，被管教幹部看中了。從那以後，我的生產勁頭很大。省監獄管理得有條有理，每天除了生產外，還有學習政治的時間。每週開一次生活會，一月一小結，年終總結。開生活會，由犯人互相提意見，對照犯人守則十條，如學習好，生產好，清潔衛生好，勞動態度好等等，進行評比。一月一小結，檢查犯人一月中的思想改造、勞動改造好壞如何。年終評比，開獎勵大會，該記功的，該表揚的，該減刑的，或是該加刑的，該關小號的，都在年終大會上公佈出來。這樣犯人在改造中表現如何心裏都有底。

我除了努力生產外，還經常寫稿子，出壁報，見縫插針，只要見到有人在勞動中學習中表現好，或者幫助別人做好事，就趕快報導出來。我們車間有個修縫紉機的犯人，修車不負責任，前頭修後頭就壞了，經常修車子會影響生產，影響生產就會影響評比，所以每個犯人對修車工都寄於厚望，希望能一次把車子修好。可是修車工總是不好好修，你叫他，他就東摸摸西摸摸，最後說好了，你再做不是斷線，就是跳針，犯人都有意見。我見此情況，就把他修車子的動作叫做三部曲，寫了一篇稿子，稿子送給幹部檢查，幹部一看，認為寫得很中肯，就在車間廣播出來。那個車工聽後，知道自己錯了，以後修車子就認真了。我也經常寫反映個人思想改造的情況，或犯人中各種表現的情況，不管好事壞事，都能及時反映出來，對生產和學習以及思想改造，都起到了積極作用。在年終評比會上我經常受到表揚、記功的獎勵。記得在省監獄改造的4年中，我被記大功1次，小功3次，受表揚無數次。

家信來了

記得到省監獄的第二年，一次管教幹部把我叫到他房裏，開始他講了許多與改造不相干的話，我聽著感到奇怪，預感有什麼事情發生了。我猜摸

到是婆母過世了，還是孩子有問題了。我坐立不安，神色緊張。管教幹部說：「胡斌，你改造表現不錯，不管發生什麼事情，你都要頂住，不要鬧情緒。」幹部把一封信遞給了我。我拿出來一看，是婆母托人寫的，信的開頭告訴我家裏的情況，說孩子們都好，叫我不要記掛。末尾寫道，丁希天於1959年年底因病在九合垸農場逝世了。看到這裏，信從我手中掉下了，人立刻昏了過去，幹部連聲喊叫，我清醒過來，抱頭大哭，我千想萬想，也沒有想到我愛人丁希天會這麼

丁希天英年早逝

快就死去。我實指望他3年勞教期滿後，把孩子撫養成人，等著我刑滿回家的一天。現在，他卻早早離去了，他還只有30多歲。我妻離子散，家破人亡啊！我胡斌為什麼要受這樣大的災難啊！自這天起，我不吃不喝，也不說話，成天坐著，兩眼直直地望著蒼天。我心裏想，蒼天為什麼對我如此不公平？如此殘酷？我在世上有的一點感情寄託，也被撲滅了。我活著還有什麼意義？

好些時，幹部不離我的身邊。夜晚叫女犯人照看我，他們耐心地開導我，教育我。女管教幹部拍著我的肩膀說：胡斌，想開些，好好改造，爭取寬大處理，早回去照顧孩子。在幹部的關心下，我幾乎要發瘋的神經逐漸好轉過來。我警惕地對自己說：胡斌，你不能得精神病啦，孩子還等著你呢！我突然驚醒過來，振作起來。我對自己說，不要再想了，不然會發病的，會成瘋子的。

車間把繡花工序改成了做民警服。做民警服是流水作業，每個犯人做一道工序，我被分配做褲子的中縫。民警服的褲子中縫有一道紅線，這道紅線做起來非常困難，要求也非常嚴格，紅線要寬窄一樣，還要筆直，稍有一點彎曲就得返工。我踩的是捷克縫紉機，轉盤比中國產機車大一倍，踩一轉頂普通機車轉兩轉，踩起來也很吃力。為了做好這道紅線，我的機車上裝上了許多工具，有架紅線的叉子，有掛紅布的架子，有通過紅線和紅布的卡子，好看極了。整個車間就我的車子最惹眼。如果我這道工序做得不好，整條褲子就不能算做成了，直接影響全車間的生產進度。我認識到這道工序的重要

性，總是全神貫注，兢兢業業，特別是在做荷包處分口的地方，做到平平直直，一點也不敢馬虎。管教幹部為什麼要把這道工序交給我，是為了給我一個立功受獎的機會。我不僅要保證質量過關，還保證產量提高，這就要付出很大的努力。從接到這道工序後，我吃飯也想它，睡覺也想它，把應該注意的位置記得清清楚楚。經過一段時間的操作，我就得心應手了，產量像芝麻開花一樣，節節高了。有一天做到了300多條，創造最高記錄，幹部說：把胡斌做的這道工序連接起來，可以圍武漢市轉3轉。

可是就在這時，我累得吐血了，大口大口的鮮血吐在地上。幹部看見了，叫犯人拿了一個痰盂來，我吐了大半痰盂。幹部見此情景，趕快把我送到了武漢市結核病醫院檢查，檢查結果是支氣管出血，以後每年發一次，直到1984年才沒有吐血了。

我們女犯人洗澡，是在女廁所附近，用一張席子遮著。有一次廁所堵塞了，糞便漫得滿地都是，女犯人既不能上廁所，又不能洗澡。犯人和管教幹部都著急。我見此情景，毫不猶豫地跑到廁所，用手去掏糞便，把塞在洞裏的東西掏出來。廁所通了，而我弄得一身糞便，臭氣熏天。我又用自己的被單把洗澡的地方圍起來，也解決了女犯人洗澡的困難。由於種種表現，年終評比大會上，我得了大功獎，並獲得獎金20元。

在改造中，我們犯人每月還有兩元錢的零花錢，可以買牙膏牙刷，也可以買香煙糖果。男犯人多數都買香煙，女犯人多數買草紙，我除了買牙膏牙刷草紙等日用品之外，就積攢起來。那時犯人都穿自己家裏帶來的衣服，沒有家送的，有困難的，政府就發，發衣服鞋子襪子，也有發蚊帳的。每年評一次，由犯人自己討論，該給誰由犯人評定。我雖然無家裏送，但很少向政府要。我對衣服很愛惜，舊衣舊襪洗得乾乾淨淨，疊得整整齊齊，能給政府節省一點，就儘量不找政府的麻煩。有一次我很想穿花衣服，我從做姑娘起，就沒有穿過花衣服，人到30多歲了，看見別人穿得好也想，我於是將自己每月積累起來的6元錢，交給管教幹部，請她們在外邊撕一件黑底子起白花的布料，誰知女幹部撕了一件藍底子有白花的印花布。我自裁自縫，做了一件短袖便裝穿在身上，神像一位鄉下中年婦女，在鏡子面前，看著自己的

形象，真是啼笑皆非。我原是人民教師，現在改造成農婦了，我辛酸地掉下眼淚。

在省監獄改造的幾年中，竟是我最幸運的日子，因為犯人都是平等的，沒有互相輕視，沒有互相欺侮，我在學習和生產上都有提高，思想也比較平靜。我看了很多書籍報紙，讀了毛主席著作，長篇小說《林海雪原》、《紅岩》等等。有一次我看到了陶鑄寫的《松樹的風格》，非常感動，我含淚一字一句地看完了，我的衣襟也濕透了。這些書籍和文章對思想改造起了很大作用。我本來很悲觀，常想念孩子，想念愛人，想到自己10年漫長的牢獄生活，想到自己將來的結局，就想只有死了好。但我看了這些書籍和文章，認為自己與革命前輩們相比，算不了什麼。革命前輩們槍林彈雨裏出生入死，為黨為人民立下了不可磨滅的功勳，今天卻也冤死在囚牢內，我算什麼呢。我受這點委屈，還值得唉聲歎氣嗎？由於有了這種思想，我改造安心些了，情緒波動少些了，心想只要好好改造，總有一天能見到孩子們。

險些命喪羊樓洞

1966年下半年，省監獄改編，女犯人全部調走。我們一部分女犯人分到了蒲圻縣羊樓洞茶場。

茶場緊靠羊樓洞小街。茶山也不高，綠油油的茶樹，一排一排種植得很整齊。我們站在茶樹前，還比茶樹高出一頭。茶場的茶山與當地群眾的茶山相連，每每採茶時，也能看見當地婦女採茶。好幾年沒有見到外邊的世界了，一旦到了遼闊的野外，特別是見到了群眾，心裏特別高興，有一種說不出的新鮮感。

每天清晨上山採茶，有時採第一道茶葉，很嫩，只有一兩片葉子在茶樹頂端。這道茶經精製後是上等茶。有時採二道茶葉，就是第二次新長的葉子，它比第一道茶葉差些。第三道茶葉就是粗茶了。我們把採好的茶葉，用簍子裝好，打捆成包，用板車送到趙李橋茶廠去加工。趙李橋距我們改造的地方，有10多里路，我們用煤用糧也多從趙李橋街上拖回。我是女犯中的生產組長，管分工，管記每人每天採茶的數量，也管挑茶下山，送茶到趙李橋。

有一次，我和一個女犯送茶到趙李橋，她原來是個醫生，因診病事故而被判刑。此人長得秀氣，文質彬彬，還戴著一副近視眼鏡。她個子瘦矮，當然不能掌車把，我讓她拉繩子。板車上的茶葉堆得比人高，像一座小山。我們剛把車子拉出門，沒有走多遠，就是一段下坡路，路面很滑，我緊緊地握著車把，她拉著繩子，車子直往下滑，我用身子抵住，用力擋住車子運轉，可是因我個子也矮，根本擋不住，兩腳一懸空，車子咕嚕吐嚕直往前衝。我人失去重心，突然連人帶車都翻了。

我被壓在車子下面動彈不得。女醫生犯人見此情景，嚇慌了，趕忙跑回茶場報告。幹部帶著幾個犯人來，把車上的茶葉包卸下來，把板車抬開，才把我救了出來。這時我還昏迷不醒，事後犯人告訴我：「你像死了一樣，我們都哭了。都說你改造10年，已經快滿刑了，卻死了，真划不來。」幹部把我送到羊樓洞診所檢查，謝天謝地，好在沒有內傷和骨折，只傷了一點皮，蒼天有眼啊！幹部叫我休息些時，我卻坐不住，休息3天就參加了撿茶葉的勞動。

娘家已不是我的家了

我到羊樓洞茶場不久，聽說我婆母身體不好，我很著急，心想要是婆母有個三長兩短，我的兩個孩子怎麼辦？我心神不安，日夜記掛著祖孫3人。我於是向場部領導寫了一份陳情表，請求允許我回去服侍婆母一段時間，只要婆母一好，我就馬上回茶場繼續投入改造。管教幹部接到我的陳情表後，同意批准我幾天假，讓我回家看看。快10年了，我沒有見到他們了，歸心似箭，恨不得一步跨到家。

我從趙李橋坐火車趕到武漢，又從漢口王家巷上輪船趕回仙桃鎮。我婆家在楊林尾小鎮上，又從仙桃坐汽車趕回楊林尾。從漢口開船是晚上七點多鐘，在漢水逆水行舟，到仙桃碼頭已半夜兩點多了。憑著10年前的記憶找到娘家。

街上沒有路燈，一片漆黑，死一般的寂靜。我拍打家門，直叫：「媽媽開門，媽媽開門。」過了好一會，母親才被叫醒。她迷迷糊糊地問道：「是哪個？」我說：「是我，我是常星啦。」常星是我的小名。她哦了一聲，便

叫：「德順，快起來開門，你大姐回來了。」小弟弟把門打開了，還揉著雙眼，讓我進了屋。屋裏點著一盞菜油燈，豆大的黃光一閃一閃，母親睡在床上，既不驚訝，也不過問，只冷冷地說了一句：「你到月娥床上去睡。」我滿以為突然回來，家人會感到驚喜萬分，會熱情接待我，誰知母親如見路人一樣，對我這樣冷淡，這樣無情，我心頭的興奮勁全給沖跑了。

躺在小妹妹月娥的床上，前思後想，為什麼母親對我是這樣的態度呢？我想明白了，自我無端領刑之後，不但沒有給他們帶來任何好處，反而給他們帶來許多不幸。他們受我的牽連，也受到了世人的鄙視、欺侮和怠慢，本來可以入黨的哥哥不能入黨，本來可以參軍的侄兒不能參軍，弟弟不能入團，全都因為我受到不公正的待遇。他們當然有理由恨我，打我罵我都不能解恨還能歡迎我嗎？在那個年代，不要說株連九族，甚至連祖宗八百代都要翻個面。第二天清早，我帶著被冷落的心情，離開了母親，離開了弟弟，搭車到了楊林尾。

一個叫楊林尾的小鎮上

在楊林尾街上，我向一位擺小攤的婦女打探丁援朝家，那位婦女警惕地望著反問道：「你是她什麼人？」聽我說我是她母親，她指點我援朝就住在前面不遠的地方，一轉彎靠溝邊的草屋就是。

找到那間草屋，站在草屋前，直見屋中央有兩個孩子，正低頭打蘆蓆。我叫道：「援朝！」姑娘抬起頭，驚奇地望著我：「你是誰？」「我是你媽媽呀！」姐弟倆立刻爬起來，跑到我面前，把我抱住，連聲喊著媽媽媽媽。10年沒有聽到過孩子喊聲媽媽了，我撫摸著一對兒女，辛酸的眼淚直往外流。這時我才看清他們破衣衫，蓬頭垢面，一副乞丐樣。我問婆婆呢？孩子告訴我婆婆在街上賣茶。兒子小鵬跑到街上把婆婆找回來了。婆婆見到我就哭，我也跟著一道哭。

婆婆比10年前老多了，背也駝了，腰也彎了，走路一拐一拐。她問我，你放回來了？我說，我還有一個多月就刑滿了。這次是請假回來看看的。婆婆把家裏10年來怎麼過來的情況告訴我了。

她說，希天是被餓死的。1959年過荒年，沒有吃的，他個子大，勞動強度又大，總是吃不飽，就找野菜吃，中毒，全身發腫，病死時連蘆蓆都沒有包，挖個坑就埋了。她邊說邊哭。我聽著如萬箭穿心，痛哭流涕。孩子也在旁邊大哭不止。

晚上，兒子和我睡在一起。我抱著兒子，摸著他的雙手，感覺粗糙得像鋸子齒刺肉。我拿起來一看，只見手上滿是大大小小的傷口。我問這是怎麼搞的，兒子說，是撿柴禾、打蘆蓆弄的。我把兒子緊緊抱在懷裏，熱淚滿面地說：「兒呀，是媽媽害了你們。媽媽對不起你們！」

躺在床上，我翻來覆去睡不著，我前思後想，我想到他們出生時，我如得金得寶。大女兒援朝能走路時起，我就沒有跟她做過衣服，總是到武漢兒童服裝店買衣服，買帽子，買小皮鞋，總是趕最好看的繡花連衣裙買給她穿。兒子兩三歲時，戴海軍帽，穿海軍服，穿黑色小皮鞋。姐弟倆小時會唱歌，活潑得像小天使，那時他們在學校裏，人見人愛，稱他們是卓婭和舒拉。而今啊，都成了乞丐。這是誰造的孽啊！難道就是我的罪過嗎？

第二天我小姑子一家來了。她一進門就抱住我大哭起來。婆婆也哭。我們3人抱頭大哭。婆婆哭她死去的兒子，姑子哭她可憐的哥哥，我哭被活活餓死在勞改農場的丈夫。我們哭得昏天黑地，哭得死去活來，四周的鄉鄰見著也都流淚。

我怕超假，第三天就離家了。走時大姑娘援朝送我到仙桃。她已是16歲的大姑娘了，總是依偎在我身邊。從仙桃上船，已是晚上12點。母親還是那副冷模樣。是援朝把我送上船，她依依不捨地拉著我的手說：「媽媽，你早日回來啊！」當船離開碼頭時，我還看見女兒搖著手。我看著女兒的身影，眼睛漸漸模糊起來。

我成了自由人嗎

1967年7月19日到了，我在羊樓洞茶場服刑已經期滿，可是並沒有讓我立刻回家。等到年底總場召開總結大會，各分場犯人都到場，在大會上公佈我被刑滿釋放。總場領導講話說：「只要你們真正改造好了，確信放回去不再犯法了，不管你的案情多大，都可以回家同家人團聚。否則，你判得再

輕，也不會放你回去。」接著就以我為例，說，「重大政治犯胡斌，在改造的10年中一貫表現還好，我們現在就放她回去，立刻辦理回家手續。」散會後，幹部把我叫到辦公室，給了我一張釋放證，60元錢。我所有的衣物用品都可以帶走，場裏還送了我一床新被單，一床蚊帳。我隨陳管教幹部一同在趙李橋上火車，我想到自己已經成為一個自由人了，心裏有無比的興奮。

回到仙桃，陳管教幹部帶我到沔陽縣公安局報到，我拿出釋放證給縣公安局幹部看了。他說：「你刑滿了，但還戴著反革命的帽子，回去後，要老老實實接受人民的管教。」我說：「我已坐了10牢，為什麼還要戴帽子？」他說：「判刑是法院判的，帽子是人民給你戴的。你只有在管制中好好表現，爭取人民跟你摘帽。」天啦！坐了10年牢不算，還要受管制，這種不自由的日子何時了啊？」我滿以為自己10牢坐滿了，就取得了公民權，就可以自由了，可以和孩子們幸福地生活在一起了，我懷著滿腹的高興回到家，誰料又要受管制！我一下子掉進了冰窖，滿腹的興奮，滿懷的憧景，頃刻都化為烏有。

小鎮上的小草屋

拖著沉重的腳步回到家，這那是家呀，就是一個陷阱。我望著像草棚的草屋，屋頂透著大大小小的白光，幾根枯黃的稻草掛在門前，在淒風中擺來擺去。草屋靠右角邊立著一個土泥巴灶，草屋裏被炊煙熏得一片漆黑。屋裏除了一張歪歪倒倒的小方桌，幾條缺腳少腿的凳子，再就是隨手丟在地上的幾個破碗。草屋中間疊著的蘆蓆，就是這個家的全部財產了。

到家後的第二天，婆婆對我說：「這些年我陷在家裏，那裏也沒有去過，總想走走人家，又不放心兩個孩子，現在你回來了，我想到姑娘家住幾天。」我說：「也好，您老就出去走走吧，這麼多年也苦了您老了。」婆婆從懷裏拿出10斤糧票遞給我，說：「這是這個月的糧票，我們每月只有50多斤，吃得只剩下10斤了。」我接過糧票看了看，這就是全部家當了。

楊林尾是個小集鎮，只有百多戶人家，誰家有點小事，不到吃頓飯的時間，就可以傳遍全鎮。我一到家就被四鄉的人知道了，來了很多人看我，有關心的，有看熱鬧的，有好心的人，也有別有用心的人。我當時只有38歲，

還是個中年婦女，雖然有10年牢獄之苦，但還不太顯老。憑著一些書本知識和社會經驗，總是小心翼翼對待這些人。還時時記住自己是個戴有「現行反革命分子帽子」的人，不能有絲毫馬虎，不能讓人抓住把柄，作為批判鬥爭的材料。那些好心人中，有同鄉，有丁希天的同事和朋友，也有我的同學和親人。在那個統購統銷的年代，物資供應很緊張，一切用品都按計劃供應，這些好心人有送米的，有送柴草的，有送些陳舊衣物的，都懷著感激的心情接待他們。但對某些別有用心的人，我也警惕地對付他們。

有一位姓蕭的男人，自稱是老丁的朋友，我並不認識，他來看我，是在晚上來的。屋子中間的小桌上點著一盞煤油燈，我正在教兒子寫字，為了光線亮些，我用白紙做了燈罩，燈罩遮住我的臉。那個姓蕭的男人，一邊同我說話，一邊站起來把燈罩拿開了。我靈機一動，就到灶邊給他倒了一碗茶。可他不接茶，卻拉著我的手，我像被刺了一下，驚得把茶水收回來，就走了出去。我躲在離家不遠的一棵大樹下，怦怦跳動的心好一會才平靜下來。我很生氣，想狠狠地鄙他幾句，但我卻不能做到，因為我不能得罪貧下中農，不能得罪人民。以後也有些不懷好心的男人來看我。俗話說，寡婦門前是非多，我感到了事情的嚴重，於是跑到居委會找負責人，說清了一切經過。我說，我雖然是個戴有帽子的人，我在政治上應受到處理，但我的人身應該受到保護。居委會負責人說，只要你守法，不做危害人民的事，你的人身我們應保護。從此便沒有壞東西上門了。

我回家後，要生活，要生存下去，就得要做點什麼事。在監獄學的幾套本領，如做縫紉，我沒有錢買縫紉機，做農活我家沒有田地，採茶吧，又沒有茶山。我雖然有點本領，卻無用武之地。我看著一對兒女打蘆蓆，便想不妨學打蘆蓆吧。姑娘說，你年紀大了，蹲著打蓆很吃力，不如就捶蘆篾，我想也對。每天跟他們做完飯就捶蘆篾。開始總捶不好，不是把蘆條捶斷了，就是捶成了絲狀，打不好蘆蓆。姑娘就手把手地教會我，過不了多久，我的一雙手也同兒子一樣粗糙，傷口被水一浸就疼痛難忍。

楊林尾靠近湖邊，盛產剛柴和蘆葦，居委會利用這個資源，組織全鎮閒散人員割剛柴編曬簾，砍蘆葦打蘆蓆。我們母子3人齊上陣，帶著行李和乾糧，到柴山幹活。

正逢炎熱季節，柴山林裏又悶又熱，蚊子特別多特別大，蚊子咬起來恨不得一口把人咬死。我們白天砍柴收柴搬柴，累得喘不過氣來，到了晚上又咬得睡不好覺，不幾天就被折磨得人不像人，鬼不像鬼了。

想我的小女兒

我很想念小姑娘竹君，她給人家上10年了，不知道長得怎麼樣，生活得好不好。我和大姑娘商量，想去看看她。大姑娘說，小姑娘給的那家姓劉，取名劉運姣。她乾爸原來在天河鄉保合大隊種田，結婚10年沒有孩子，兩口子就離婚了。乾爸出去種田不放心把運姣一個小孩丟在家裏，就帶著她到湖裏打魚去了。大姑娘說：「我叫小鵬同您一道去，他知道他們的去處。」

我和兒子小鵬找到靠湖邊不遠的夏傅岸村子，到處打聽劉家的漁船所在地。有位婦女告訴我，在離村子六、七里遠的湖邊。我們又找到那裏，看見湖岸一個像人字形的小棚，棚前正有個小姑娘伏在地上對著土灶吹火。我走近她，她還沒有察覺，我問了一聲：「你姓劉嗎？是不是劉運姣？」小姑娘抬起頭來，望著我，臉上灰黑灰黑，眼睛被煙火熏得迷迷濛濛，一眨一眨，還流著眼淚。她驚奇地問：「你是誰呀？」「我是你媽媽，我回來了，特地來看你的。」她將信將疑地望著，後來看見小鵬了，就叫道：「小鵬哥哥，你來了。」小鵬說：「媽媽回來了，這是媽媽。」我走上前把她抱著，我辛酸地流著淚：「我是你媽媽，是你媽媽。」孩子哇地一聲突然大哭起來。她10年沒有叫過媽媽，她不知道媽媽應該如何叫法。過了好一會，她才告訴我，她乾爸到村裏賣魚去了。

快到吃中飯的時間了，她乾爸從村子裏回來。他個子瘦長，黑黑的，黑紅的臉上還有幾顆麻子，光頭，穿著短衣短褲，打著赤腳，肩上扛著個漁簍，蹣跚地走回來了。不到我們面前，運姣便跑上去抱住他，說：「爸爸，我媽媽回來了。」他望著我和小鵬，心裏一切都明白了。他走到我面前：「你回來了？」「我釋放回家了。今天特地來看看你們。這些年難為你了，害你受苦了。」我抱歉地說。他低頭鑽進棚子裏拿小板凳叫我坐下。他慢聲慢氣地說：「你回來就好，姣姣已10歲多了，跟我在船裏過日子很不方便，你已經回來了，我把她交給你。」我連連說：「不行，不行。您撫養她上10

年，不容易，我怎麼能把她帶走呢！況且我剛回來，生活也很困難，我也養不活她。」他說：「我馬上回保合去，還是去種田，你們有困難，我可以幫助。」

我胡斌十年前就死了

不久，他真的帶著姣姣回他自己的村子去了。

以後他到我家幾次，也帶姣姣到我家來，間斷地送來一些糧票布票和吃的東西。

自從我坐牢後，我的3個孩子都沒有讀什麼書，兒子只上到小學四年級。我回來時小鵬

劉培林的晚年

應該讀初中，我給他4元錢，叫他去報考。他到學校去報名，學校一聽他是地主家的後代，父母都是反革命分子，就拒絕了。從此，他小小年紀就參加了勞動。兩個女兒都是文盲，一字不識。嗚呼，教師的子女卻成了文盲，豈不悲乎？

1970年，政府頒佈了疏散城鎮閒散人口的政策。我家既沒有人參加工作，又沒有勞動力，更是四類分子，當然是下放的重點對象了。我想，我從省城到縣城，由縣城下到集鎮，現在再由集鎮下到農村，可說是到極點了。如果再要下放，就要放到閻王那裏。

疏散人口政策有條規定，能投親靠友的，可以投親靠友，沒有親友的，就由政府安排。我們雖有親友在農村，但哪個願意接收我們呢？這時我和婆婆商量，我說，我們要下放到一個陌生的地方，一定要受人欺侮，俗話說，嚼生雞子。怎麼辦呢？婆婆說：「事到如今我才說，姣姣的乾爸托人來說了幾次，他一個人，又沒有妻子兒女，領著姣姣很不方便，想和你成家，一起過日子。我總覺得老劉人老實忠厚，又很有人緣，他現在住的村，也是我們原來住過的地方，我看最好是到他們村去。」

我想了很久很久，拿不定主意。老劉是貧下中農，是個老實農民，他一個單身帶個10多歲的姑娘過日子，確實很不方便。姑娘一年年大了，很多

事不能對乾爸講，如果我把姑娘接過來，在道義上也說不過去，他辛辛苦苦把姑娘撫養了上10年，實指望有個親人，有個靠山。我處在兩難境地：我若把孩子弄走了，顯得無情無義，要把孩子放在他身邊，我也不放心。左思右想，只有回娘家，找我媽媽、哥哥、弟弟、妹妹商量。

娘家聽我說明了情況，也不好不管，我畢竟是他們的親人，是一個乳頭上吊大的。他們便開了一個家庭會。我哥哥說：「常星事到如此，也不好辦，家裏沒有勞動力，老的老，小的小，到農村去，怎麼搞農活？只要老劉人老實可靠，他願意挑這副重擔子，我看可以。」妹妹說：「也是，我只是怕姐姐受委屈，她一個知識分子，嫁給一個文盲農民，相當嗎？」媽媽說：「生活都有困難，還管什麼文盲不文盲！像她這樣的家庭，又是地主，又是反革命，又是右派，誰敢要她家？老劉敢挑這破鍋，我看可以。」我見全家人真正同意，就表態說：「我胡斌在10年前就死了，現在的胡斌是個沒有靈魂的死屍。只要孩子們生活有保障，能好過，我不算什麼。我之所以能活到今天，也是為了孩子，為了孩子們能長大成家立業。」

到了規定一定要離開楊林尾鎮的那天，女兒的乾爸劉培林駕一條木船來接我們，我們把必須要帶的幾點東西搬上船，不要的破東西和破草棚都丟了。全家人上船到了保合五隊劉培林新砌的草屋。還沒有到劉培林家，就聽到一陣劈劈叭叭的鞭炮聲，隨著姣姣到每家每戶去發糖果。我問哪來的鞭炮聲，劉培林說，是隊裏放的。隊裏怎麼會放鞭炮，歡迎我這個四類分子呢？我明白了，老劉有人緣。我突然一陣心酸，跑進門便傷心地大哭起來。我意識到，我的生命又到了一個新的轉捩點，我是劉家的老婆了。

嫁個文盲也有罪

到劉培林家第三天，楊林尾鎮委會來了一位通訊員，通知我到鎮委會去。我不知道發生了什麼事，便隨他去了。一到鎮委會，鎮長便說：「你是不是叫胡斌？」我說是的。鎮長又說：「我們放你到農村，是要你老老實實勞動，老老實實接受人民的管制，不是叫你去嫁人。你嫁貧下中農是何用意？寫出檢討，老實交待！」我戰戰兢兢地說：「婚姻法上又沒有規定四類

分子不許嫁人啦！」鎮長怒氣衝天地說：「你找貧下中農是別有用心，還不老實交待！」於是把我拘留起來，關在鎮政府一個小屋裏寫檢討。

我流著傷心的淚，一字一淚地將自己的真實思想寫了10多張材料紙。我寫道，劉培林是個單身漢，我小女兒從小給他撫養大，現在已10多歲了，姑娘一天天大了，跟著他不方便，我也不放心，我把姑娘接回，我又養不活她，這樣做在道義上又說不過去，對不起劉培林。我全家沒有一個勞動力，到農村不會做農活，有劉培林領著我們，生活才有保障。我並沒有腐蝕貧下中農的思想。過了幾天，由保合五隊隊長出面擔保，才把我放回家了。

回家那天是夜晚11點多鐘，我隨著隊長一聲不響地走著，到家時只見劉培林一人坐在屋中間，點著一盞菜油燈。婆母和孩子都睡了。我一進門，劉培林就站起來，到廚房端出一碗飯，一碗荷包蛋和幾樣小菜。他說：「餓了吧，快吃。」說完他坐在桌子邊望著我。我好幾天都沒有吃東西了，一見熱氣騰騰的飯菜，眼淚不由人地流了出來。我邊吃邊哭，我感到心酸，又感到了溫暖。

過了兩三個月，我們全家人都生活得很融恰，劉培林很高興。家裏除了70多歲的婆母外，全都參加了隊裏的勞動。大姑娘援朝19歲了，她和繼父一樣拿頭等工分。小鵬16歲了，拿8分工。我和13歲的小女兒一樣，拿5分工。我們算全隊勞動力最多的一家。我除了隊裏安排的勞動之外，還要燒火做飯、洗衣、餵豬、養雞養鴨、抽空搞菜園子。成天忙得要命，到晚上，躺在床上動彈不得。勞累和漸漸安定的日子，使我不再去想到什麼叫斯文掃地。這樣的日子，是一個文盲農民給我們全家帶來的，劉培林是我們全家的大保護傘，也是我們全家的主心骨。

一天，隊裏有位婦女匆匆忙忙跑到我面前，大聲叫道：「運姣媽，快點，你家老劉倒在田邊了，你趕快去看看。」我立刻放下鋤頭跑到水田邊，只見老劉在田埂上滾來滾去，唉喲唉喲地直叫喚，旁邊圍著幾個一起幹活的村民。我問：「老劉，怎麼啦？」他臉上豆大的汗珠直淌，口裏直叫：「疼死我了，唉喲，肚子疼，疼死我了。」我趕緊和幾個人把他扶回家，用板車送到楊林尾醫院，檢查結果是急性胃穿孔。眼見他的肚子腫起來，到晚上已經腫到明亮明亮。我問醫生有沒有把握看好他的病，醫生說這裏條件差，必須馬上動手術，這裏做不了。我說，那就趕快轉院，不要耽誤了病人。醫生

說需要很大的費用，你擔當得起嗎？我說只要能救人，一切我負責。醫生說，那好，我馬上打電話通知縣醫院，叫他們來救護車。晚上12點了，仙桃醫院的救護車來了，等車子剛停穩，我們就把老劉抬上車。隊裏幹部給了兩百元錢我。我抱著老劉的頭，拉著他的兩隻手，車子就開走了。

一路上劉培林痛得兩邊滾，我緊緊抱住他，怕車子震得他難受。我連叫司機開快些。車子一到仙桃醫院，老劉就被抬進了手術室。我站在手術室門口，走來走去，心神不定，心急火燎，狠不得馬上見到他，看他人怎麼樣。大概3個多小時，老劉被推出來了，我跑到他身邊，醫生說，這個人要是晚來5分鐘，就沒有救了。謝天謝地，得虧我在楊林尾做出了果斷的決策。

劉培林像死人似的躺在病床上，鼻孔插著一根管子，我坐在床邊看護著他。我想我的命好苦呀。我前夫死在了勞改農場，我九死一生從牢裏放回來，沒有過一天好日子，今天剛有了一個像樣的家，卻又遭此磨難。難道我的災星還沒有滿足，難道我的命該如此，難道我還沒有受夠罪。我有滿腹的苦水吐不出，跑到病房外邊，抱著窗戶大哭。我要把所有的悲憤，所有的痛苦，都倒出來。我仰問蒼天，我為什麼這樣不幸，這樣命苦？

唯一對我好的是劉培林

雖然嫁給了貧下中農，但並沒有改變我的反革命分子的命運，我同樣受到管制，受到監督。我們每週都要到大隊部去接受訓話，那些農村幹部，像土皇帝似的，政策水平特別高，政治立場特別堅定，鬥爭批判也特別厲害。他們訓話，一開口就是：你們這些混蛋，不老實改造，鬥死你們。訓話完了，就大吼一聲：滾！根本不把我們所謂四類分子當人看，我們比畜生都不如。農民把一頭豬，一隻雞，看得像寶貝。我們呢，可以任人凌辱，任人唾罵，連三歲小孩都可以罵我們。

有次我從田裏回家，一群孩子看見了，就喊：「胡斌，反革命。」凡是要開展什麼工作，召開動員大會，或者搞什麼運動，就叫我們站到台前，批判鬥爭一頓，或者戴高帽子遊鬥。我們成了放矢之的，打靶的靶子。不管你改造得好壞，一律對待。我想我坐牢10年中，特別是在省監獄改造的幾年中，從來沒有聽到一句狠話，總是受表揚，受獎勵。我本來不是什麼

反革命，我只是忍氣吞聲地承受這一切，如今到群眾中來了，反而老挨批挨鬥。

每次大會，全家人都參加，兒女們一見有人批鬥我，就躲在人縫裏，低著頭感到羞恥。開始我的兒女見我回來了還很高興，也很親熱，後來他們年紀大了，對我反而疏遠了，冷淡了。因為他們滿以為我回來會給他們帶來幸福，未料到卻是無盡的羞辱。這樣，我就更痛苦了，後悔我不該回來，留在茶場刑滿人員的新人隊裏還好些。

唯一對我好的是劉培林。每次我痛苦地回到家，他就笑臉相迎，他不會說什麼，總是端條板凳給我，或是倒碗茶給我。就這樣我感到了溫暖，感到自己還是一個人。

有一次，我又到大隊部去接受訓話，回來已是下半夜了。從大隊部到劉家要走一段兩里長寡堤，堤的一邊是水田，一邊是東荊河，河岸上都種著楊樹柳樹。夜晚，月色朦朧，樹林裏漆黑，時有點點微光閃動。微風吹過，樹葉發出沙沙的聲音。我一個人走在堤上，像個幽靈。

我邊走邊想，我還算個人嗎？實指望10年牢坐滿後回到家，可以過像人的生活，可以像別人一樣的自由幸福，可以大聲說話大聲歌唱，可是我不能。我除了勞動，別無所有。我不能串門，不能和群眾交談，不能寫書信，不能訪親交友，更不能大笑大叫。自從回到家，只有哭沒有笑。我活著有什麼意義呢？過去我想，為了孩子，我要堅強地活著。現在孩子們並不需要我了，而且因為我使他們蒙羞，我活著又有什麼意義呢？所有關於活著的意義，對於我來說，都是自欺欺人。我又一次強烈地想到死。

我走到河邊，望著滔滔流動的河水，我只要輕輕向前一跳，就可以一了百了，人世間的一切苦悶煩惱，都可以消除了。我正準備往河撲去，突然煞住了。有一個理由，阻止了我：這一跳，我的冤案豈不永存海底，永遠說不清。人們不但不說我是被冤死的，反而會說我是畏罪自殺。我不能死。我一定要把漢陽事件的真相說清楚，一定要洗清自己的身子，我是無罪的。我堅信共產黨會把案情搞清楚，中國有幾千年的歷史，那個朝代沒有冤案，到後來都有人翻案。岳飛，文天祥，都是生動的例子。曹操都被人翻案了，我難道就沒有平反的一天嗎？毛主席曾經說過：「世界上最怕認真二字，共產

黨最講認真。」我們黨的政策是實事求是。我堅信總有一天會真相大白。我不能死。我這樣不明不白地死了，死也不會瞑目。

返回小樹林，一陣鴉雀飛過，慘叫一聲，就像鬼哭。我壯著膽子，自言自語地說，怕什麼，我就是鬼，就是牛鬼蛇神，還怕什麼鬼。我拖著沉重的腳步，流著淚水，回到了家。這時培林還沒有睡，他在等著我，見我悲傷的神色，就說：「想開些，劉少奇都冤死了，你比劉少奇還偉大嗎？不要難過，快睡。」我聽他這樣一說，受到了鼓舞，得到了安慰。培林成了我生存下來的精神支柱，也給我生活的勇氣。我感謝他，熱愛他，把他當成我唯一的保護神。

我喜歡雨天。喜歡聽雨水滴落在屋簷上嘀嘀嗒嗒的聲音。每當這個時候，我就會產生許多聯想。我想毛主席之所以英明偉大，就在於他善於將歷代的經典運用到現時代的各個方面，如秦始皇的焚書坑儒株連九族，唐僧整治孫悟空頭的緊箍咒。我們哪有孫悟空的本事，我們不過是戴著帽子的四類分子。

晴空一聲春雷響，全國迎來了「雙改」運動，所有四類分子摘帽了，自由了，我從牛鬼蛇神變成了人。

這是1978年。

我的申訴上訪之路

十年來第一次暢心的笑

我寫申訴書，我的上訪道路，也不平坦，經歷了許多磨難。

從坐牢時起，我從來沒有說過自己有罪。在監獄改造總結評比時，我只說自己因為有資產階級思想，只要求學生好好讀書準備升學，忽視了對學生的思想教育。我也常想到寫申訴書，但我見到凡是上訴的犯人，多數是加刑，甚至處以極刑。當時普遍的看法，認為上訴就是不老實，不

胡斌老師在武昌梅園

老實就是罪過。我是漢陽事件中重要的政治犯，全國有名的案犯，能寫申訴嗎？只要我寫申訴書，就有被槍斃的可能性。所以坐牢10年，我不申訴。釋放回家後，被管制得嚴嚴的，書信往來都要受到檢查，我也沒有時間寫申訴書，也不敢寫。1978年摘帽了，我才有了寫申訴書的權利和自由。

記得楊林尾公社通知我去開會，發給我和前夫丁希天的摘帽證書，我激動得直流眼淚。我不敢相信這是真的，我捧著摘帽證書看了又看。當我確信這是事實，我高興地笑了。這是回家接受監督管制的又一個10年來第一次暢心的笑。我想，如果丁希天能活到今天該多好，我一家人不是可以團圓了。正在這時，公社管教幹部喊我，他把我叫到他的辦公室，拿了兩百元錢給我。他說：「這是丁希天的撫恤金，你簽個字吧。」我捧著這突如其來的兩百元錢，悲傷地大哭起來。我說：「丁希天呀，你的命只值兩百元錢啊！」

一次次申訴被一次次駁回

摘帽以後，我就開始寫申訴書。我首先對漢陽縣人民法院寫，一封信一封信地往漢陽縣寄。申訴書發出後，不見回音，我就開始上訪，第一次到漢陽縣。走在路上，心潮起伏，感慨萬千，我胡斌終於回來了。我去法院找院長，院長不見。我找幹部，幹部不理。一次一次地寫，一次一次地上訪。我找李德龍，他當年是縣公安局局長，這時是縣委組織部部長。李德龍說，當時是法院呈材料審批的，要複查也要法院拿材料來。我又去法院，法院一位幹部說：「這是中央批示的，我們無權複查。」我不死心，仍然不斷地寫申訴書，不斷地上訪。

直到1982年8月4日，才收到漢陽縣人民法院一份通知書，這樣寫道：「胡斌，你不服本院一九五七年八月二十九日因漢陽縣一中反革命暴亂事件以現行反革命罪對你判處有期徒刑拾年的判決，於一九七八年八月至一九八一年五月曾先後多次向本院及有關單位申訴並上訪。根據你的申訴理由，現經複查認為，原判認定你自丈夫被捕判刑後，對我黨和政府心懷不滿，與王建國、鍾毓文、胡平軒等人組織宗派集團，以及煽動學生鬧事等罪行的事實清楚，證據充分得力，定性準確，依據當時的政策法律，對你判刑十年是恰當的，據此，你申訴無理，予以駁回。」

我見在漢陽縣法院申訴無望，便改道上省城。我給湖北省高級人民法院寫，給王任重寫，給劉惠農寫，我一次一次到湖北省信訪處上訪。我想只要有決心，鐵杵也能磨成繡花針。

有一次我又上訪到湖北省人民法院，我說：「我不管漢陽事件中的其他人，我只管我自己，我是沒有罪的，我沒有犯法。」接待我的幹部說：「你們是連案，要解決你的問題，就必須把整個漢陽事件搞清楚。我實話對你說，不要說漢陽縣解決不了，就是省法院也解決不了，當時審批漢陽事件案子的是毛主席和董必武。如果想翻案，除非中央來文件，組織三級政府重新調查，你們的問題才能搞清楚。」我一聽得到了啟示，那好，我就上訪中央，找最高人民法院去。

我將自己的申訴書刻成鋼板，印了一百多份，用又掛號信寄到最高人民法院。同時，我向胡耀邦、趙紫陽、蔡暢、鄧穎超等領導人，向國務院，凡我所知道的人，都寄了。我省吃儉用，把錢都花在寄掛號信上。每封寄出的信件，我都付費要回執。我怕仙桃地方小，中央的信件發不出去，便到武漢市發航空信。我下定決心，不把事情搞清楚，決不甘休。我在申訴書裏寫道：我所寫事都是實事求是，都是真實的。如果調查出來有虛假，我願再坐10年牢。」

三上京城

第一次我上訪北京有些害怕，恰好我弟弟因公出差，就跟他一道進京。找到最高人民法院，接待人又這樣說：「當初審判時，是你們縣送來的材料，現在仍然要有他們的材料，我們才能辦理。」我說漢陽縣法院把我駁回了。他說，那我們也不好辦。就這樣把我打發回來了。回來後，我前思後想，漢陽縣已答覆駁回，不會接待我了。省法院也交了底，只有中央一條道走了，我還是要找最高人民法院。我突然想起了舊戲中的「四下河南」的包大人平反的故事，我何不三上北京！

我第二次單槍匹馬地上北京了。

這次我的膽子大多了，直接找到最高人民法院，法院同志告訴我，有專門接受上訪的地方。我又找到一個叫做游泳池街的地方，只見那裏黑壓壓的一大群人，全國各地的人都有，有的是帶著行李捲來長期堅守的。按照老上

訪們的指點，我找到了中南處，到那一看，媽呀，排隊的人已經站成一條長龍，彎彎曲曲地延長一、兩里，幾時才能輪到我呀！一問其中一些人已經來了上十天，帶行李捲的就睡在路邊上。我又按照老上訪們的指點，先到登記處去登記住房，在那裏領到一張每晚只交兩角錢的住房證。住處是一個倉庫似的大統房，又是一張大木板搭的床鋪，活像一個收容所。滿屋的婦女，拖兒帶女，哭的哭，叫的叫，一片嘈雜聲，聽口音河南人居多。找到指定的床鋪號，原來是一尺寬的地方，睡下去連身子都不能翻。這種床鋪我已經早領教過了，我也不在乎苦不苦了。

在上訪處站隊，站了兩天多，一步也不敢離開。如果離開了，就得重新站隊。我就在隊裏站呀站呀，肚子餓了，就在身邊買塊麵包，要上廁所就和前後站隊的人說說好話，請他們原諒一下。上廁所的時間，也是喝自來水的機會。每天清晨天濛濛亮，就趕到站隊的地方，直到下午6點鐘收場。有的人怕趕不上站前面，就乾脆睡在站隊的地方。一天，兩天，第三天才到了我的號碼。我被叫到了中南接待處，接待我是一個中年婦女，態度很溫和。她問我為什麼上訪，我說我是漢陽事件中的受害者，她好像有所悟的樣子，我把我要申訴的理由和我的遭遇，都說給她聽，並把申訴書給她看，我一字一淚，說個不停，也哭個不停。她被感動了。她說：「我對你的不幸很同情，漢陽事件當初是全國有名的大事，是中央根據下面送來的材料審批的，現在要重新複查，也必須下面送材料上來。這樣，我跟你寫一封信，你親自拿到湖北省法院，他們看信後會處理的。我同時再寄封信給他們。你說行嗎？」我見已經說到這樣了，還有什麼辦法呢，只有點頭稱是。我見她從抽屜拿出一張紙，一個信封，不知寫了些什麼，把信裝進信封，並且在信封粘貼處蓋了一個公章，把信遞給我，又喊下一個上訪人員。

我拿著信，在天安門廣場走來走去，我想到辛辛苦苦、三番兩次到北京，吃了好多苦，受了好多累，只換來了這封信。這封信能解決問題嗎？我想不行。這時我突然想起要裝瘋。心想，我把申訴書揣在懷裏，我裝瘋去廣場上亂叫亂嚷，武警一定會把我抓起來，他們搜身會發現我的申訴書，或許能解決問題。但我又想，廣場上有好多外賓，我若裝瘋在廣場瞎鬧，豈不被外國人恥笑，豈不有損國威！不能，想來想去，徘徊不定。我又想到了

「吳天保觀書」的舊戲。吳天保為了替他的朋友翻案，見上頭的官大，反不了，就叫朋友的妻子死，只有死才能為他的朋友洗清身子。我想我到人民紀念碑前去撞死。用死來申訴我的冤案。我走到紀念碑前，望著碑文，我默默地想，我死了，翻了案，我不知道。如果沒有翻案，豈不是白死了，沒有價值。左思右想，心情矛盾到極點。這時已是下午7點多了，我買的回武漢的火車票是晚上8點的，我無奈地流著淚水上了火車。

上了火車，我用髮卡把信封未蓋印的一頭剎開，看信內寫些什麼。信內是一張油印紙，上面寫著：「湖北省法院：你省胡斌同志申訴一案，請查照辦理。」如此云云。我到武漢已是第二天的早晨8點了，我直接到省法院，將中南信訪處給的信件交給了省法院的同志，他看了後說：「你回去，聽候我們處理。」

回到沔陽，申訴的心仍不死，我還是不斷地寫，不斷地寄。我把申訴書直接寄到國務院。我久告不離原詞，苦苦哀求，我說我的冤案如果不搞清楚，我死不瞑目。我決心只要還有一口氣，我都要繼續申訴下去。

1984年我第三次上北京，正是嚴冬季節，到北京下火車，北風迎面呼嘯而來，天安門廣場飛沙走石，飛沙打在臉上，臉就像被刀割似的疼痛，鼻涕流出來，一下就成了冰凌。我又到了游泳池信訪處。這次接待我的是一位男同志，他對我說，你不要再來了，就在家聽候我們的通知。

我在家度日如年，等呀，等呀，盼望著有佳音飛來。我祈禱蒼天，我燒香拜神，請求菩薩保佑。突然有一天，郵遞員來了，他叫：「胡斌，回執。」我一看回執，上面有個棱形的印章，刻著國務院信訪局字樣，我像得到了聖旨，高興地大叫。我連忙告訴所有關心我申訴的親朋好友，我激動得幾天睡不著覺，盼望我的申訴早日實現。我又連續向國務院去信。

1985年，我的冤案終於得到了昭雪平反。當平反工作組徵求我的意見，問我有什麼要求提出來時，我說：「過去的已經過去了，現在給我一山金子，一山銀子，我失去的總是失去了。如果說我有什麼要求的話，我願意回到漢陽縣。」他們問我為什麼要回到漢陽縣，我說漢陽縣是我的第二故鄉，我懷念漢陽一中的一草一木，懷念我的同事和學生。我在那裏跌倒，我仍然要在那裏爬起來。

胡斌偕劉培林回到漢陽一中

　　我如願以償地回到漢陽縣，回到漢陽一中，在那裏開始了我的自由生活。雖然有許多不盡人意的事情發生，雖然在許多人眼裏我仍然不過是一個被平反的政治犯而已，但我畢竟獲得的真正的新生。

〔附錄〕趙迪生寫給中央領導人的信

首長同志們：你們好，願一切順利！

　　關於胡斌同志向你們呈遞申訴書，想早已查閱了。我們當年一道的老同志目前雖已退休或離休了，但對1957年的「漢陽事件」造成對胡斌同志和其他許多人的遭災，寄於無限的同情！認為此案係當年黨中央毛主席批示定調的，直到現在，中央未予清理複議明作批示，下層無法動手，以致問題懸難落實，是易理解的了。

　　我是一名中華人民共和國公民，也是因錯劃右派而蒙獲改正人員，我應作一名黨外戰士，維護黨的利益，為黨的事業作些有益的工作，並且要赤膽忠心地把事作好一些，才對得起黨和人民。

　　遠在1957年的「漢陽事件」，當時學生鬧事是因為升學問題，應加強對青年學生的思想教育，本該是小事，而竟被打成為「反革命暴亂」，並且是國內的「小匈牙利事件」，當時且波及中外，使人驚心動魄，面面相覷，不敢吭聲。當時這種圖簡易的鎮壓，不予細心教育疏導學生，實係不法過火、打擊過分。今天看來，顯然是「左」了。為了使人們瞭解真相，讓人誠服，按三中全會的路線、方針、政策作指導，對「漢陽事件」應予以清理，認真調查研究，落實政策，應該是適當的日子了。

　　我們曾多次思考著：胡風事件平反了，錯劃右派的問題改正了，全國的「四類」分子（除現行的階級敵人和壞分子）摘帽了，對臺灣的大統政策也寬大了；對外政策開放了；國內經濟搞活了；文明建設令人欣喜，改革之勢空前大好，統戰工作日益壯闊……凡此等等，均顯示出一定的威力。唯獨1957年的「漢陽事件」這一重大政治歷史遺案，至今未落實政策，繼續僵化著，難道我們黨無暇顧及，讓此案石沉大海，永成歷史懸案嗎？我看這是不會的，三中全會的精神將會不許的。

　　為此，敬望黨中央首長們，慎重考慮，能予「納諫」，為弄清「漢陽事件」的真相，早日落實政策，讓人們理解，也好讓受害者早日獲得心靈上新生與自由，使其心情舒暢，好為「四化」事業獻出力量，作出貢獻為望！謹此敬禮！並祝首長們身體安康、工作勝利！

湖北省沔陽師範退休人員　趙迪生
一九八五年三月　恭呈

楊繢淑和她改名換姓的女兒

1957年9月6日那天，楊繢淑被控制在她工作的蔡甸小學裏，校長寸步不離地守在她身邊，防止出現意外。會有什麼意外呢？鬧法場，尋短見？她是個24歲的文弱女子，她不知道怎麼鬧法，即使讓她到法場也只是為丈夫送行。她是兩個女孩的母親，小女兒還在吃奶，她不會馬上想到尋短見。

參加公判大會的蔡甸小學同事，給楊繢淑描述刑場的情景：「他被押解到臺上，不停地四處張望，是在人群中找你。」同事還說，警員把他的頭按下去，他又昂起來，四處張望。再按下去，他再昂起來，四處張望。他將要與愛妻訣別，從此陰陽兩隔，雖然堅信自己沒有犯法，沒有做對不起人民的事情，得到這樣的下場卻對不起愛妻。從此兩個女兒都沒有了父親，一切一切都只有拜託愛妻了。

如果允許王建國見愛妻一面，給予他說一句話的機會，他一定會說：「繢淑，我對不起你，兩個孩子拜託你了。」

他沒有這樣的機會。

王建國校長與楊繢淑老師的長女，經過兩次改名換姓叫楊文佳。

楊文佳現在有了一套住房，對於一個單身女人來說，顯得比較寬敞。她終於可以住在自己的房子裏，應該感覺到特別欣慰，但她心情卻特別沉重。她說，這是用她父親年輕的生命換來的呀。

我同楊繢淑老師在文佳家裏見面。她看見桌上放著我寫的一本《閱讀感悟》，說：「哦，劉富道，我讀過你寫的東西。」

楊老師同我談話，對我所用的第二人稱，其實都用武漢話的「您家」。

楊老師很客氣地問我：「我們應該怎麼稱呼你呢，是稱劉先生？」

我說：「您是老師，是師母，我是王校長的學生。胡斌老師喊我小劉，或叫我富道，我很高興。」

我沒有想到這天能夠見到楊老師。傳說她們母女倆關係弄得很僵，讓她到文佳家裏來見面，不知道她願意不願意。文佳同她小姨通電話，讓小姨傳達我們的意思，楊老師居然答應來了。

王校長蒙難10年之後，楊老師同楊必烈老師組成一個新家庭。當時楊必烈老師也戴著右派帽子。續淑老師說：「我只能找這樣的人。我不能在外面低頭，回家也低頭。女兒們不理解。我10年後才改嫁，也對得起王建國了。」組成這個新家庭之前，有一位長航工人，願意接納她們母女三人。續淑老師覺得不合適。自己是一個「反屬」，一個右派分子，一個臭知識分子，在工人階級面前的地位太低下了。

見面那天晚上，我送楊老師回家，快到分手的時候，楊老師說：「你以後一定要到我家去玩。」稍停，她說：「現在就去。」我說：「太晚了，今天不去了，以後一定去看您。」她說：「其實，有些誤傳。我家的楊老師，並不是小心眼。他是個很開朗的人，對我們的遭遇很同情。你去，絕對不會出現尷尬的場面。」

我說，我可以把這些話寫進去嗎？楊老師說，可以呀。她說的誤傳，是指漢陽事件平反之後，漢陽老家那邊陸續有人去看她，那時她婆婆還健在，婆婆不喜歡有人到家裏提到王建國的名字。因此楊老師也不希望有人在這個家裏不厭其煩地提起那場噩夢。那時她已經退休，還在外面代課，沒有時間為《漢陽一中事件始末》一書寫文章。

師母楊績淑在作者家中

　　我守約去看望兩位楊老師。楊必烈老師和我是同鄉，他老家在稻草新集，同我們家隔湖相望。他說年輕時候到我們村裏去玩過，說起帶他去的同伴，恰好是我的大表哥。他說在我們這邊的私立裕德小學讀到四年級，就住在我們村裏，還同房東家女孩提過娃娃親，以後他到漢口這事就算了。他還記得那個女孩的名字。你說這事巧不巧，那個女孩就是大我5歲的親姐姐。原來他在我家住過，這是我兩歲前的事情。這位楊老師的確不在意我們談及漢陽一中的往事。

　　那天詩人管用和也去了，他同績淑老師原是一個學區的同事，曾親眼看見績淑老師被怎樣打成右派分子。

　　漢陽縣鄧南區是個偏遠的地方，我的朋友彭國新跟我說，他在鄧南中心小學上五年級時，因為當班幹部放學走得晚些，經常看到楊老師一個人在教室裏流淚，有時看見她邊散步邊流淚，當時不知道為什麼。那時還有一位當過隨軍記者的右派老師發配到這裏。

　　受漢陽事件株連者不計其數，其中楊績淑老師的遭遇最為慘重，只因為她是「首犯王建國的老婆」。她24歲之後的人生，身背「王建國的老婆」的名譽，頭戴右派分子的大帽子，即使再婚並又有了兩個孩子，還是被當著「王建國的老婆」來批判，好不容易把右派帽子摘掉了，卻還是當著摘帽右派使喚。直到漢陽事件平反，她才得以徹底解脫。中國的株連政策，從封建社會幾千年，延伸到民國時期幾十年，到了社會主義時期還難以斷根。劣根呀！

　　楊績淑老師在接受我訪談之後，寫了一篇回憶文章〈痛苦歲月我只知道感恩〉。讓我想像不到的是，留在她記憶裏的，還有那麼多讓她怦然心動的微笑。這一篇感人至深的文字，我不忍心作為素材使用，我想讓它原原本本呈現在讀者面前。在輸入電腦時，我順手加了些小標題。

　　在楊老師感恩的名單中，應該還有華英小學一位老師。當年縣委辦公室幹部李邦禎（在武漢市水利局退休），在華英鄉搞調查研究，住在這位老師寢室裏，不經意看到楊老師給這位老師的兩封信。李老先生跟我說：「當時看蠻反動的，現在看是實事求是。」在楊老師心目中，王校長是個追求進步，跟共產黨一條心的知識分子，她心裏的這些話總得跟人說一說呀。華英小學的老師沒有舉報她，這件事情讓李邦禎好感動。如果李邦禎當時心血來

潮,將這兩封信上交了,楊老師和那位同事還不知道是什麼結局呢。李老先生也讓我好感動。

楊文佳向我傾訴身世時,一再讓我不用記,她說都寫在文章裏了。她交給我一個筆記本,開頭記載她父親的履歷,接著就是她寫的〈父親離去之後〉,每頁都留下她的淚痕。我在輸入電腦裏,淚水不時模糊我的眼睛,有時還會哭出聲來。她把自己對母親的愛、同情、理解和崇敬,全都寫進文章裏。外祖母的養育之恩,舐犢之情,她寫得淋漓盡致,催人淚下。

文佳跟我說,在是非顛倒的歲月裏,她沒有一個安定的家,走到哪都是寄人籬下,都是一個多餘的人,一個給人添麻煩的害人精。到小姨工作的地方,小姨介紹說,這是我妹妹。在舅舅家裏,舅舅對人說,這是我妹妹。誰也不敢說她是誰的女兒。處在逆境中,哪怕是一絲微笑,都讓她留下鮮活的記憶。

痛苦歲月我只知道感恩

楊績淑

上世紀50年代初,我在漢陽縣玉賢中心小學教書。王建國時任區文教助理,管全區教育。那時我和他很少見面,偶爾有工作上的接觸。後來他鼓勵我參加土改,申請入團,我懷著感激的心情,逐漸同他走到一起。4年夫妻,受苦受罪29年,眼下的日子實為劫後餘生。

死者長已矣。活著的人,捫心難安。該寫點什麼了。

晴天霹靂

王建國是蘄春人,怎麼會死在漢陽縣呢,這就是一段公案了。

1947年,王建國在武漢大學歷史系讀二年級時,自己交了卷出來,竟把答案從窗外遞給同鄉,因而受到處分,離開武大進了省立農學院。解放前

夕,他又到湖北革命大學學習,畢業後分配到漢陽縣。在土改運動中脫穎而出。1953年元月,他已是主持漢陽一中全面工作的校長,正在省裏參加思想改造運動。開學了,他從武昌打電話來告訴我,黨總支已通過了他的入黨申請,只等上級黨委批了。後來因運動結束在即,時間緊迫,省裏把有關材料寄到漢陽縣委。從1952年起,王建國就鍥而不捨地申請入黨。一中發展了一批又一批黨員,就是不發展他入黨,在經歷了太多的希望與失望後,1957年9月,還被推上了斷頭臺。

漢陽一中事件到底是怎麼回事,國人已漸知,不用我多說了。當時,中央是根據地方報上去的材料批覆的。可惜的是幾個受害者已赴黃泉,往事只能成為追憶。

1957年6月12日,一中學生為要求提高升學率上街遊行。我抱著小女兒站在蔡甸小學門口看了熱鬧,沒有說什麼。幾天過去了,只斷斷續續聽到一中發生的情況,什麼考察團進校,王建國停職檢查,學生檢舉,等等。這期間,王建國回來只談了些家常話,好像避免談遊行。最後一次回來是半夜,他前腳進房,同屋的盯梢的老師就進了門。王建國暗示了我一下,我就沒有問他關於開會的事。我問他餓不餓,他說在街上買個餅子吃了,說話聲音較大,好像故意讓盯梢者聽見。不一會兒,我就睡著了。現在想來,都怪我太年輕,那時只有24歲,懷裏有奶孩,瞌睡又多,也太不諳世故,完全沒有朝壞處想。

哪裏料到,這一別從此陰陽相隔。緊接著是隔離審查,回不來了。再接著是逮捕入獄。我完全不知道,同屋的學生有意瞞著我。

一天半夜裏,公安局來人了,拿著搜查證,在我房裏搜不到什麼,就把我保留的一些信件拿走了。這時我還在相信不會有什麼事,查清楚了就可以放出來。不料形勢急轉直下,我開始害怕起來。

8月下旬,一夜北風,氣溫驟降。我拿了一件毛線背心到監獄去,請求在有人監視的情況下,

楊績淑:那時年輕並不快樂

會一會王建國，遭到拒絕。此後聽到的是提審、判刑，消息不怎麼準確，我也不敢打聽，並且盡量不出大門，怕人笑話。大約在一審上訴被駁回之後，他從監獄裏傳出一張紙條：「續淑：我出獄無望。他們一定要我做個反革命集團首犯。學校有我私人的一把籐椅，找總務處拿回家。小孩你……」但這張紙條被扣留了，當時並沒有給我。

這年的中秋節為陽曆9月8日，節日前夕，王建國傳來一封信，黃色草紙，毛筆書寫：「續淑，中秋節政府優待，有魚肉吃，你不要送菜來。」直到執行死刑那天，9月6日，中秋前兩天，我才南柯夢醒，原來「有魚肉吃」暗示死期已到。誰能想到，一介書生，一身清白，會有如此殺身之禍呢。

那天上午，蔡甸小學雷校長到我房裏，同我寸步不離，直到法場解散了她才走。

「七嫂子，你幫我去收屍吧！」我一下子跪在同屋的七嫂子面前。

心地善良的七嫂子50多歲，看我一副可憐的樣子，二話沒說就去了。她上街買了口棺材，請搬運站陳厚餘找人幫忙。聽七嫂子說，當時王建國躺在地上，長褲被人扒走了，布鞋也被人拿走了。她不忍心走攏去，等遺體裝進棺材，看見棺材抬走，就回來了。平反以後，我曾想找王建國的墓穴，而當事人都已作古，何處去尋？

一中事件從發生到殺人，前後不過80多天。對於我這個家庭來說，猶如晴天霹靂，噩耗來得太突然，太突然了。我連放聲痛哭的權利都沒有啊。我不知道還有什麼災難，會落在我這個弱女子身上。

禍不單行

一天早上，學校通知我到利濟小學開會，與會者都是一中事件待處理的邊緣人物。我們從早上等到下午3點多鍾，才等到張局長來給我們訓話，直挨到夕陽西下才散會。我的奶水脹得濕透了衣襟，孩子在家餓得嗷嗷叫。後來才知道，原來美國青年代表團到蔡甸來了，要瞭解漢陽事件情況，特地將我們這些人控制起來。由此我預感到災難已不可避免地一步步向我逼近了。

10月份，長江大橋通車那天，文教局某幹事冷冰冰地通知我到三羊頭小學任教，即刻動身。我把大女兒留在武漢娘家，帶著外婆和小女兒乘船到了三羊頭小學。郭吉甫校長和老師們熱情地安置了我們。三羊頭有個船碼頭，只有在漲大水季節，才有過路船停靠。平時要回漢口，必須走15里路，到黃陵磯搭船。學校設在山腳下一座廟裏，旁邊只有兩戶人家，一戶住著一個道士，另一戶是一個婆婆開的小商店，我住房的窗外就是大山。把我調到這個與世隔絕的地方，是為了切斷我與外界的聯繫嗎？星期天，老師們回家了，我抱著孩子站在學校後面的山坡上，哭望天涯，思前想後，差一點沒有了活下去的勇氣。而真正的苦難還沒有開始呢。

1957年寒假前夕，老師們在片區開會，開展所謂大鳴大放。我只對教科書的設計提了點意見。放假了，全區教師到漢陽三中參觀大字報，然後大鳴大放。剛開始，我只覺得三中老師水平高，文章寫得好，沒有發言。三羊頭小學郭校長對我真是好，開飯時總是三口兩口就吃完了，來換我抱孩子，讓我好吃飯。平時他對我和顏悅色，輕言細語，還給我孩子買餅子吃，使我解除了戒備的心理。有一天，他把我叫到一邊，絕對是奉指示對我說：「你不是不會說話，為什麼不發言呢？比方說，你對一中事件有什麼看法，可以談嘛！」我只認為王建國有錯沒罪，有罪也不該致死。至於怎麼冤死，局外人並不知情。黃陵區幾位青年教師與王建國素不相識，義無反顧地在大會上為王建國喊冤叫屈。看到這番情景，我終於坐不住了，就上臺鳴放。我發言大意是，王建國是由個人主義發展起來的，他多年申請入黨未被批准，最後走上犯罪道路，縣委要負責任。就這麼幾句話，就談這麼一點看法，從此就戴上了右派分子的鐵帽子。

這個會議升級開到縣裏，我就失去人身自由，身邊有專人看守。我寫條子請求縣委，不要降我的工資，因為每月47.50元工資，要寄30元回家養兩個孩子。縣委開恩答應了，也沒有給我處分，只被批鬥了4個小時。

回到三羊頭，一邊教書，一邊勞動。剛開始挑石灰，30斤往下溜，稱秤的人總是多報一點。在生產隊車水，水車轉快了，我只能把腳提起來。割麥子把手割破了，鮮血和眼淚一起流。當地農民都對我好，可生產隊長不敢不派我勞動。這只是勞動的開端呢。

用一輩子記住的人們

劃為右派之前，母親接走了孩子，我孤身一人在三羊頭無親無靠，心情更為悲苦。1958年4月的一天，熊校長不在學校，高主任大膽做主，准我兩天假。我趕緊離校，生怕熊校長回來走不成了。那天起風了，走15里路趕到黃陵磯，只見河水湍急，白浪翻滾，水中看不到船影，岸邊看不到人影。店家告訴我，今天肯定不開船，明天來吧。我的心掉到冰窟窿裏，轉回去吧於心不甘，等在這裏又是白等，勉強下堤買兩個饅饅吃了再作計較。為了不讓人認出我，只好頂著風在堤內徘徊，走累了就找個避風牆靠一下。陰天天黑得早，趁著夜色打聽到一個人家，偷偷摸摸走了進去。這是蔡甸鎮工會秘書余淦的家裏，余嫂子趕忙讓我進房，留我住下來，又打熱水我洗，又端飯菜我吃，那種行俠仗義的姿態，我至今記憶猶新。平反以後，總想報答她，幾經尋找又找不到，只能心存一份記憶吧，好人！第二天拂曉，我急忙趕到河邊等船，總算老天有眼，等上船了。回到漢口家裏，已快到吃晚飯時間，同兩個孩子團聚幾個小時，不到天明又趕船回校了。哪想離開孩子呀，又哪敢逾假不歸呀。後來我寫了封信給縣教育局莫曙東局長，請求組織讓我重新回到玉賢小學接受改造。早先他當銀行行長時是我的學生家長，也許看在這個份上，我獲准了。此事在他是舉手之勞，在我則是沒齒不忘的大恩大德呀。

玉賢小學是我的發祥地，在玉賢我有一段教學的輝煌史。可如今回玉賢，已是今昔對比。我陪著笑臉向當年的同事一一打招呼，無限感慨地看待學校的一草一木。我想，無論如何，玉賢的老師們，決不會對我落井下石。果然，李漢謨校長和許斯和主任從未對我惡言狠語，雖然例行改造少不了，但我的心理負擔少了許多。我一向自覺知趣，幹苦力活理所當然，更不會給誰添麻煩。哪位大師說得好，右派分子像臭豆腐，聞起來臭，吃起來香。這話不假。哪個學校有右派分子，哪個學校的老師就清閒一些。在玉賢，我們三男一女四個右派分工合作，從不相互傾軋。在教學上我們教高年級，在勞動上我們擔當苦力。學校裏有些田地，髒活累活全由我們挑大頭。幾頭豬也天經地義地由我們包養。全校教職員工吃的糧食，從磨穀、篩穀、播糠到舂

米，整套原始的勞作，也由我們包下來。我從小在城裏長大，不會走泥巴路，碰上下雨天送會議通知，我也打赤腳穿草鞋，往玉筍、李集、十一中等校——發送。在這樣艱難的路途中，我的確感受到自我改造的樂處，感受到沒有老師用幸災樂禍的眼光看我的滿足。倒是讓人覺得，後頸窩的毛——摸得到看不到啊。

那一年，災荒嚴重，物資匱乏，真正懂得民以食為天的道理。看著我們右派精心照料的兩頭肥豬，滿以為可以分點豬肉回家過年，卻不料縣裏來了通知，要右派分子到侏儒山去勞動。我的堂兄幫我挑行李，把我送到了文教農場。

常與牛論命

文教農場實際上是個帶薪的勞改農場。一中楊惠卿同志任場長，還有聶書記、鄒主任。我剛剛安頓下來，就分配我砍柴。曠無人煙的荒原上，到處長滿一人高的柴草，出工時沒有人跟著我，尋死很容易。我想過這個問題，而且不止一次這樣想過，但我又不能死，我死了孩子怎麼辦？右派摘帽，第一批沒有我，也在意料之中，但我還是哭得非常傷心。再爭取吧。我把刀磨得快快的，吃過飯就出發，一砍一大片。過些日子，場裏派幾個人專門為我捆柴運柴。看著稻場上堆的大柴垛，連我自己都不敢相信，這是我在無人監視下的勞動成果嗎？前來視察工作的梅局長，還為此表揚過我。可這又有什麼用呢？第二批摘帽還是沒有我。我似乎明白了什麼。看著身邊的夥伴，一個個疲憊不堪的樣子，有的還患上了肝炎，我多少想開了一些。楊場長有意無意總在開導我關照我，還讓他的兒子健健喊我楊老師，想著這些細節，我終於抖擻精神，再一次接受命運的挑戰。

不久，文教農場撤銷了，我們被分成兩撥，一撥到大軍山，一撥到消泗九溝。我和11位老師到九溝勞動。九溝為三縣交界之地，一望無垠的土地，廣種薄收。我們餵兩頭牛，一頭叫憨牯，一頭叫強牯，由一位害肺病的老師放牧。這兩頭牛耕地，前面得有人牽著鼻子走，後面還得舉著鞭子趕，否則，決不肯多走半步，任憑掌犁人喊乾喉嚨也不頂事。一個多月裏，我天天

牽著牛走，一邊吆喝，一邊嚇唬，卻不曾真動手打它。我心裏說，誰叫你托個牛胎呢，誰叫我嫁王建國呢，咱們都認命吧。

夏收季節到了，每天到很遠的田裏收割麥子，收工時每人按規定挑兩捆麥子回來。有一天，天氣說變就變，剛才太陽還火辣辣地，一會兒暴風雨就要來了。完成任務的挑起草頭回隊，誰也不等誰，更不會有人等我。有道是寡婦門前是非多，何況還是王建國的遺孀，誰惹得起這個是非呢？我堅持割完分給我的那塊田，已是風雨交加，雷電大作，整個天也黑下來。我全身的衣服淋濕透了，挑起的草頭越淋越沉了。雷聲好像就跟在我身後撞。一路上看不到人家，連棵躲雨的大樹也沒有，我只好咬著牙蹣跚前行。我要爭取趕快摘帽呀，為了我快要上學讀書的孩子。我不能死呀，死了豈不等於白死。我豁出命來，跌跌撞撞回到隊裏。現在想起來，幸好沒遇上大樹，如果站在大樹底下，肯定被雷電劈死了。也算天不想絕我吧。我回到隊裏，隊友們已吃過晚飯，忙著打水洗腳，正準備開會。哪有人知道，我落在後面，還沒有回來呢。復員軍人侯隊長發覺我才回來，連忙叫我換衣吃飯，又讓我感動好一陣子。後來才知道，侯隊長對我的評價很好，這次的「表現」對我摘帽起了作用。摘帽辦公室楊忠藻主任，是原來蔡甸小學校長，借此機會大膽拍板，摘掉我的右派帽子。

這是我是用命換來的一個政治結論啊！

我實在高興得太早了

1962年初，我被分配到鄧南中心小學任教，滿心歡喜地認為摘帽以後就可以受到平等待遇，哪裏知道還有「摘帽右派」一頂桂冠戴著，算是又栽了。鄧南區屬漢陽縣邊緣，右派不多，留在學校的一個也沒有。我在鄧南，人地生疏，頭兩年學校對我還好，到1965年形勢大變，我常常沒有一點思想準備，就在生活會上挨整。「階級鬥爭，一抓就靈。」我成了階級鬥爭的活靶子，經常被整得一個人坐在教室裏哭腫眼睛。學生走進教室，看見我在哭，連忙放下書包，到操場上去玩，直到上課才回教室。放假了，某位領導

人使出殺手鐧，再次將我遠調。我到縣委宣傳部向吳明章、李漢謨兩位領導哭訴，才得以調到回家很方便的沌口區大嶺中心小學。

在大嶺工作了一學期，文化大革命就開始了。全縣老師到一中集訓，只幾天就把我揪了出來。大字報貼滿一面牆，把我的言行無限上綱，還配有打油詩和漫畫，最可笑的是憑想像臆造的《小寡婦上墳》。

王建國墳在哪裏？我從來沒有見過，平反後也沒有找到。正常的教學，也遭到歪曲。《紅岩》有個華子良，我對學生講述他在雨後跑步，弄得滿身泥水的情景，被說成是「醜化革命前輩」。我同學的一張全家福照片，說成我保留的全家福照片，逼著我老實交待。整個集訓期間，我天天寫反省，一邊寫一邊哭，精神幾近崩潰。集訓快結束了，我也不想活了。午休，我以補套鞋為名，請假上街寄回全月工資，準備一了百了。一中門前有口荷塘，我走到塘邊故意彎腰洗手，趁人不注意下水了。畢竟交秋了，水已冰涼，而其時我只覺得死了比活著好，義無反顧朝前走去。水齊腰深了，人站不穩了，將要倒下去了。不料此時，塘邊一人大吼一聲，命令我起來，直到看見我走進一中大門他才離開。

知道我投過水，再沒有安排鬥爭我，卻把我看得更緊了。有一天看電影，我表示不想去，連張啟勝校長都參加值班看守我。死不成了，又回到大嶺，不准我教書了，要我到紅光五隊勞動，至今右頰上還留著當年被柘刺刮了的傷痕。大約兩個月後，區裏調我到潮海小學任教，春節過完，又叫我回原校「鬧革命」。

說實話，文化大革命初期，儘管外面的世界精彩紛呈，可我謹慎態度，未參加任何群眾組織，也不隨便說話。進入清理階級隊伍階段，我順利地過關了。又不料來了「一·三一」運動，我仍舊在劫難逃。先是在區裏受批判，不等春節假滿，就攜兒帶母挑著搖窩到一中開會。在孀居10年之後，1967年我改嫁了，生育了一兒一女，竟然還被稱之為王建國的老婆。我被安排在一中大門右邊一個教室裏，一位領導人對值班門衛說：「楊續淑最愛尋死，把她看好！」我的婆母接著說：「她欠死有個兒子，現在兒子小得很，她不會死的。」〔欠死即非常想要的意思。〕在會上點名道姓批判我這個

「王建國的老婆」，弄得會場上的老師都不敢挨著我坐。散會後，別個區不認識我的人等在路上看我，使我無地自容。

我有何罪呀？

王翹局長一句話感動我一生

運動結束後，小軍山的吳素雲老師私下說，我要到侏儒山去勞動。文教局毛科長對一些教師說：「你們先去，楊續淑隨後也要去，但她是監督勞動，與你們不同。」果然我回到學校只幾天，就接到了通知。

我去勞動的地方是縣六中，農科所就設在那兒，文教局王翹局長任所長。縣裏正在那裏辦一個學習班，參加學習的有韓茂林縣長和其他頭頭腦腦，他們也參加勞動，不過屬於「勞動鍛煉」。農科所有些農工，他們是自由身，局外人。我等右派或摘帽右派，勞動性質就不同了。在我報到前一天，農科所召開全體職工大會，宣佈王建國的老婆到這裏是監督勞動，大家要劃清界限。我又成了這裏的新聞人物，走到哪裏都有一些生面孔指指點點。反正我心已麻木，老老實實，聽天由命吧。

在農科所的日子非常艱苦。來參加勞動的老師們都住在教室裏，唯有我一家三代人住在路邊一間茅草屋裏，一到下雨就滿屋漏水。這一帶有血吸蟲的威脅，然而必須在齊膝深的河港裏掏港底石頭，在及大腿深的淤泥田裏插秧。好在感覺不到監督勞動的氣氛。來了只幾天，隊裏辦壁報，號召人人投稿，我也試著投了。復員軍人蕭隊長誇我散文寫得富有詩意，這一表揚對於別人也許並不重要，而我聽了心放寬了許多。接著文教隊開會，原新灘區區長當眾表揚我，說我是城裏人出身，卻幹得很好，值得大家學習。我幹得更有勁了。不久，文教局蕭科長也來六中召集我們開會，他第一句話是說我們個個人的錯誤都是有夠斤兩的，所以到這裏勞動要安心。其間還說過，「楊續淑表現還可以。你書教得好，好好勞動，今後是可以回學校教書的。」多少年來，我都沒有忘記蕭科長對我的這番鼓勵。

然而，我心存疑慮。為什麼一些領導人對我的出現總是如臨大敵？還有一件事，我覺得說出來，可以警示世人。那時在六中，人員複雜，等級

森嚴。我們文教隊右派分子多，歷史的現行的所謂反革命分子也不少，明知勞動分派不公平，但個個都認命。比如說，每天出工，光走路都夠受了，白天幹一天活，晚上還要加班砍甘蔗。我的小孩還在吃奶，晚上餵奶端尿，睡不成囫圇覺，漸感體

楊績淑母女相依為命

力不支。為了不影響勞動，我狠心決定斷奶，讓婆婆把兩個孩子帶回家。我前後生了三個女孩一個男孩，這個小兒子是我黯淡人生中的一個亮點。我沒有同王建國經歷死別，卻和我唯一的兒子在體驗生離，望著正在懷裏吃奶的孩子，我心如刀絞，一夜未眠。第二天早晨，我正在收拾行李，王翹局長知道了，站在我門口說：「孩子太小了，斷奶太早了容易害病，病了你還不是要請假。這一陣忙過了，就不需要開夜工，不要送孩子走。」我聽了感激得只差下跪，婆母也在一旁揩眼淚。聽人說，王翹局長在「四清」中曾被人指責為「太講義氣」，但我認為「義」和「正」分不開，正如「人」和「情」分不開一樣。王翹局長無論在哪裏，大家都親切地稱呼他翹局長。翹局長，在天國裏，你可知道我全家對你的感激麼？

老楊，英雄啊

不知道什麼原因，這個學習班忽然不辦了。我們這支勞動改造隊伍奉命轉移到黃陵磯林校。當時林校已沒有學生，是要我們這些戴罪之身到山上挖石頭栽果樹。我們住在三中空餘的教室裏，每天早起走8里山路到林校，晚上再走8里回三中，夜裏還要開會。每天挖石頭，兩條胳膊像斷了一般，連端盆水都感到吃力。我和一中幾位女老師多麼聽話啊，不但不退陣，還生怕進度跟不上。大家拼命幹，不就是圖個表現，能早日回到學校教書麼。

　　1972年春，我們真的回了各自的學校，但還是不能教書。我在沌口大嶺中學幫廚、餵豬、打雜。學校人吃的米和豬吃的糠，都由我到沌口街上買回來。每次上街挑50斤，另給老師們捎些東西。來去雖然只有16里路，在我腳下卻是那樣漫長，萬一碰上熟人怎麼辦呀！有一天快回到學校，真讓我碰上了，只聽到有人喊：「老楊，英雄啊！」這是《智取威虎山》中的一句臺詞。一看是我教過的一個男生，令我哭笑不得，難過了好幾天。時間長了，我也顧不上許多，倒是覺得出來散散心也好。我挑著米，讓扁擔一閃一閃地，走出節奏來，覺得輕鬆多了。在無人的田野裏，還可以哼些歌曲，藉以排遣心頭的鬱悶。

　　在大嶺中學，我是個豬官，同豬建立了感情。我把豬舍收拾得乾乾淨淨，一頭年豬長得白裏透紅，真可謂人見人愛。我在老遠輕輕喊一聲，這頭豬就飛奔回圈，圍著我哼哼嘰嘰，像撒嬌一樣。它對別人的呼喚，卻是充耳不聞。過年了，我同老師們一樣，分到了豬肉。本來就是我勞動的成果，我卻依然感慨萬千，好像得了一份意外之財。

　　一件事更讓我百感交集。那是暑假前夕，我剛吃完晚飯正準備打水洗澡，一個年輕的革委會成員忽然喊住我：「楊績淑，辦公室的蚊子多，你去打點農藥，老師們好辦公。」哪有含著飯打農藥的，辦公室門窗緊閉，毒霧豈不都吸到肺裏去了！但我不敢不從。校長田元謀正好看見了，就說：「不搞不搞，以後楊績淑做什麼事，由我和杜主任直接分配，其他人不要管。」我算是逃過一劫。我回漢口拿糧票去了，田校長的妻子李開秀老師還幫我婆婆挑水。在那個以階級鬥爭為綱的年月，他們兩口子能夠做到這樣，實在太不容易了。

遲來的春天

　　1973年春，政策寬鬆了一些，我先後被分配到洪山、陸官渡學校教初中，很受學生歡迎，學校領導從不說我一句重話。「四人幫」垮臺了，學校開始抓業務。我在教學活動中，不斷為學校爭得了好名次。年終總結，有的老師提名我當先進工作者，也有老師說「她評先進，下輩子吧」。蔡明樹校

長冒著風險，堅持報上去了。我拿著獎狀拿回家，全家都為之一振，老伴還把它貼上牆，好像向親友宣告：「我們這個家庭政治上的春天降臨了！」

1978年秋，似乎時來運轉，我到了漢陽縣十中，教高中重點班，年底還被評為先進教師。校長曾昭勳人稱曾閻王，但他卻是個性情中人，喜怒哀樂都寫在臉上，在他手下工作，用不著擔心「突然襲擊」。他給予我真誠的信任。可是我註定命運多舛，十中幾個摘帽右派都接到「改正」通知，連當年受到開除公職甚至監禁的右派，也得了「改正」，唯獨我沒有消息。我知道這事與漢陽事件有關聯。曾校長對我說，他們幾個的改正通知，早該在學校公佈，我怕你心裏難過，就打算等你的通知來了，一起公佈。我愛哭是出了名的，眼淚流多了，已經有損我的視力，幾年來儘量少哭，可這一次我還是哭了，依舊哭得傷心。曾校長讓我親自到縣裏去問一下，我得到的回答是：「你的問題縣委還在研究，有消息會通知你的。」我悻悻地想，「王建國的老婆」問題到底有多大，就這麼難解決麼？

費盡周折，沾政策的光，1981年我調回武漢。在漢陽縣教育局辦完調動手續，王魁局長親口對我說：「一中事件不存在了，你以後填表可以不寫這件事。」我有沒有聽錯？沒有哇！我一走出教育局，身子像騰雲駕霧一般。當時我想，這會兒即使被汽車軋死了也值！然而，令我不解的是，直到1986年，才正式以組織的名義，告訴我們這些因一中事件受害的受牽連的人。

一中事件得到中央重視，經多方努力，總算徹底平反了。雖然時過境遷，可往事難如煙雲，為了當年枉死城中的三個冤魂，為了那些受盡摧殘，熬到刑期將滿，還是冤死獄中的教學精英，更為了那些因曾參加過遊行而蒙冤受難以致誤了青春、毀了前程的天真學生們，希望有識之士把它寫成書，以發揚中華民族忍辱負重、永遠進取的偉大精神。

2005年元月25日　寫於寒舍

父親離去之後

楊文佳

爸爸是每個家庭最普通的稱呼，但我不記得什麼時候喊過爸爸，我們姊妹倆都不記得爸爸是什麼樣子。

父親──對於我們姊妹來說，是一個非常恐懼的字眼。我們不希望任何人同我們談起父親，談起父親的名字，談起父親的一切。

爸爸離開這個世界時只有32歲。那時我不到3歲，妹妹蘇媞才出生10個月。媽媽帶著我們離開了漢陽縣城，離開了漢陽一中──爸爸工作和罹難的地方，把我們送到漢口外婆家裏。她被派到一個偏僻閉塞的鄉村教書，並且接受勞動改造。那年母親24歲。

楊文佳人到中年

母親多才多藝，無論在哪裏教書，都會受到學生歡迎。父親不明不白地成為反革命分子以後，她就跟著不明不白地成為反革命家屬。就在父親罹難不久，她成了反右運動的靶子，當上了右派分子。她僅僅說了幾句公道話，說父親即或有罪，也罪不該死；而且這幾句話，也是經過有關人士的誘導，才敢在大鳴大放會議上說出來。從此，不管怎麼努力工作，不管如何受到學生愛戴，都改變不了她的命運。在那個極左年代，由於各種政治運動的需要，母親隨時都可以被首當其衝地拎出來接受批鬥。在堅守10年孀居生活之後，就重新組織了一個家庭。她滿以為改嫁了，不再是王建國的老婆了，但在人們的政治視線裏，她依然還是王建國的老婆，依然逃不脫挨整的厄運。

　　從父親罹難的那天開始，我們這個殘破的家庭，就掉進了無限痛苦的深淵。父親的大哥和三弟，還有侄兒侄女，都受到牽連。母親的弟弟妹妹，也受到牽連。這樣的現實，一直延續了29年之久。1986年春天，最高人民法院莊嚴宣告：王建國無罪。直到這時，我們姊妹倆才敢在心裏大膽地千遍萬遍地呼喊爸爸，呼喊我們親愛的父親。

　　父親永遠定格在32歲上。他平反的那一年，我也是32歲了。我失去了原本歡樂的童年，失去了應該幸福的青春，而今已年過半百，依然過著多病的單身生活。往事，我不想說起什麼往事，然而又不能不說起往事。為了紀念我的父親，也為了警示後來人，我不得不把我的生活狀況記錄下來。

外婆給我一個小窩

　　我們王氏姐妹，我叫文嘉，妹妹叫蘇媞，後來被迫改名換姓，我成為楊文佳，妹妹成了楊永紅。說起來這是蠻心酸的事情。

　　我和妹妹能夠活下來，是因為我們有個好家家和好爹爹。家家就是外婆，但爹爹不是我外公。家家出生湖南貧苦農家，9歲時被人販子賣到漢陽縣合賢集，18歲成了當地一個富戶人家的三房。她生了四女三男，老大就是我母親。1952年，那位我們不曾認識的外公去世了，家家把幾個年幼的孩子

楊文佳的外婆

一擔子挑到漢口。從此家家給人當保姆，後來在旅社幫忙，認識了我爹爹。家家和爹爹供養正在讀書的三個姨三個舅，又接納了我們兩個小外孫女，那時只爹爹一人有正式工作，因為有我們兩個小姐妹的拖累，家家多次放棄了工作機會。家家有時做點臨工貼補家用，還偷偷賣過血，她總是把我們打扮得乾乾淨淨，不讓人家瞧不起我們。家家恩重如山，她不是母親，卻勝似母親。蘇媞隔奶，成天鬧夜，家家怕打擾隔壁左右，整夜抱著她邊走邊哄，一個星期沒有睡好覺，自己瘦了一圈。

在我3歲多的時候,差點兒被趕到鄉下。車站路公安派出所清查人口,發現了我們——王建國的後代,兩個小反革命分子。派出所,居委會,都來動員爹爹家家,把我們送到母親那裏去,不要留在武漢。家家說盡好話都沒有用。後來徐戶籍勒令一個星期內送走我們。家家爹爹急死了,天天往派出所跑,對徐戶籍說:「兩個伢,就是兩條蟲,你想把她們捏死就捏死,你想要她們飛她們就飛,兩個伢造孽,又不懂事,送到她們媽媽那裏,她們的媽媽不能教書,拿什麼來養活她們呢?您就做做好事吧,好事也是要人做的。」家家爹爹連續跑了三天,把徐戶籍心都哭軟了。徐戶籍說,家家,不是我趕她們走,我也是迫於無奈,她們又是王建國的後代,您要我怎麼辦呢?搞的我為難。家家說,這樣吧徐戶籍,不把你為難,兩個伢今後不姓王,改姓楊,跟爹爹姓總可以吧?就這樣,我們兩姐妹改姓楊了。從此我叫楊文嘉,妹妹叫楊蘇媞,這是我倆第一次更名。

從幼稚園到初中

到了上幼稚園的年齡,家家找到居委會辦的幼稚園,居委會主任卻說:她們怎麼能上幼稚園呢?我們幼稚園不收這樣的子女。

我到了7歲,家家帶我到附近公辦小學報名,得到的回答又是:她怎麼能上我們學校呢?我們學校不收這樣的子女。

白白耽誤一年,第二年上了民辦小學。

我們的民辦小學,夾在公立小學和公共廁所之間,從一年級到三年級都擠在一間教室裏,也沒有操場和活動場所,下課只有在馬路上玩一會兒。每逢公立學校做課間操,我就站在馬路上觀望,心想什麼時候能上這個學校就好了。讀完了3年,打鈴的校工做飯不慎燒著教室的板皮,一把大火把民辦小學燒光了。這樣才因禍得福,讀四年級才轉到公立學校。

小學6年期間,每逢開家長會,我家裏都不會有人去。街坊大人告訴自己的孩子,不要跟文嘉媞媞玩。我不明白為什麼把我們當成另類,直到長大才隱隱約約聽到大人們說,文嘉的爸爸槍斃了。好嚇人啦,又不敢問,去問誰呢?

上初中那年，正是文化革命時期，家家為了給我們換個好環境，全家從江岸區搬到江漢區。就近的中學又不收，還是三姨爹戴著工宣隊的牌子，找到學校革委會負責人，才同意我入學。從這時起，我已經知道那要命的家事，上學最怕填寫學生表格。父親是那樣的遭遇，母親又是那樣的處境，怎麼填呢？曾記得初一時，班主任要家訪，看見張老師來了，我一急就哭出聲來。你爸爸呢？你媽媽呢？他們在哪裏工作？我當時只知道哭，不知道怎麼回答。家家替我說了，張老師大吃一驚，說：「那是中外聞名的事件啊，首犯是楊文嘉的爸爸。」家家哭著說：「張老師，您看這個學生登記表，是麼樣填呢？填了之後，今後她們怎麼做人呢？」張老師善解人意，說：「這樣吧，這件事就不要填到表裏面去，另外寫個紙條夾在裏面就可以了。」

啊，張老師，我應該怎麼感激你呢？

我爸爸是這樣的嗎

更可怕的事情發生了。我們剛剛搬進繁榮巷不久，同屋的萬伯伯是江漢區幹部，喊我家家：「楊太快來看啦，這是你的女婿。」家家說不認識字，讓文嘉看吧。我走進萬伯伯家，他指著畫報上一個人說：「這是你爸爸。」我當時嚇一跳，一行大字出現眼前：「現行反革命分子首犯——王建國」。在我的記憶裏，並沒有父親的形象。我在畫報上看到的父親，完全是一副陌生的面孔。凡是父親臉上，都打上了叉叉。在一些照片下面，用文字列舉了父親的所謂罪行。什麼帶領學生上街遊行示威，策劃反革命暴亂；什麼炸電廠、劫監獄、搶軍火庫；什麼喊反動口號、貼反革命標語；還有臺灣為王建國設靈堂、開追悼會，稱他是「反共義士」。

我的天哪，這是我的爸爸嗎？這是我的爸爸嗎？

我當時一邊看一邊想，這是我的爸爸，幹了這麼多壞事的爸爸，現行反革命分子的爸爸。我一頭霧水，一片迷茫，彷彿在向一個深淵墜落。我把畫報還給萬伯伯，突然壯著膽子問道：「你是怎麼知道這是我爸爸呢？我們又沒有看見過我爸爸！」萬伯伯說：「你們一搬來，我就知道了。」

這年我14歲。從此以後，在萬伯伯面前我總是一副冷冰冰的面孔，從來不在他面前低頭。其實，這位萬伯伯也是個好人。我們兩家之間是道板壁，板壁上有扇門，但是封死了。他們家臨街，屋子裏亮堂堂的，我們家是個黑房。萬伯伯就把板壁上的門撬開，白天經常開著，讓光線透射到我們屋裏來。

也算解脫

初中畢業了，母親對我說：「這是你最後一個月的生活費啊，再不能讀書，再讀書就負擔不起。」是啊，母親在每月拿49元時，就有30元給家家，作為我們姐妹倆的生活費。她也夠苦了。

我們71屆初中畢業生有幾個去向，或升高中、技校，或分到財貿系統工作，先下放半年，不下戶口，最後剩下的就是下放到農村，要下戶口。張老師到我家裏，家家請求學校照顧我，說我身體不好。張老師說：「這樣吧，就當病殘生轉到街道，或者第二批下放。」我說：「張老師，不行，我只有下放，我媽媽負擔不起我的生活費了。」張老師本意要照顧我，聽我這樣說，也無可奈何。

決定去向之後，我自己去下戶口，轉糧油供應關係。這時我們家已搬出了繁榮巷，我又回到繁榮巷與樓上的常伯伯告別，他是江漢區幹部。常伯伯對我說：「文嘉你下放之後，需要辦理病轉，就來找我。」幾年之後，真多虧常伯伯，幫我辦理病轉回城，幫我找到一份工作。常伯伯，大恩人呀。在那個年月，能夠伸手幫助我們，不僅需要同情之心，還需要膽量。也許我們本不是罪人，誰都知道那是怎麼回事。常伯伯知道我的身世，從來不問我，怕傷害我的自尊心。1986年，父親平反了，但沒有在社會上公佈，常伯伯不知道從哪得到消息，親自找到我上班的地方，一連去了幾次才找到我。常伯伯說：「文嘉，祝賀你，你爸爸平反了，你吃了不少苦，我瞭解你。」我非常感動，世上還是好人多啊。

一道下放的同學，都有父母弟妹送行，我沒有。大多數同學都做了新衣服，準備了許多食品，我沒有。家家找別人借了6元錢，給我買了一幅單人

床單，我一直用到如今。出發那天，家家不在武漢，我既沒有人送，也沒有人哭，自己背著行李，戴著大紅花，悄無聲息地離開了家。

走到巷子口，忽然看見我媽媽，她孤零零地坐在路邊。她聽說我今天到鄉下，特地請假來送我。我問為什麼不上樓呢？我和她心裏都明白，她在刻意避開眾人的目光，我也不希望有人看見我媽。我說算了吧不送了。我一個人穿過馬路，來到學校上了大卡車，站在卡車裏遊了一圈，向我們的城市道別。

我沒有一滴眼淚，也沒有一點悲傷。真的，我只覺得是一種解脫，從此母親少了一份負擔。我下放到本市東西湖農場荷包湖分場，每月可以領到工資，第一年是16.50元。我從內心裏歡呼著：我能養活自己了！

最怕放假

虧了班主任張老師，她在下放知青名單中，把我放在病殘生之列，屬於需要照顧的對象。那時社會風氣還好，生產隊裏對我非常照顧。農忙季節，領隊發佈口令：除了楊文嘉之外，大家都去挑！這裏的農工，大多數來自河南，是1958年圍墾東西湖留下的移民，當地人習慣稱他們老鄉。老鄉們性格淳樸，對我都很友好。

說起來還有件趣事。大隊會計叫楊福嘉，他同我只差一個字，我們一到這裏，大隊幹部就要看一下誰是楊文嘉。原來我們還未到來，他們從名單上知道我的名字，開始注意我了。這是父親給我起名帶來的唯一福音。

當地以種棉花為主業，一個老鄉帶一個知青管8畝地，從播種到收割全部包乾。儘管隊裏照顧我，但是高強度體力勞動，還是讓我得了腎盂腎炎，稍一受累就腰疼難熬。我個子小，體重只有42公斤，幹體力活常常落在同學後面。可幹手工活，摘棉花，還經常受到表揚，總是前三名。

下放期間，最怕的不是繁重的勞動，而是每月4天公休假的到來。哪位同學不是盼星星盼月亮盼來一個月的公假呢？然而一到放假，我就發愁到哪裏去。又不能不離開生產隊，因為怕老鄉們起疑心，來打聽我的身世。頭一年家家到三舅那裏帶小孩去了，我那時跟三姨住在一起，回到漢口就在三姨家裏吃飯。第二次放假回這個家，三姨就把話挑明瞭，那時糧食供應緊張，

誰家有多餘糧食呢？以後我就把荷包湖農場的糧票，換成武漢城區糧票，加倍還給三姨。再以後回家，就到對面小餐館，隨便吃點簡單的飯菜，儘量不再麻煩三姨。

有回放假，正在家裏休息，三姨下班一進家門，鐵青著臉對我和媞媞大聲吼道：「害死人的，起這樣的名字，害的我在單位馬路兩邊都是大字報！」我忙問三姨大字報是什麼內容。三姨說：「反革命分子的姐夫，從小就讓他的子女成名成家，這裏還有蘇聯特務。」我說，成名成家，跟文嘉的嘉字有什麼關係呀？我說，蘇媞的名字，是紀念中蘇友好，哪有蘇修特務呢？三姨吼道：「說不清楚，害得我抬不起頭。」

對此，我還能說什麼呢，都是我們的錯，誰讓我們是王建國的子女呢。家家不在武漢，我們姐妹倆像孤兒一樣，你望著我，我望著你，只知道哭。這時我想，為了同父親劃清界限，已經不姓王了，為了同父親徹底劃清界限，連名字也要改了。趁我在家休假，我幫妹妹蘇媞改名為楊永紅，我從此更名為楊文佳。爸爸，九泉之下的爸爸，楊文佳、楊永紅就是你的親生女兒呀，你認識你的女兒嗎？

下放第一年過春節放假7天，臘月二十八回家，家家說大姨要從西安回來探親，我興奮地期待大姨的到來。第二天大姨帶信來：不見大姐的兩個伢，要她們走，怕單位來調查，說與反革命分子的子女劃不清界限。我聽蒙了：有這麼嚴重嗎？我問家家我們去哪兒，家家說你們到姑太家去吧。那天正下著雪，心裏雖然難過，但也沒辦法，只好同妹妹離開家，搭車到姑太家去。姑太問我們：「不是說好了過年來嗎，怎麼現在就來了呢？」我把情況一說，姑太非常氣憤：「你大姨做得太不像話了，鬼跟著你，兩個伢曉得個什麼。你家家來了，我要說的：好的留在那裏，渣渣往我這裏送。」姑太說完，我就哭出聲，原來我們是渣渣呀！隨便到那個親戚家，都不受歡迎，連家家都跟著我們受牽連，這是為什麼啊，總是低人一等。當晚與姑太擠在一張小床上，我一晚上無法入睡。這是我下放農村第一年過春節，這年我18歲。以後放假，只有到武勝路姑太家落腳，姑太從來都不把我們當渣渣看待，直到姑太去世這條路也斷了。

　　大姨是母親的大妹妹，原來是北京一所大學的教師，她為什麼怕見到我們，後來我也理解了。由於她在學校裏追求進步，學校就派人到武漢，調查她的家庭情況。家家的鄰居向調查人員反映，說大姨回來探親時，同我媽抱頭痛哭，還到姐夫墳頭燒紙。父親的墳墓在哪裏，連我母親都不知道，到何處燒紙？完全是無稽之談。大姨要求「進步」，不僅沒有「進步」，反而在學校裏受到批判。這件事情甚至使她的小家庭解體，她只好調到西安一所大學工作。

　　我們的所有親戚，都受到我父親的牽連，由此他們遷怒於我的母親，進而遷怒到我們姐妹身上。我們有什麼罪呢？後來我理解了，也不再抱怨他們。

　　母親在鄉下接受改造期間，我放假沒有去處了，迫不得已就到母親的新家落腳。這個家房子很小，住著繼父和兩個沒有城市戶口的弟弟妹妹，還有個奶奶。那個年代，糧食食用油甚至煤炭一切都憑票供應，他們生活的艱難可想而知。我就睡在同屋的寶珠家裏。寶珠對我說：「你媽媽真辛苦呀，每週從鄉下回來，真不容易！」

　　殘酷的現實，讓我們母女失和，我總覺得自己缺少母愛。其實母親很苦，再婚之後，繼續供我們姐妹倆吃飯穿衣上學，每月工資40多元，有30元交給了家家。我上初中時，湊不齊學費，她賣掉自己的棉大衣，這件棉大衣是再婚時婆家給她添置的。

何處是安身之地

　　我們下放到一個生產隊的同學，幾年間陸續回到城裏去了。招工，頂職，推薦上大學，辦病轉回城，這些機會都與我無緣。60多位同學大都通過各種關係走了，最後只剩下5人，其中之一就是我。我的處境變得更加艱難。同學們都有自己的父母弟妹來看望，唯有我從來沒有親人光顧。老鄉們問我：「楊文嘉，你父母怎麼不來看你呢？」我說：「他們都在外地工作，也沒有弟妹，就我一個。」就這樣搪塞過去。

　　家家終於從三舅那裏回來了，我像有了救星一樣，有個去處了。小姨出面四處找關係，幫我辦病轉回城，農場方面同意放行，又多虧常伯伯幫忙，

江漢區同意接收。回想當初下放農村，下戶口何等容易，現在辦病轉回城，上戶口何等難呀。我是真病辦病轉，比同學假病辦病轉，不知道難多少倍。妹妹蘇媞比我幸運，她讀了兩年高中，1975年鄧小平出來主持工作，國家出臺了「多子留一」的政策，她可以不下放了。在家家努力下，她分配到漢陽鋼絲繩廠上班。

從農場回城，身體一直不好，家家養了我一年。冬天下雪了，家家看我沒棉鞋，就用居委會發的烤火費，給我買了一雙。當我穿上新保暖鞋，從腳底一直暖到心窩裏，我真想大聲地喊家家一聲：媽媽！

家家為了讓我有個好環境，我們又一次搬了家，然而一到新居就令我不寒而慄。同屋裏一對老夫妻吵架，家家好心去解勸，話音剛落，同屋的爹爹開口就罵：「不要你管，你屋裏是反革命，是右派！」家家當時就氣哭了。我真不明白，我們走到哪，一個可怕的幽靈就跟到哪，而且這麼快速，一步不落，連喘息的機會都不給我們。我常常坐在平臺，仰望天空，叩問蒼天：這究竟是為什麼啊？

我正式參加工作的一天，是1977年3月1日。這份工作對於我來之不易，我百倍珍惜，也加倍努力做好。第一年被評上先進工作者，參加了基幹民兵，每次訓練都有我。那時我的精神狀態很好。

有天下晚班回家，開門進到堂屋裏，腳下踩著軟綿綿的東西。開燈一看，我驚呆了：我的衣服被甩滿一地。一切都明白了：這是趕我走呀！頓時眼淚奪眶而出，連死的心都有了。

長期在家家身邊生活，一大家人不可能沒有矛盾，所有矛盾都由政治牽連所引起，大家有氣就撒在我們身上。還有一個更為現實的問題，這個家只有16平方米，小姨在廠裏沒有分到房子，要在家家這裏結婚。蘇媞轉移到三姨那裏去了，我就在堂屋擱個竹床安身。還嫌不夠，得走人了。在下放的最艱難的日子裏，我都挺過來了，剛剛參加工作，卻遇到這種事。這件事情現在想來，當時她們採取如此下策，也許就是製造一種氣氛，讓我向所在單位要房子。小姨三姨還到了我們商店，要求他們分給我房子。家裏房門上加了一把鎖，不讓我進門了。為這事我們商店張書記和人事幹部一同到過我家。他們說單位老職工都沒有房子，單位也沒有宿舍，即使有也輪不到

我。我那時剛剛參加工作不久，還是「大集體指標」呢。

楊續淑老師

不公正的待遇也隨之而來，兩次「大集體」職工轉正，我都被排斥在外。更有甚者，屢屢克扣我的獎金。慢慢在同事之間議論開了：「楊文佳的爸爸槍斃了，你知道不知道啊？」看見我來了，就不說了。我裝著沒有聽見一樣。不論我對工作怎樣負責，也不論我份內份外的事情搶著幹，歷任書記都要無故克扣我的工資、獎金。魯迅先生說過：「不是在沉默中死去，就是在沉默之中爆發。」我選擇了後者。我的性格是壓而不服，不喜歡在人前低頭走路。出身怎麼樣，就該低人一等嗎？委屈自己，我做不到。做好本職工作，心地坦然，我行我素，這就是我。

無盡的思念

隨著國家政治走向清明，人們可以自由談論政治了，漸漸地我知道了漢陽事件的一些真相。原來我的爸爸不僅不是一個壞人，而且是一位優秀的教育工作者，是一位深受師生尊敬的好校長。在漢陽一中學潮中，他積極向學生做過勸阻工作，對於控制局勢起到一些作用。我不再對爸爸持懷疑態度了，開始關注是不是也有一天，傳來漢陽事件平反昭雪的消息。這個消息終於盼來了，1986年6月13日，我得到了最高人民法院宣告父親無罪的判決書。一個剝奪我父親生命的政治謊言，終於大白於天下了。我終於可以大膽地喊一聲：我愛我的父親！我終於可以大膽叫一聲：爸爸，我愛你！

家家說父親在世時，每月工資88.50元，上世紀50年代算是高收入。可是我們從天堂墜入地獄，為了維持我們體面的生活，家家不得不偷偷賣血。一大家人長年累月擠在一個房間裏，為此引發了多少尷尬和不快。父親平反之時，作為一種補償，我分得了一處住房。這是父親用生命換來的呀，這是我

們歷經近30年屈辱換來的呀。為了報答家家的養育之恩，我承擔起照料家家晚年生活的責任。就是在這所房子裏，家家就在我臂彎裏，告別這個世界。以後的日子，我每天依舊早早回家，總感覺家家在等著我，家家需要我的照料。在這所房子裏，到處彌漫著家家的氣息。我不能沒有家家，她是我人生中第二母親，是我的精神支柱，是我的靈魂。

重創教師隊伍

　　漢陽一中的教師隊伍，在漢陽事件中受到重創，要寫的老師太多了。譬如說學校的6位行政幹部，就只剩下一個總務主任姜茂堂，他受的處分比較輕，預備黨員延長預備期1年。姜主任此後30年沒有增加工資。在老師中間，還有一位延長預備期的預備黨員是體育老師曹良濤，後來調縣體委工作，20多年沒有行政職務，3次提升縣體委主任未獲批准，直到平反才知道，原來檔案中有一條批註：限制使用。校內64名教職員工中，先後判死刑3人，判處2至15年徒刑7人，先後送勞動教養4人，戴壞分子帽子3人，受黨紀政紀處分多人。可惜我不能一一寫下蒙冤老師們的經歷。

李穗：我算什麼分子

　　李穗老師當年一句話，成為點燃漢陽事件導火線的一點火星。中共漢陽縣委1957年8月30日〈關於一中暴亂事件考察工作總結報告〉中寫道：

　　　　反革命分子楊松濤的親信李穗於12日上午（學代會尚未結束），上第4節化學課時，向學生造謠說：「同學們，今年高中招生比例很少，18-20個中取個把」。學生們一聽，認為證實了以前5%的傳說而

301

> 鬧了起來。楊（松濤）犯見火已點起，馬上叫李穗不怕；並慫恿學生
> 向韓校長索要招生比例文件。

李穗來校不到一年，沒有任何背景，怎麼就成了「楊松濤的親信」呢？

1957年10月8日，李穗老師被送往沙洋周磯農場勞動教養。

同時送往沙洋勞動教養的還有陳天順、張安健老師。

李穗老師於華中師範學院化學系畢業，1956年9月分配到漢陽一中，教初中和高中化學課，擔任初三（5）班班主任。僅僅只有一年時間，她的教師資格就被剝奪了。

我當時眼裏的李穗老師，是個城裏來的嬌小姐，沒有想到她在農場勞教4年，幹得非常出色。有道是：人到哪個山頭唱哪支歌。

讓李穗老師不明不白的是，她不知道自己屬於「四類分子」中的哪一類。每個年度填寫表格，在「四類分子」欄目中，她弄不清楚自己是什麼「分子」。就此問題曾一次又一次向管教幹部求教，得到的答覆竟然是「無可奉告」。

其實，所謂四類分子，即地（地主分子）、富（富農分子）、反（反革命分子）、壞（壞分子）四類。漢陽一中三位接受勞動教養的老師，既然都不屬於前三項，那麼只剩下最後一個選項。把我們的歷史老人陳天順老師，把我們崇拜的溫文爾雅的張安健老師，把同學們喜歡的年輕單純的李穗老師列為壞分子，實在叫人不可思議。這是成心讓斯文掃地的醜惡行徑。

作為留場職工李穗老師在農場又幹了8年。有一年她與未婚夫一起，在3個月的時間裏，為農場創造數十萬元利潤。他們得到的回報是：准予結婚。一個不明不白的「分子」，與一個「右派分子」結合在一起。不幸的是，在一次大水中，她的丈夫為搶運糧食負傷致殘，從此喪失了勞動能力。

1969年，夫妻雙雙被遣返，回到先生的福建老家，被安置在高山村寨。一家三口靠工分吃飯，能夠掙工分的只有李老師一人，不得不讓7歲的孩子上山砍柴，每年都是超支戶。後來到豬場養豬，才算還清欠下的債務。後來到縣城，過著無戶口、無口糧供應的「雙無戶」生活。直到1978年，先生先摘掉右派帽子，安排了工作。

也就在1978年，湖北黃石師院有意接收李穗老師，老領導邵達成院長兼書記玉成此事。當一紙公函與漢陽縣公安部門聯繫，得到的答覆令人啼笑皆非：「一中事件的牽連，談不上是什麼分子，不好定性，但目前要顧全大局，不要四處申訴，否則，對自身沒有好處。」

這樣的答覆當然不能令人滿意。是不是也可以看出政治氣候有一絲兒鬆動呢？

1984年，漢陽事件平反之前，李穗經過鍥而不捨的努力，獲得一個小平反。中共漢陽縣委、漢陽縣人民政府信訪辦公室，於9月24日形成〈關於李穗同志申訴問題的處理報告〉：

> 1979年以來，向縣、市、省、中央申訴多次。1979年落實政策中，縣公安局對結案作過複查，結論是「李穗與漢陽縣一中事件無牽連」，並與黃石師範學院黨組織作過聯繫，卻未與本人見面，須等待縣委研究批覆後再正式通知。1983年縣委組織部以組審25號文件向本人作了答覆，內容是：「一中事件是我縣集團大案，情況複雜，牽涉面廣，根據上級有關文件精神，宜當組織有關部門，進行聯合複查，不宜作個別復審，但複查工作已經提到議事日程。」根據市委批示精神，今年9月22日，縣委常委開會專題討論通過李穗同志的申訴問題，會上聽取了公安局、組織部複查意見的報告，本著實事求是、有錯必糾的原則，認為：「一中事件」是反革命暴亂，不能翻案，但在處理一中反革命案中，由於當時歷史環境和左的影響「擴大化」的問題是存在的，李穗在課堂上對學生的講話，當時視為「煽動學生鬧事起了導火線的作用」的結論是不恰當的，決定撤銷縣公安局1957年對其勞動教養之處分。恢復原工資級別，工齡連續計算。現正在辦理審批手續。

在這個報告裏，漢陽一中事件，依然「是反革命暴亂，不能翻案」。這是當時公文的寫法，當時也許很多人真想不到能翻案。這就不再深究了。只有當漢陽事件徹底平反，就不再是個所謂「擴大化」的問題，而是翻案要翻個底朝天。

漢陽事件複查組寫有〈關於胡斌、李穗向學生講升學比例問題的複查情況〉專題報告：

> 複查結果證明胡斌和李穗向學生講應屆初中畢業生的升學率是有根據的，不是造謠，目的是為了要學生認真聽課抓緊復習，不是煽動學生鬧事。

李穗老師在湖北師範學院退休。這所大學的前身是黃石師院，它在不能確認李穗算什麼「分子」之時，大膽啟用了她。

魏培祖：我忘了應該在哪個監外執行

1986年4月，魏培祖老師恢復共青團團籍，是時53歲。此前一個月獲得平反，此後一個月申請超齡退團，同時遞交入黨申請書，6月份被批准入黨。7月份提拔為漢陽三中教導處牽頭的副主任。1990年任政教處主任。在所剩無幾的工作年限內，生活向他一路開放綠燈。

魏培祖依然健談

翻開歷史的前一頁，那是另一番情景。

1957年9月5日被捕，11月7日被判兩年徒刑，坐了兩個月牢，再交監外執行。1958年元月，被判離婚，妻子拿了一床被子離開他。

魏培祖的罪名是：支持學生遊行，支持學生「爭取受教育的權利」，指揮學生沖縣委會。定為現行反革命分子。魏培祖說，當時他是語文老師，初

二（5）班班主任。學生罷課第一天，他沒有上街。第二天奉命上街，深入到學生中去，做疏導工作，勸學生回校。他說，學生不是衝進去的，是開門放進去的，放進去就打。「幹部朱××打學生，我看得一清二楚。」提出爭取受教育的權利，那是事件發生之前，團縣委副書記在校駐點，開展勞動教育，他要求初三學生不考高中，直接回去生產；如果報考，就是勞動教育的失敗。初二（5）班的學生有不同意見，他們說：「初三同學的今天，就是我們的明天。」同學們說：「我考不取回去心甘情願。」魏培祖當時「表示同意這個觀點」。於是，爭取受教育的權利就成了罪過。

我問魏老師，為什麼對他「監外執行」？

他說，我根本就沒得問題。

對當時坐牢兩個月，他似乎「十分懷念」。他說：「往日不許打人，不體罰。」

他的「監外執行」，是由縣教育局交學校執行，不拿工資，只管吃飯。到索河鄉李集小學不到一個月，學校開展大鳴大放，就把他調到漢南農場。漢南農場，是湖北省交通廳下放幹部建設的農場，不是勞改農場。那裏的幹部覺得，與一個現行反革命分子為伍，豈不是對自己清白的玷污嗎，強烈要求將此人退回縣教育局。魏培祖在縣招待所住了個把月。他回憶說：「招待所管理員外號叫婆婆，婆婆對我非常之好，陰倒把飯讓我吃飽。」「陰倒」就是悄悄的意思。這個陰倒把飯他吃的管理員，想不到就是我的父親。我父親劉遠顯先生，在魏老師心目中是個好人。

再一個監外執行地，是他的老家施家嘴，但他在老家沒有一個親屬。父親在武漢精神病院工作，母親在武漢縫紉機廠工作，祖父1954年前開藥鋪，這時在傢俱廠上班。到鄉下先在社員家裏借住，後來母親給他60元錢，靠人家山牆搭了一間16平方米的偏室。施家嘴是全縣土質最差的生產隊，10個工分值三角六分錢，最高可值四角二分錢。他一個人在那裏被「監外執行」了23年，除了挑堤挑秧挑糞的勞動

父親劉遠顯好事做了一輩子

累得腰椎嚴重變形之外，其他還好。也只被批鬥過兩次，小四清和文革時各一次。

1980年的一天，他突然覺醒了：我怎麼糊裏糊塗地被監外執行了23年呀？政府怎麼把我忘了呀？他回到縣教育局，要求落實政策，要求依法辦事。依什麼法呢，當初法律文書寫的監外執行，是「交學校執行」。一個堂堂的中學語文教師，想到應該摳摳字眼了。他要求依法回到學校。

1980年6月11日，中共漢陽縣委行文，指出：1957刑特字11號判決書判處監外執行是正確的，1958年遣返回農村是不妥的，經研究決定收回重新安排工作。

他重新安排到漢陽三中。那時漢陽事件還沒有平反。

他在舉目無親的鄉村，一個人單身從24歲過到了47歲。

1982年，虛歲半百，他再婚了。

他早年在陽高肄業，陽高即漢陽高中，位於漢陽城區。上世紀50年代，在中學教師中，有這個學歷就不錯了。1956年他能夠調到漢陽一中來，首先是有韓建勳的關係，韓建勳在新灘口當五區區委書記時，他在新灘口中心小學當教導主任。漢陽一中的教導主任，一位是他的同學，一位是他的老師。他順利調到一中，卻落得因福得禍。他回憶當時的一中，的確有兩派。一派以王建國為首。他說，王建國這個人，有水平，工作方法又比較好，對知識分子態度和藹。這些人很多是骨幹教師，無形之中和他比較親近一些，也不是他寵絡人。再一派是韓建勳。魏老師所言，我這裏從略。魏老師說：「我都應該是他的人馬。」韓建勳的人馬，說王建國的好話，足見其公正態度。

魏老師說，漢陽事件，我希望寫成一本紀實文學。要寫，不帶任何偏見。

說到這裏，他特別強調：「我是個黨員。」

我明白了，這是一位共產黨員的託付。

周秉賢：我算哪一派

按魏培祖老師的說法，當時漢陽一中教師分兩派：副校長王建國是一派，成員是教學骨幹；校長兼書記韓建勳是一派，黨團員是他的人馬。1955年

漢陽一中只有韓建勳、周秉賢兩個黨員，說是有黨支部，其實就是一個黨團員聯合組。到1957年，黨員人數增加到5人，聲勢壯大起來。周秉賢是團縣委委員，一中團總支部書記，專職團幹。那麼，周秉賢是不是韓建勳一派呢？

其實，所謂兩派，只是個說法，這幾個人比較親近一些算一派，那幾個人比較親近一些算一派。並非涇渭分明，更非勢不兩立。由於黨支部書記工作能力弱一點，群眾威信差一點，人們就把對他的看法，延伸到其他黨員身上。譬如周秉賢，水平就不低，能力就不弱，可在學代會上，有學生代表竟然提出要韓建勳、周秉賢都回農村去。這種情緒的表達，反映了當時黨群關係，開始出現了一些間隙。

在黨支部內，周秉賢服從韓建勳，應該沒有什麼問題。打心眼裏說，王建國有親和力，他崇拜王建國。連他自己也不清楚自己算哪一派。1957年4月的全省教育戰線政治工作會議，王建國就是帶他去的，可見王建國待他這位黨員幹部也不薄。1957年春節，一中黨政工團幾位主要領導人，相約到泰山林場踏青，就有周秉賢到場。這些知識分子，投入大自然的懷抱，詩興大發，彼此吟詩唱和。王建國文思沛然，即興誦讀：「碧樹成蔭綠染台，桃花相映紫花開，翩翩蜂蝶歌還舞，惹得詩人杜甫來。」讀者諸君，您能在這首詩裏，讀出一個「反革命綱領」嗎？考察團要求周秉賢站出來，揭批王建國這首詩裏的「反革命綱領」，周秉賢不識時務地說：「吟詩答對，是文人的愛好，從詩中看不出反革命綱領來。」於是，周秉賢得到的政治結論是：變節分子。韓建勳應該慶倖沒有參與這次踏青活動，也許他生性不太喜歡這種知識分子的情調。

怎麼評價漢陽事件中的周秉賢呢？一句話，他所做的工作，結果是裏外不是人。先是學生提防他，後是考察團拿捏他。學生罷課上街了，他按省裏會議的要求，遵照韓王兩位上司的指示，立即打入到學生中去。同學們不喜歡他。他也是個有正義感的老師，看到學生在縣委會挨打，聽說學生劉賢臣負傷後失蹤，也按捺不住自己的激情，親自跟著學生到兵役局去交涉。後來這件事就演繹成窺探軍火庫，企圖搶槍支彈藥，遂成反革命暴亂的依據。他也脫不了干係。

周老師寫過回憶文章。6月12日晚上，縣委、縣人委來人，召集全體教師開會，聽取學校領導人彙報。周秉賢作為校團委書記，彙報了他掌握的劉賢臣、曾昭林等同學的情況。有幾個同學在外面聽到他講話，他的講話馬上被傳播到操場上，操場上立即叫嚷起來：周秉賢提供學生的黑名單！正在這時，劉賢臣不知從哪回來了。周老師帶人到兵役局營救他的事他沒聽說，單聽說周秉賢正在樓上彙報黑名單。人高馬大的劉賢臣氣急敗壞，幾次帶同學衝上樓去，非要揍周秉賢不可。幸被公安人員擋住。同學們衝不上樓，便向樓上扔石子。

〈漢陽事件原始記錄〉一章中，有6月12日胡子樵說是學生是烏合之眾，被學生帶到學校的一段情節。胡子樵是團縣委幹部，學生逼他寫檢討書張貼出來，周秉賢從中斡旋，替胡子樵答應下來。當時團縣委副書記楊行舫在場，授意讓他答應下來。這事也成為把他列入「變節分子」的一條依據。

更為可悲的是，在周秉賢還沒有被推到對立面時，報社女記者找他瞭解情況，要他介紹事件中表現好的學生。他按女記者說的「矮子裏頭找長子」的要求，介紹吃甲等助學金的李行楚的事蹟。他沒有想到〈疾風中的勁草〉刊登出來之後，李行楚成為「勁草」大紅大紫，自己卻成了階下囚。

1957年9月6日，王建國命歸黃泉的一天，周秉賢接到調令，務必在9月8日到桐山小學報到。他已經被開除黨籍、團籍，撤銷團縣委委員、漢陽一中團總支部書記職務，工資下降一級。他的妻子和大女兒，也被壓到農村，而他們家原是洙儒山鎮上的貧民，沒有一分農田。後來他又有了4個孩子。他於平反前的1983年退休。

洙儒鎮上受漢陽事件牽連的人物，除了滕永俊同學和周秉賢老師之外，還有一位是余世中。余世中原來是漢陽一中數學老師，在數學教學上頗有研究，調到縣教育局當教研員。在處理漢陽事件時，他有一天拍縣長的房門，大喊：「縣長，王建國是好人呀！」其表現近於瘋癲。他被當場逮捕，判了他5年徒刑。刑滿回家，孤身一人，據說在洙儒橋邊搭個棚子住下，以趕毛驢拉板車為生。後來有個四川姑娘被人帶到當地，沒有人看得上，余世中就接納了她。他在余門小學代過一段時間課，還寫過一本數學解題書稿，想請

人轉到省教育廳去，沒有人接手。他到北京上訪過兩次。我本想拜訪他，他卻不幸於1980年在家自縊身亡，沒有等到沉冤昭雪的這一天。

惜哉雛鷹折翅

因漢陽事件受到判刑、開除學籍、勒令退學、記過、開除團籍、留團察看、團內警告等各種處理的學生有34位。漢陽二中還有幾名學生受到牽連，受了處分。一些學生檔案被明確批註，升學考試不予錄取。當時從漢陽一中畢業回鄉的學生，受到嚴重政治歧視，半生不得安寧。有的同學為了生存，只好遷居他鄉，謀條生路。改名換姓者不乏其人。還有一些同學，心靈受到的傷害，至今還沒有撫平。

我們同學中間有很多聰明人，本可以成為國家的棟樑之材，遺憾的是他們的聰明才智被湮沒了。

滕永俊：青春丟在牢獄裏

滕永俊曾經是那麼優秀的一名學生，是在校期間唯一讓我仰視的同學，我拜訪他時他在一個磚瓦廠打工。

我想到見面的第一句話是：我本來應該到中科院找你，現在卻到磚瓦廠來找你。

見面時我沒有說這句話，因為我覺得這句話，也許對於滕永俊來說，顯得太殘酷了。後來我在飯桌上還是說了，他並不介意。一位當年口齒伶俐、思想活躍的同學，變得似乎沉默寡言，不想多說話。

滕永俊和我是同一個年級，他出事那年我是高一（1）班，他是高一（2）班，他比我還小1歲多。當時語文老師張安健寫了一部長詩《百鳥衣》，讓他幫忙抄寫，他有機

滕永俊回首往事

會出入張老師的寢室。張老師也器重我，對我的作文評價也高，可我從來沒有享受過進入他的寢室的殊榮。當時老師寢室同女生寢室在一個小院內，位於老校門口水井的西邊，院門前有幾級臺階。對於我來說，那裏是一個神秘的禁區。

我在高中時期數學成績好，還異想天開地搞過一個二項式的萬能公式，竟然向《數學通報》投稿。而滕永俊卻是全校數學競賽的第一名。

還有，滕永俊當時在學生會和共青團總支部負責宣傳工作，已經成了學校的公眾人物。我只是個暗自較勁的學生，根本沒法跟他相比。

在打工的磚瓦廠裏，滕永俊擔任銷售會計，我到那裏時他正在發貨，見到我不像其他漢陽事件受害人那樣，覺得特別高興特別激動。他把我帶進一間平房裏。

「出事那年，你的準確年齡是多大？」我問。

「我只有16歲。」他說。

「你沒有提出你沒有到法定判刑的年齡嗎？」

「我提過了。他們說，你屬於政治犯。」

也就是說，凡政治犯就可以不依法辦案，想怎麼判就怎麼判了。

滕永俊之所以被判定為政治犯，其實就是以言定罪：

一、殺父之仇：「我將來長大了，一定要當軍官，再來報仇。」
反省中自供：「自己加入共青團是為了入黨，爬的政治地位高，能帶領軍隊。我對學習抓得緊，認為幹一番大事業，必須要有足夠的本錢。」

二、對黨、政府不滿。當章伯鈞、儲安平發表謬論後，說：「每個鄉里、學校裏都有黨支部，它的權力高於人民政府，這不是黨天下是什麼？」

三、對蘇聯非常痛恨，對美國則竭力崇拜。說：「過去嘛，中國倒向美國，現在中國倒向蘇聯。」認為蘇聯幫助中國搞了中國的東西走了。說蘇聯幾年前是一個俄國苕，這一下子變聰明了。我將來第一天當中國的主席，第二天就分三路進攻蘇聯。一路從符拉迪沃斯托克，一路從蒙古，再一路從小亞西亞迂迴上去。「海參崴和庫頁島是中國的，為什麼不交給中國？」

四、伏洛希羅夫來訪，說，伏羅希洛夫老了，是到中國來快活的，連兒子媳婦都帶來了。「他的蘇聯哪裏有中國這好的風景，是到中國來開葷的。」

五、美國工業比蘇聯發達，把他的頭砍了也不說蘇聯比美國工業強。美國假民主，但是兩黨輪流執政，我們社會主義國家，偏偏是一黨專政。

當時判他5年有期徒刑，他沒有申訴。他說：「判都判了，當時只有16歲，沒有多大主見。」但當時他知道，中華人民共和國第一部憲法規定，18歲為公民，按他當時的年齡，最多只能送管教所。

就滕永俊該不該判刑的問題，也曾發生過爭議，縣法院院長王志成提出，不夠法定年齡不能判，但他的意見最終被否決。

滕永俊說：「這涉及到中央。這個案子不是由下面拍板決定的。」

「你怎麼知道是由中央拍板的呢？」

他說：「我憑直覺。當時，毛澤東發表了〈論十大關係〉、〈關於正確處理人民內部矛盾問題〉的文章。毛澤東的階級鬥爭理論，認為階級鬥爭有

時緩和，有時激烈。用毛澤東的理論，這樣處理是必然的。上有所好，下有所效。他不這樣處理，他不好交差，保不住烏紗帽。」

這也許就是抓住滕永俊不放的理由之一。

滕永俊是侏儒山人，顧名思義，此地的山都矮小。大約成立人民公社時，主政者為了省事，定名為侏儒人民公社，後來叫侏儒鎮。這樣一來，外地人以為這是個出矮人的地方。其實不是。滕永俊年輕時身材適中，顯得非常英俊。滕家過去是侏儒山的望族，其父被劃為工商業兼地主成分，土改期間集中勞動時，精神恍惚，跳井自殺。四伯父過去當過侏儒鎮工商會會長，1949年後判刑勞改。由於有這樣的家族背景，處理漢陽事件時，考察團認為滕永俊要報殺父之仇，肯定支持同學鬧事。

考察團收集他的言論還有：

> 13號對同學說：「我願意明天還罷課，這一星期總是搞完了的。」
>
> 14號趙秘書長作報告時〔，他〕說：「講得太片面，政府的工作人員總是維護政府工作人員的，不想聽就伏在椅子上睡覺。」
>
> 在秘密會上說：「誰揭露我的材料，先殺我仇最大的人，再殺我自己。」
>
> 當工人趕楊松濤時，我不瞭解真相，就跑到高一（1）班去說：同學們，你們知不知道，還不快下去。起了鼓動作用。高一（1）班班主任講了我一頓壞話，我就走了。

他自己在反省書中寫道：

> 我在給《湖北日報》的信中和告全國人民書及四中的發言中公開歪曲事實，對同學們的行為表示讚揚支持，對黨和人民政府加以辱罵，對自己的老師也是如此，並想種種方法，想造成人民的不團結，引起各階層的人民對政府對黨對工人不滿痛恨，鼓勵同學繼續鬥爭。

　　被判處5年有期徒刑之後，在漢陽縣看守所裏，同一些老師在一個勞改隊裏，每天到城頭山打石頭。在那裏他也有些溫馨的回憶，一位陳姓勞改股長，戴個眼鏡，特別喜歡他。每次吃飯，有多餘的飯菜，就給他吃。這位股長調走之後，他就沒有這樣的待遇了。1959年，勞改隊裏，人人都全身浮腫，經常有人昏倒在工地上，老弱犯人死得多。滕永俊對糧食問題發表了一點意見，說是糧食都給蘇聯了，所以中國人沒有飯吃。就因為這句話，又被加刑4年，罪名是散佈反動言論，抗工不出工。這一次加刑，倒是給他留下一條活命。他被調到了省一監獄，那裏勞動強度輕一些，主糧也多一些，醫療條件也好一些。他們的勞動，就是用蚌殼做扣子，一種簡單的手工活。後來又輾轉到過其他幾處勞動改造場所。

　　1985年9月19日。複查組金敬濤、蕭萬侯、陳祖江三位大員，在侏儒法庭辦公室約見滕永俊。此時的滕永俊，似乎餘悸未消，記憶時有不清晰的地方。

> 滕永俊：學代會好像我沒有參加。我當時是學生會的宣傳部長，團總
> 　　　　支也是負責宣傳。
> 　　　　按道理我應該參加。
> 　　　　事情發生，樓下的學生就往樓上擲石頭，我們課就無法
> 　　　　上了。學生上街的情況我不知道。
> 問　：13號晚的學生代表會上，你發言了吧？
> 滕永俊：判決書上說我在會上發了言的，我回憶我說過了的，當時我
> 　　　　認為學生為了升學比例上街，挨了打，遊行是憲法允許的，
> 　　　　所以我提出到省裏解決。
> 　　　　12、13號的遊行我都沒有參加。
> 問　：根據什麼判你的刑？
> 滕永俊：三點。1，我平時的反動言論。我的言論中並沒有對黨不
> 　　　　滿，他們說我〔說〕把糧食送到蘇聯去了，又說我當了主席
> 　　　　後，分三路攻打蘇聯。當時考察團的同志對我說：據說你寫
> 　　　　了告全國同胞書，有反動言論。要我老實交代，交代了，可

以升大學，不交代，要逮捕法辦。這樣我就按我的記憶就寫了，我是怎樣寫的告全國同胞書，我當時認為我只有15歲，不夠法定年齡，寫了不會判刑的。結果我就按他的要求就寫了，寫了還判我的刑，我就後悔了。

問　　：你說過當了軍官怎麼辦？

滕永俊：我是瞎說的。同學們在吃飯的時候瞎說，十六七歲不懂事，但並沒有說我當了軍官後怎麼辦，好像我沒有說。

問　　：你說，一個鄉都有一個支部，這不是黨天下。

滕永俊：這話我沒有說。

問　　：你在檢查中說過了的。

滕永俊：當時我的指導思想，檢討得越深刻越好，檢討得越深刻就會不判我的刑，讓我升學。只要他們提醒的，我就檢討，爭取深刻。

　　　　一些事我實在是記不清了，我記得審判我的時候，不是公審，只有三、四個人審判我。我只辯了兩個問題。一，我沒有17歲。二，還一個是關於我四伯父的問題。其他我記不清了。判了5年後，認為我不認罪服法，又加了我4年。當時加我刑我在勞改農場，吃不飽，我就說，糧食運到蘇聯去了。是1959年加的刑，也是漢陽縣法院加的。

問　　：13號晚上的會你參加了？

滕永俊：宿舍的會我沒有開。在教室的會參加了。

問　　：審判長問你，你是高一的學生，升學與你沒關係，12、13號遊行你也沒有參加，後來你參加，你交代說這是我很超脫的時候。

滕永俊：我不這樣交代，我就沒得話說，只有這樣交代才是深刻，不判我的刑。

問　　：沒有隔離？

滕永俊：我沒有。但有人跟著我。

該我負責的我負責，不該我負責的要求澄清。我認為當
　　　時考察團設的圈套，說什麼要我說了可以升大學，結果我就
　　　交代挖思想，爭取做到越深刻越好，結果交代了還信了，判
　　　了我的刑。

　　　　當時我認為學生是為升學，工人打學生我不服，從現在
　　　看打擊面過寬。

　　問　：你看見工人打學生嗎？

滕永俊：我沒看見。判決書上說我說工人打學生2塊錢，我是聽別人
　　　說的，他們要我交人誰說的，我交不出來，這樣他們說我造
　　　謠，就認定在我頭上。

　　刑滿釋放之後，滕永俊作為四類分子，放在成功人民公社，交貧下中農
監督改造，一晃又是10年光景。

　　1979年，是他的表兄給漢陽縣委寫信，給他的生活帶來轉機，在群豐小
學當上民辦教師，擔任校長兼教導主任。兩年後他轉回洙儒鎮，在有機玻璃製
品廠當技術員。平反的時候，他想去教書，他想去國營工廠，都沒能如願，因
為他「本身在企業，是工人指標」，後來安排在縣物資局一個物資站。

　　平反之前，他從來沒有上訪，沒有寫過申訴信。

　　他想法很簡單：判都判了。

　　他有5個孩子，妻子是保康縣山里人。

　　他最大的願望是：平安度過晚年。

余明超：四十六歲准予初中畢業

　　大年初三，我凌晨5時起床，自己做早餐吃了，看看天還沒有些許亮
光，在家等了好一會兒才出門。大街上，沒有行人，沒有車輛，只有冷颼颼
的北風。迎著寒風出行，陡生壯士般的豪邁。本來兒子說好開車送我，我想
這麼早，又正是過年，還是自己搭車好。我先乘市區公交車，再換乘市郊中

巴，到達蔡甸區新農街，才是早上8點。

我原來的想法是，余明超平時上街做生意，大年初三總會在家休息吧。就是出門拜年，也不會走得這麼早，趕早去就能堵住他。

余明超是漢陽事件中受到懲處的一個重要

余明超蒼老得真快

人物，他的罪名是書寫所謂反動標語。我一直想訪問他，苦於找不到聯繫方式。我們大院有個保姆，就是新農街人，一說余明超，她說知道，是個殺豬的。她回家過年，我就請她給他捎去紙條。大年三十余明超來了電話，邊說邊哭出聲來，說老同學想到他，心情太激動了。其實我在校時，並不認識余明超，只聽說他能寫得一手好字，就是一手好字使他與反標問題牽扯上了。

他家住銀行隔壁的巷子裏，巷子口是家水果店，店主人告訴我余明超剛走，賣肉去了。沒想到大年初三還會上街做生意。

一位熱心的婦女帶我到菜市場，一到巷子口就指著一個老頭說，他就是余明超。余明超聽見有人在說他，就朝我走過來，雖然沒有事先通知，他想到是我。

面前的這個老頭子，是我的低班同學嗎？蒼老的面容，長短不齊的鬍子，髒兮兮的外套，所有的經歷都寫在外表上。

我們站著寒喧幾句之後，他說不做生意了，回家去吧，隨即收拾攤子。

余家的門牌是：興隆集老街77號。土改時這個家劃為工商業兼地主，其實其父也是一個「殺豬的」，余明超不過是個屠戶的兒子。余明超說，現在這棟房子比老房子加大了，不過就看眼下加大的規模，也不像一座地主的豪宅。後院倒是很大，全是在他手上興建的屠宰設施。子承父業啊。從漢陽一中被開除回家之後，當地不許他學剃頭（也許因為頭部是人體最重要的部

位），不許他拉板車（也許考慮拉板車也會有前進的方向問題），殺豬是在後來改革開放之後的事情。在他所在的基層生產隊裏，他就是一個貨真價實的反革命分子，一個階級鬥爭的活教材，隨時可能被拉到批鬥會上，雙膝跪在臺上接受批鬥。很多年他被派往遠離家鄉的侏儒山開荒，直到45歲才討到一個頭腦不清白的山區女子做老婆，兩年之後實在無法一起生活，那女子獲得一些補償回到老家享受低保去了。余明超說，這位女子的叔叔非常通情達理，他恩准余明超把這位女子送回老家。

余明超拿出漢陽一中1986年4月4日補發給他的畢業證給我看，上面寫著：

> 學生余明超係湖北省漢陽縣人，現年四六歲，在本校初中三年修業期滿，成績及格，准予畢業。

一個46歲的初中畢業生！一張遲到29年的畢業證！這對於曾經寫得一手好字的余明超來說，又有何意義呢？這時的漢陽一中，已經不開初中班，成為專門的高中。

漢陽事件平反辦公室通知他，到縣教育局辦理戶口遷移手續。他原本屬於商品糧戶口，無須辦理這個手續。

可以安排工作。到鄉鎮企業，工種為鑄造，或為縫紉。對於余明超來說，鑄造活太重，縫紉活太細。他盤算一下，月薪29.50元，夠討老婆嗎？罷，罷，罷。

還是殺豬吧。殺頭豬，可收5元，一個月殺6頭豬，就抵一個月工資。

他現在的妻子，小他9歲，從昭君故里遠嫁到這裏。嫂夫人以拾荒補貼家用，春節前不慎骨折，只能躺在床上過年。她的姨侄女來看她，余明超給我打電話，就是借用姨侄女的手機。

余明超寫沒寫反標？考察團當年並沒有弄清楚。複查組在調查此事時，余明超的回答，也令人匪夷所思。

1985年8月13日，複查組一行人來到漢陽縣公安局新農派出所，被詢問的有范賢仕、曹賢安和余明超等3人，複查組要求他們吐真言、講真話。余明超有兩段發言：

我當時想讀書，將來搞地質。

第一份回應書〔指回應罷課〕是程世文起草，我抄的。我寫了反標：「歡迎」，下面是別人續寫的，後來貼了。標語是6月12日下午在三（6）班樓上寫的，用墨筆寫在報紙上。

當時說是我貼的，我也承認是我貼的。當時我接受了的。什麼我都接受，準備坐牢。

家裏是工商業兼地主。

寫這個標語「歡迎」兩字我記得清楚，其他幾個字隱隱約約有個印象。我寫標語在場的人未見有什麼反應。

當時寫標語，只寫「歡迎」兩個字，有六七個人在場，有曹義楷、曹善有、蕭秀山、劉遠騏、蔡賢發、陳為華、程世文。說貼也是假的。我剛才講的，還是照考察團考察後講的。考察團進校後，說有反標，追到我頭上，我當時是一概承認了，什麼也不怕，都算我的。

按照余明超這段談話，可以斷定一是有反標出現，二是他只寫了「歡迎」兩個字，第三，本來不是他貼出去的，而他也承認是自己貼出去的。

1985年8月14日，複查組詢問了余明超當時的同班同學王德才，並做了筆錄：

王德才：我們班學生年齡較大，鬧事第一天是午睡開始的。

余明超家成分不好，鬧事行動積極，為人粗魯，但未發現有反動行動。考察團進校後發動學生揭發，可能把些問題聯繫在一起，認為他出身不好。

問　：當時是否揭發他寫反標？

王德才：先聽說他寫過一個什麼反動條子，後來沒有結果，據說是黑
　　　　板上寫的，我們沒有見到。當時是別個班的學生寫條子來揭
　　　　發他。
　問　：考察團誰在你們班上？
王德才：張經邦。他還在縣食品〔公司〕工作。
　問　：如果你們見到余明超寫反標，會怎麼樣？
王德才：我們年紀不小，肯定不會不理。

　　同一天，1985年8月14日，複查組另一撥人，還詢問余明超的同班同學
程世文，程世文當時幾乎也被認定為反標的書寫者，下面是他的陳述：

　　余明超當時年齡比較大，家是地主，事件發生後，各班寫東西表
示回應。我們班上叫我寫，考慮他的毛筆字寫得比我好，就叫他寫。
大意是各班同學的行動是正義行動，我們六班同學支持你們，表示回
應。考察團進校後，把這件事擂到他頭上，說他寫了反標，其實我們
沒有見到。有說是我寫的，因為我寫作能力強些，說是他寫，是他的
字寫得好。
　　沒有見到余明超寫反標，他也不敢寫。是背後有人殺籤子。
　　我們班上同學年齡大，沒有聽說哪個說他寫了反標。我在校內、
街上也沒有見到反標。寫響應書時，有何樹成在場（在縣搞搬運），
他是學習委員，事件後，經常向考察團反映情況，王德才是我們班
上，他比較正直。會上沒有公開說過有寫反標的事。
　　這件事至今心有餘悸，提到了忐忑不安。怕見當時一中的同學，
互相牽連。為這個問題，我10多年申請解決組織問題，建材局還在要
我交待一中問題。

　　同班同學沒有人見過余明超寫過反標，而余明超卻說自己寫過了「歡
迎」二字，複查組為了甄別這一問題，幾天以後，1986年8月19日，第二次
詢問余明超。

問　　：我們這是第二次找你調查。

余明超：當時考察團與我談話是平心靜氣的。我是不想回家的，我寫了響應書的，我們第一個寫的，是程世文起草的。有上十個人在場，可能有蔡賢發、劉元淇、王德才、蕭秀山在場，主要是我和程世文起草的。

　　　　我想考察團進校，是帶著壓力的，是考察團一個姓朱的問我問起來，我當時想我坐牢也可以，去西伯利亞也可以，就是不想回家。我當時只去了縣委會，再沒有去了。我當時只抱一條，隨什麼都是我，我什麼都承認。

問　　：你是在問了多次承認的，還是一下就承認？究竟怎麼找到你的？開始怎麼問起來的？

余明超：考察團進校後就總是交待政策，要學生自己承認，說承認就沒有事了。說我是頭子，我是第一個寫回應書的。考察團駐我班上是一個姓朱的，一個姓張的。第一次找我記不起來了。他們找我問，說我幹了什麼事，街上反標是不是我。我當時想，我多承認點，圖個表現。在問我幾次後我承認了。他們問外邊有反標是不是你搞的。我說是我。他們問：歡迎國民黨回來，蔣介石回來，是不是你寫的。我說是我。他們就記下來了。

　　　　我只寫了回應書，我當時在想，我不推到別人身上，我想我先說了好些，我抱著一條，我什麼都承認，去坐牢比屋裏好些，我不想回農村。

　　　　把我送回家。頭天跟我說，第二天就叫我回家。為什麼回家，沒有對我說什麼原因。頭天班裏40多人開會，也沒有鬥我，第二天就被送回家了。

問　　：你承認後，又找過你沒有？

余明超：找過我多次，我還是說是我。叫我提供別人，我沒有揭發別人。還叫我寫，我說我寫回應書，當代表，寫反標。

　問　　：最後一次找你，你承認沒有？

余明超：我還是說這些事是我。

　問　　：我們第一次找你，你為什麼又承認是你寫反標？

余明超：我還是怕像考察團那樣搞，我先承認了好，怕我翻過來後，
　　　　說我翻案。

　問　　：現在你為什麼不怕了？

余明超：再一個我們班還有40多人，現在還活著在，你們可以去找他
　　　　們調查，我們班的人看得到的。我當時也是聽了蕭秀山的
　　　　話，我承認了，考察團不再找我了，可以放過我，不然總找
　　　　我。問這問那的，所以我說什麼都是我。

　問　　：你說的這些是不是真的，敢不敢負責？

余明超：我敢負責，反標真的不是我寫的。

　　僅僅隔了6天，余明超的談話，又是一個版本。

　　他的意思是，只想升學，不想回家，寧可坐牢，也不想回家。

　　我拜訪余明超那天，他說過年到他家，一定要把嘴打濕。他讓姨侄女炒
好幾個菜，拿出家裏所有酒讓我挑選。我說，我早上吃得很多，現在又不到
吃飯的時候，我沒有這麼早喝酒的習慣。但是，他還是把酒斟上了。我沒有
辦法，只好象徵性地陪他喝酒。他可是有酒量，一杯又一杯，自酌自飲。我
不知道，他是在用酒精麻醉自己，還是在酒中尋找一種解脫。我感覺他好像
得了恐懼症，似乎還生活在一個過去的時代，怕這怕那。說起蓋房子，他說
怕蓋大了，怕再當工商業兼地主。

　　當年的考察團成員張經邦，曾直接參與漢陽一中初三（6）班的考察工
作。1985年8月16日，時任漢陽縣食品公司經理的張經邦，接受了複查組的
調查詢問。

張經邦：三（6）班活動看來比較凶。考察團通過分化瓦解，才使學
　　　　生緩和。寫標語的較多，也不一定反動。如「要升學」，
　　　　「要生存」，沒有什麼更反動的。

定案時，開除了3個學生。其中一個叫余明超，在新
農。他一是不認錯，二是在街上活動凶。余是開除遣送回去
的。是我手上的事。他家是工商業兼地主，也考慮了他的家
庭成分。

問　：余明超寫「歡迎國民黨回來」嗎？

張經邦：為這事不知費了多少力，組織學生圍攻，但他沒有承認，有
個別學生假裝積極，檢舉別人，有些不實之處。揭發這個反
標的人也不多。我們也沒有見到實物，這一條始終不能定
案。如果有此事，當時就不會是作開除處理。

「不會作開除處理」的意思是什麼呢？我想可能是更重的刑事判決了。

考察團認定漢陽事件的反動標語有474件之多，這肯定不是一個確鑿的
統計資料。一是學生遊行，哪能貼下這麼多標語。二是不能把反映學生正
當訴求的標語，認定為「反動標語」。三是有標語攻擊教育界和本縣領導
人，算不算「反動標語」？據原縣法院副院長史世恩說，有的所謂「反動標
語」，是拼貼出來的。

考察團查來查去，確認初三（6）班學生張世清呼喊「歡迎國民黨回
來」口號，而在全校名冊中查無此人，完全是捕風捉影的事情。再一位就是
倒楣的余明超了，查來查去，沒查清楚。

但是，余明超當地質工作者的夢想，當勘探隊員的夢想，完全破滅了。
他承繼父業，殺豬。

在他家打濕嘴之後，他要帶我去看同學劉發達。

劉發達：給英雄當了鋪墊

我很願意去看望劉發達，又覺得不是時候，因為接近午餐時間，而且這
是正月初三的午餐時間，又沒有備新年禮物。我當時想，去他家談一會兒，
然後找個理由走，把余明超留下。我們乘坐一輛機動三輪車，到他家剛好11

點鐘,而他家正準備開席,座次已經排定,因為漢口回來的客人還要趕下一場。這讓我措手不及。

此時劉發達不在家。嫂夫人認識余明超,馬上調整席位,安排我倆坐下。不一會兒,發達回來了,坐在我

余明超與劉發達

身邊。我和余明超成了主賓。我們的談話,從酒席上,延伸到酒後。

劉發達拿出一張的皺皺巴巴的複印件〈疾風中的勁草〉,本書第十五章專門寫到1957年8月14日《湖北日報》的這篇文章。記者為了烘托李行楚,罷課期間同李行楚形影不離的劉發達,被指名道姓寫成「鬧事積極分子」,成了陪襯英雄的反面人物。

學潮期間有人鼓動劉發達寫告全國同胞書,他沒有寫。同學們提名他當赴省請願代表,他沒有當。只是在批鬥王建國時,劉發達心軟,沒有參與。劉發達學習成績是班裏尖子,作文經常得高分,被老師拿到鄰班去公開誦讀。既然成了報上公佈的「鬧事積極分子」,升學就沒有指望了。隨著英雄的名聲越來越大,劉發達的日子越來越不好過。

好心的小學校長鄢其忠,介紹劉發達當民辦教師。每月有26元工資,吃供應的糧油,劉發達有個暫時棲身之所。一次開會,鄉長發話:「怎麼叫劉發達教書?」鄢其忠拍案說:「劉發達,苦大仇深,怎麼不可以教書!」但是還得服從鄉長。

第二年他再次報考,自己村裏不開證明,教書的學校開了證明。有三所學校來了錄取通知:武漢醫士學校,湖北建築工程學校,咸寧高中。他到湖

北建築工程學校報名，但鄉政府不給轉戶口，只好回來。到咸寧高中，沒有要戶口，他就上了。

三年以後，劉發達高中畢業，參加了高考。高考前學校對考生進行政審，老師來到劉發達所在農村大隊。大隊幹部說：「他是漢陽一中鬧事的壞分子。」一句又斷送了劉發達的前程。

再回到生產隊，劉發達見到大隊幹部，見到生產隊幹部，覺得羞愧不已，只能低著頭做人。幹部們還以為他瞧不起自己。勞動之餘，吹吹笛子，拉拉二胡，唱唱歌，還寫點詩。當了幾年記工員。1963年應聘到小集公社張堡小學代課，當時高中畢業教小學，是絕無僅有。學校有意給他轉正，派人來外調，大隊幹部說：「他是漢陽一中鬧事的頭子。」一句話，他被解聘回家。

他於1962年結婚。他同妻子都不能參加貧下中農協會。

劉發達說：「我是三代人受影響。」

坐在一旁的余明超說：「我是斷子絕孫。」

余明超沒有孩子。

劉發達說了一個小插曲。1962年的一天，他在家推磨，有位「記者」來訪，問他想不想出去「玩一下」。發達心想，我雖然受到歧視，但我是吃助學金過來的，共產黨有恩於我，我不能跟你「玩」到背叛人民的邪道上去。

在鄉村裏，他小試牛刀，發揮一技之長。他為大隊辦過豬場。辦過鑄造廠，非常紅火，製造出口管子。辦過電鍍廠，他是會計帶搞業務，外部事務全由他當家，廠長、副廠長都聽他的，但他總是夾著尾巴做人。他搞了十七八年。這在鄉下是個美差。發達說：「幾多人想拱，拱不掉。」

劉發達暢談往事

「拱」是什麼意思？就是背地裏使壞，要把他的美差搞掉。

「拱」還有一層意思，豬互相用嘴攻擊對方也叫拱。民間有句俗話：槽裏無食豬拱豬。

我突然想到要借題發揮一下。我們這個民族有個劣根性，有這樣一種心態：我的日子不好過，我也不讓你的日子好過。這樣的社會生態，導致人與人的關係，就是大魚吃小魚，小魚吃蝦，蝦吃泥巴的關係。這樣的環境特別需要幾個可以任人宰割的劉發達。到外鄉挑堤，誰去？劉發達。派劉發達，劉發達不敢說半個不字。他挑著鋪板被褥乖乖去了。就學機會是有限的，就業機會是有限的，少了一個智商高的劉發達，就少了一個競爭對手。階級鬥爭理論，在某種程度上，滿足了一些無賴的心理需要。如果劉發達是等閒之輩，早被人拱下來了。

漢陽事件平反了。劉發達安置在鎮辦企業新農機修廠。他對這樣的安排一直耿耿於懷，他覺得他應該被安置在學校教書。就為這個上訪。省裏，武漢市，縣裏，一次又一次。北京沒有去過。1987年9月23日，新農機修廠廠長得到通知，國慶日前不能讓劉發達出去。廠長說：「腳在他身上，他到那裏，我們怎麼控制。」過後他才知道，在10月1日之前，每天都人在屋前屋後監視。

劉發達的孩子們好像都很爭氣，不需要他操太多心，他同嫂夫人也是患難夫妻，可以看出家庭十分和睦。我們談話間，風雲突變，下起大雪。我擔心回不了家。他們夫婦都留我住下，我執意要走，說了很多理由。嫂夫人看留不下我，悄悄下廚房煮豆絲，說是要走也得「過中」才能走。這是我們鄉下的禮節。我們漢陽人說過早，就是吃早餐，過中，不是吃中餐，而是在中餐之後、晚餐之前吃點東西，非正餐。

過中之後，發達叫來一輛機動三輪車，我們當地叫做麻木。我在大風雪中離開了。

陳榮權：當年高考的文科狀元

陳榮權在我的同學中間，應該算一位優秀人才。他在漢陽事件中受到處分，又破例被大學錄取了，不過以後的日子並不好過。

我們在漢陽一中是同一個年級，他在高一（3）班，這個班的班主任就是後來被處極刑的鄒振鉅。

他的同班同學蔡德池在〈坦白檢討書〉裏寫道：「13日早自習時，班主任在班上講話，不許我們隨著初中同學們〔起〕哄，『我們是高中學生，應起好的帶頭作用，因為昨天鬧事已經超出了合法的範圍，裏面可能有壞人操縱。』但是班主席就不相信，同班主任駁，把班主任臉氣紅了。當時有少部分同學也仍認為堅持支持他們是對的。」

漢陽話裏，「駁」，即為駁斥，這裏指爭執。這個敢於與班主任「駁」的班主席就是蕭秀細。這段話本來可以作為鄒振鉅竭力阻止本班學生支持學潮的證詞，可惜沒用。

陳榮權當時是班裏的副主席，兼團支部組織委員。他在檢討書裏寫道：

在事件第二天吃稀飯後，〔初中〕三年級遊行隊伍集合了，首先說我班繼續罷課不是我提出的，同學們決定罷課後，我看見三年級有了組織，再加上本人不冷靜的考慮問題，盲目地聽信謠言和看熱鬧的態度參加了。在班上，有的人在寫標語，有的人在樓下喊，催同學趕

陳榮權說起那段歷史

> 快下去，我就是其中一個。我曾這樣喊道：喂，快下來，別班都集合
> 了，你們快點寫標語。

在考察團看來，陳榮權的過錯遠不像他自己寫的這麼輕描淡寫，6月14日在學校禮堂召開的大會，宣佈50名帶頭「鬧事」的學生中，就有陳榮權和蕭秀細的名字。他們被勒令停課反省，並且被牢牢地綁在了班主任鄒振鉅的戰車上。陳榮權受到留團察看一年處分，蕭秀細被開除團籍。

到了高二上學期，我們4個班改編為3個班，原來的高一（3）班的同學分出一部分，陳榮權仍留在原班。高二（3）班換了一位嚴厲的班主任，當過志願軍，教政治課，此人姓雷，名字聽起來更嚇人。選舉班幹部時，雷老師當眾宣佈：陳榮權和蕭秀細等人沒有被選舉權。閔守仁同學舉手發言：「選陳榮權當小組長行不行？」雷老師把桌子一拍：「反革命，氣焰囂張！小組長不是幹部？」

從此，陳榮權得了個「小反革命」的頭銜，外界傳說陳榮權是學生「鬧事」的八大領袖之一。

不過陳榮權有才，正因為他有才，學校還要發揮他的作用。1958年是個大躍進的年頭，剛剛經歷一場惡夢的漢陽一中，也想在政治上放個大「衛星」。陳榮權受命擔任編劇，寫出一部四幕歌劇《暴風雨中的雄鷹》，在本縣隆重上演。這部歌劇中的雄鷹，就是漢陽事件中的英雄人物李行楚，當時報紙報導的標題是〈疾風中的勁草〉。這部戲的全部演員，包括李行楚姑母的扮演者，都是初中部同學。

陳榮權這個班，由陳振恒接替當班主席，並兼學習委員。這以後全班學習成績每況愈下。陳振恒向雷老師說，我當班主席，又兼學習委員，實在忙不過來，是不是另選一位學習委員。雷老師問選誰，陳振恒說，陳榮權同學關係好，可以選他。雷老師找到陳榮權，繞了很大一個彎子，徵求陳榮權的意見。陳榮權推薦了幾位，雷老師都說不合適。雷老師忍不住直奔主題，說你來當怎麼樣。陳榮權說：「讓我帶隊，帶到邪路上了！」第二天還是選他當了學習委員。

　　陳榮權連續當了兩年學習委員。高考備戰那學期，他把數理化各科總復習題全做出來，在教室裏張貼了一圈，為全班同學復習開路。離報考只有兩三天了，陳榮權自己卻沒有準備填報志願表。陳振恒知道陳榮權有顧慮，半夜裏約陳榮權散步，給他透露了一個秘密：「你的檔案是我填的──該生學習成績優異，雖有嚴重錯誤，但表現突出，政審合格，同意錄取。」陳榮權問其他受處分的同學如何，陳振恒說，其他人就不要問了。班主任雷老師也明確告訴他，看發展，這兩年表現不錯。他當時根本沒有想到有繼續升學的希望，也就沒有想報考什麼學校，報考哪一科。碰到語文老師鄒國權，鄒老師建議他考華中師範學院，他說華中師範學院出的作家比武漢大學多。華中師範學院是鄒老師的母校。陳榮權填寫的三個志願都是華中師範學院。

　　1959年高考，陳榮權是全孝感地區文科第一名，但華中師範學院領導人聽說此人是漢陽事件八大領袖之一，不予錄取。華中師範學院黨委有一位女副書記，她說，我們華師什麼時候錄取過狀元呢？不錄取太可惜了。她說，把這個考生的檔案拿來看看。一看，陳榮權家是貧農，多位親屬是共產黨員。漢陽縣也想樹立一個典型，這樣，陳榮權作為華中師院的內管對象，被錄取了。

　　畢業後的陳榮權，分配到宜昌地區，宜昌地區分配到當陽縣，當陽縣分配到一個不通公路，連校門也沒有的學校，教初中一年級。沒有一個月，就參加四清。再次回到學校是1965年，教高中一年級，也只教了一年，文化大革命就發生了。在文革中被補劃了一個右派。直到1982年重上講臺，從高一到高三帶一個班，高考出現滿堂紅。他成了當陽的一個新聞人物，當上了當陽一中的教導主任，又有一個個的榮譽接踵而來。

　　只可惜，比起有效的工作時間來，大半生中耽誤的時間要多得多。當陳榮權被平反時，他的感慨是：終被平反，然韶顏早逝，與青春無補矣。

　　我專程到當陽市拜訪他。他送了我一罐蜂蜜。說起這罐蜂蜜的來歷，陳榮權十分得意，因為是他的學生送給他的，這個學生是跟他學過養蜂技術的學生。陳榮權有段時間被發配到農場養蜂。一個聰明人養蜂，也能養出名堂來，他寫了一些文章，都在養蜂雜誌上發表了，並受到省裏有關專家的重視。如果不是他的年輕夫人竭力阻止，他也被調到省城當養蜂專家去了。

陳榮權是高中特級教師，湖北省作家協會會員，古典詩詞功底深厚，精於楹聯，出版《對韻詞林》、《義門詩抄》、《高中語文閱讀指導》等多種著作，現任長阪坡詩詞楹聯學會會長，在湖北西南重鎮當陽算一個人物。全省一次運動會的會歌就是出自陳榮權之手。陳榮權血糖高，一個聰明人得了一個病，也可以撈到一個頭銜，他成了當陽市糖尿病患者協會副會長。只是我覺得糖尿病這個病名太沒品位，不是有高血壓、高血脂嗎，為什麼不可以叫做高血糖病呢？

劉賢臣：不信邪的漢陽人

古希臘一位哲學家說過，性格即命運，劉賢臣的命運，與性格太有關了。民間說漢陽人不信邪，劉賢臣就是不信邪的漢陽人。漢陽事件之後，校長韓建勳明確告訴他：「要不是你出身好，早就逮捕你了。畢業以後，你不能報考學校，就是報考也不會被錄取的。」劉賢臣不信邪，就要過過升學考試癮，還是報名參加了考試，結果是沒有被錄取。他應該知道自己的前景了，可是他又不信邪，連續報考了三次，兩次被中專學校錄取，一次被大專學校錄取，他先後三次上了考上的學校，又先後三次被學校清除出來，並遭受到牢獄之苦。

劉賢臣舊照

我記得在漢陽事件中，傳說被工人打傷的學生劉賢臣失蹤了。但是，他後來寫的回憶文章說，「有一群搬運工人拿著扁擔衝來。毆打學生，特別引人注目的那個大塊頭，樣子特凶，他用扁擔打學生。這時同學們更加氣憤，也鬧得更狠了。我當時在場，但沒有挨打。是韓縣長和縣委書記趙連吉把我弄到樓上保護起來。」書記縣長為什麼要保護他，他沒有說。他好像並沒有受到什麼處分。他的主要過錯是在考察團進校之後，有感於「一個多月，考察團採取高壓政策，揭發批鬥，人人自危，一片恐怖，鬧得人心惶惶，坐臥

不安」，寫了一首詩。詩云：「一群牛羊啃短青，群鴉喧噪在寒林，面迎北風啾啾語，原是初春戀冬情。」這首詩被同學蕭昌柏抄寫在黑板上，讓接替班主任的老師看到了，立即報告了考察團。考察團找到劉賢臣，劉賢臣說不知道誰寫的，蕭昌柏站出來一人擔下來。據劉賢臣回憶說，蕭昌柏受到開除學籍的處分，但我查核了一些可靠的資料，並沒有這個記載。

失學之後，劉賢臣在漢口當碼頭工人的哥哥，讓他進補習班學習，隨後參加1958年的中等專業學校考試。有三所學校錄取了他。一所是湖北建築工程學校，他沒有去。一所是湖北水利電力專科學校，要檔案，他沒有去。一所是湖北工業學校，他一去就當上了班主席。那年學校大隊人馬奔赴鄂城大辦鋼鐵，幾個月的勞累，沒有搞出什麼名堂。他感慨地說：真是勞民傷財。這一句話反映到學校當局，經過內查外調，查出原來這傢伙是參加過漢陽事件的學生，被勒令退學。

如果劉賢臣隱姓埋名，說不定可以在這所學校裏混下去。但這不是他的性格。

1959年春節過了，他又有幸在春季招生中，考上湖北燃料工業學校。讀了一年，來了政治運動。校方對他的歷史進行內查外調，又逼迫他交代出與漢陽事件的關聯。2000人的學校，鋪天蓋地的大字報，矛頭全對準他。批鬥了一個月，又被開除學籍。

反正劉賢臣能考，1960年高校春季招生，他隱瞞了漢陽一中學生的身份，在老家漢陽縣柏林鄉開到了高中同等學歷的證明信，參加了高考。沒有讀過一天高中的劉賢臣，被長江工程大學所錄取，上了五年制的水電系發配電專業。1963年已經讀過3年了，再有兩年時間就可以混個本科文憑。

也許是陰差陽錯，有一天他回漢陽老家，途中碰上漢陽一中一位老師。此人面黃肌瘦，衣衫襤褸，在地裏撿麥穗。問起老師怎麼成了這個樣子，原來老師被劃成右派，衣食無著。再問其他老師同學的情況，原來除了冤死刑場者之外，還有好多被判刑的、被開除的、被劃成右派的。劉賢臣想到這些人實在太冤枉了，於是奮筆疾書，寫成〈漢陽一中事件始末〉的文章。劉賢臣後來說，他用了魯迅筆法，與1957年某大報的一篇特約評論員文章針鋒相對，嬉笑怒罵，進行反駁，闡明漢陽事件不是什麼反革命事件，披露當時學

生只是為升學自發地罷課遊行的真相。劉賢臣的大作投寄到報社，因為沒有署真實姓名，就成了一封反動的匿名信。這事害得公安部門動用刑偵手段，明查暗訪一年多。1964年的一天，一輛警車開進長江工程大學校園，逮捕了劉賢臣。他又回到漢陽縣，住進看守所的小號子，成天與臭烘烘的馬桶為伴。劉賢臣成了現行反革命分子，被判了9年徒刑，投入勞改。為他擔驚受怕的母親，還沒有等到他刑滿釋放，就永別了人世。劉賢臣刑滿之後，就留在他勞改的工廠就業，直到1977年38歲，才由一位牢友介紹，討到一個女人成家。

劉賢臣最好的青春年華，在監舍和勞改場度過。漢陽事件平反之後，他陸續獲得曾經就讀過的幾所學校補發的文憑，其中之一是武漢水利電力學院補發的本科文憑，他曾就讀的長江工程大學已併入這所大學。劉賢臣成為武漢市江岸區勞動局幹部，這個聰明人又獲得勞動保護高級工程師，退休之後又取得正式律師執業資格。這個聰明人沒有上過一天高中，卻能考上大學本科專業，試想，這個聰明人如果不是因為漢陽事件走了背時運，他將會是個什麼樣子呢？

范賢仕：黃鐘毀棄賢仕無名

經歷了漢陽事件，在以後的很多年間，我漸漸悟出一個道理：一個人的品質在17歲18歲階段，就已經大體形成了。范賢仕是我的高中同班同學，他從初三到高一，一直擔任學生會主席。1957年，范賢仕18歲，我們看看他當時的立場：

> 學生回校的當晚，學校牆上出現一張標語：「要求提高升學率，要求韓建勳的爪牙——范賢仕出來反映同學的意見。」因為當時王建國與韓建勳不融洽，所以要我出來領導他們。韓建勳、王建國沒有跟我說任何話。事後團省委××找到我說：「范賢仕同志，你搞學生會主席是不錯的，校長王建定了現行反革命，你現在的任務是學生會名義，把學生組織起來向他作鬥爭。」我當時18歲。我說：「既要對

王建國負責,又要對黨負責,他的反革命活動我一點都不知道,怎麼鬥爭呢?要鬥爭,我也只能站在臺上呼口號。」因此我受到開除團籍處分。當時成天對我進行批判,說我喪失立場,對敵不鬥爭。

我認為王建國有水平,他上臺作報告掌聲大些。他平易近人。我聽了宣判後很吃驚,也感到很痛心。

我們的學生會主席范賢仕

如果范賢仕當年為了保全自己,完全可以趨炎附勢,上臺對王建國亂批一通。王建國已經到了那個份上,被定性為現行反革命分子,多一人批他與少一個人批他,都是那麼回事了。范賢仕沒有做落井下石的事情。這就是人品。為了個人品質的純正,范賢仕付出了慘重的代價。當時被開除團籍,兩年後升大學無望。

小時候家裏窮,哥哥被賣給人家去了,父親的厚望寄託賢仕身上。望子成龍呀。聽說一出事了,父親馬上趕到學校,要把兒子拉回家。范賢仕沒有跟父親走,因為他是學生會主席,不能臨陣脫逃。6月12日下午,我們高一(1)班繼續上課,陳天順老師的世界歷史課剛剛下課,就有初中部同學衝上來,打了范賢仕一拳,罵道:「你個狗娘養的,你們讀高中,我們升不了學,你管不了閒事。你當什麼學生會主席!你們讀了高中,再報考大學!」范賢仕當時處於兩難境地,不參與到罷課的行列中,被初中部同學罵成叛徒,而學校兩位領導人,韓建勳和王建國都講了同樣的意思,學生想鬧是絕對錯誤的,有什麼意見可以層層反映。

范賢仕應該算是非常優秀的學生。他回歸故里,待了兩年多,後來到五三農場當了一名農工。五三農場離漢陽遠遠的。那時候高中畢業,就是蠻高的學歷,像范賢仕這樣的優秀學生,更是難得的人才。但是,范賢仕並不敢露才,因為你

如果表現出很有知識，別人就會問你怎麼沒有升大學，豈不是露餡了。後來，還是有幹部發現這個人才，讓他到潘畈小學教六年級。到文革期間，他還是被發現了，說他是漢陽事件骨幹分子，階級異己分子，被開除工作籍，又回到漢陽南湖邊的范家嘴。直到十一屆三中全會開過，他再次回到五三農場，當上高中教師。前些年，他寫了一首詩，他說這就是他的生活史。

> 垂髫野生南湖邊，
> 風華十二長生怨。
> 無奈皇城戰沃野，
> 陸游晴川方開顏。
> 枯木逢春剛吐蕊，
> 何憶當年伍子胥。
> 抓緊夕陽永不落，
> 喜迎王母蟠桃詩。

詩中有個「怨」字，他說怨自己命運多舛。

有成語道：黃鐘毀棄，瓦缶雷鳴。讒人高張，賢仕無名。

1986年漢陽事件平反，恢復團籍的通知書寄到學校，范賢仕時年47歲，在場老師全都哈哈大笑。

我印象中的范賢仕愛笑，一笑兩眼眯成兩條縫，是一位非常有親和力的學長。經歷了太多的磨難之後，他好像變了，變成什麼樣我說不好，反正我再也沒有看到他早年那樣燦爛的笑容。我為了找到他，費了許多周折。先到他轉回蔡甸區工作過的新農中學，再找到他女兒工作過的漢陽飯店，都沒有找到他的蹤影。後來電話聯繫上了，說約個時間請他過來，再打電話他說等一段時間請我過去，後來我實在按捺不住了，就跑去找到他家裏。

范賢仕好像不想參加同學聚會。

漢陽事件留給我們的思索

我住在武漢軍區大院小八棟12棟的時候，張安健老師到我那裏去過幾次，每次都要談他研究周易的心得，有時也要談漢陽事件受牽連的人與事。1985年的一天，張老師滿面春風地走進我家，說要告訴我一個好消息。這個好消息就是漢陽事件要平反了。他說著從掛包裏掏出一份複製文件給我看。

你猜是誰去平反？他用神秘的口吻問我。

我說我猜不著。

他笑了笑說：謝傑民。

隨著他的話音落地，我們同時笑了起來。

1957年，謝傑民是漢陽事件考察團成員。

1985年，謝傑民當上漢陽事件複查工作組副組長，複查工作主要由他負責組織執行。正應了一句古話：解鈴還需繫鈴人。

你有什麼需要平反嗎？張老師問我。

我有點無奈地回答：操行丙等，不准升學，怎麼平反？

張安健老師說：漢陽事件這本書，只有你劉富道來寫，別人寫不好。因為你是漢陽一中的學生，你有親身的感受。

疑慮在哪裏

我能寫出一個真實的漢陽事件嗎？

上世紀80年代初，正是我走紅的時候，從各地來約稿的編輯很多。北京某出版社來的顧大姐，一再請我給她寫部長篇小說，她的真誠讓我感動不已，我報了個選題〈恍若隔世〉。我想到要為冤沉海底的漢陽事件寫一本書。後來因為種種原因，這個心願擱置下來。

我終於有時間著手研究塵封半個世紀的漢陽事件了。不過，我覺得漢陽事件不需要小說，因為它太有戲劇性，太有荒誕色彩，真實得令人難以置信，彷彿任何虛構都會對它的原貌構成傷害。如果編織成一個故事，只會讓它失去鮮活的本質。

面對如此震撼人心的真實，我卻又有些猶豫不決，我能把漢陽事件的真實完整地呈現在世人面前嗎？

中國文人有為尊者諱、為親者諱、為賢者諱的傳統。

延伸下來，作為一個共產黨人，還要為共產黨諱。

我們共產黨做了那麼多好事情，這件不好的事情，不說行不行？

沉冤昭雪，真相大白，為什麼又不可以還清白於天下呢？

我如果不敢站出來，把這件事情寫清楚，我還是一個共產黨員嗎，我還算一個作家嗎？

王建國同志，十次申請入黨，可謂對中國共產黨一往情深。如果他沒有成為一個冤魂，我深信他還會有第十一次，第十二次，以至於更多次，向中國共產黨表白他一顆赤誠的心。而那年的臺灣當局，卻把他當成「反共義士」加以祭奠，這不是明明白白對一個無辜者靈魂的褻瀆麼。

請注意啊，我在稱王建國同志！我們可以不在組織上，但可以在我們心裏，追封他為我們的同志——王建國同志。

前兩年我做了一件積德事情。有位老先生，早年在南京加入地下黨，共和國誕生之後，卻找不到自己的證人，黨組織未能承認他的組織關係。這

件事情還沒有搞清楚，反右運動又開始了，他偶然看見機關預定的右派名單上，有自己的名字。右派還沒有當成，他又牽扯到「海鷗劇社」一案，在將要結婚前一周被逮捕。一位很有才華的知識分子，冤枉坐了12年牢，整個人生被攪得一塌糊塗。他晚年寫了一篇文章，記述「海鷗劇社」真相，請我幫他做些文字工作。他寫到我身邊許多人，我完全可以找個理由推辭回避，我覺得這樣就不配做一個襟懷坦白的共產黨人。我幫他把文章輸入電腦，同時做文字編輯工作，忙乎了一個星期。在他認可之後，我用特快專遞將軟碟寄出，不久就在一個雜誌上發表了。幾百元稿酬，要分我一半，被我拒絕。當時我說了一句連我自己都大為驚訝的話。

我說：你受了那麼多苦。

（我怎麼能要這個錢呢！）

他說：那也不是因為你。

（那時候我的頂頭上司並不是你呀！）

我說：我是中國共產黨黨員，我以我黨一員的名義，向你謝罪。

他為我這句話感動。這位年長的老同志，從此經常給我回報，凡有養眼的電視節目，趕緊打電話通知我收看。大約過了一兩年，他突然去世了，我為他悲傷也為他慶幸，他留下的文章說清了「海鷗劇社」案。就在此案平反之後多年，還有史志稱其為反革命事件呢。

很多人不是以為漢陽事件冤沉海底了嗎，但是中國共產黨終於在1985年5月30日發話，要來清理這樁積案。中共中央辦公廳給湖北省委來函寫道：「現將趙迪生等人要求為一九五七年『漢陽事件』平反的信件轉去。請你們牽頭，並請最高人民法院派人參加，對此案進行複查。結果報中央審批。」就此拉開了漢陽事件複查平反工作的序幕。

中共中央辦公廳還啟動了督辦程序。6月25日下午，中辦信訪局李同信給湖北來電話，詢問5月30日廳字（85）189號函是否收到，如何處理，要求向中辦信訪局彙報。

中央是認真的。

次日，6月26日，湖北方面向中辦信訪局彙報了情況。湖北省委領導人關廣富、錢運錄、王群、沈因洛已先後作出批示，由省委政法委組織工作組進行複查。

這個複查工作組由張思卿任組長。讓我們來看看這位張思卿當時的頭銜吧：湖北省委常委，省委政法委員會書記，湖北省高級人民法院院長。張思卿還是一位老檢察官。此時已經調任最高人民檢察院副檢察長。（幾年後擔任檢察長，中央候補委員，中央委員，全國政協副主席。）讓張思卿在履新之前，先做好漢陽事件複查工作，由此可見中央和湖北省委對於解決好漢陽事件遺案的決心。

最高人民法院黃仁賢、吳洵松兩位法官，全程參與了複查組工作。1986年1月25日宣告王建國、鍾毓文、楊煥堯無罪的審判庭，黃仁賢、吳洵松分別擔任審判員、代理審判員。

複查組有幾位副組長：湖北省委政法委員會秘書長謝傑民，湖北省高級人民法院副院級審判員李文學，湖北省信訪辦公室綜合處副處長易思泉，湖北省委科教工作部正處級督學尹子超，武漢市中級人民法院副院長金敬濤，漢陽縣政法委員會書記李海清。

複查組28人，經過70多天的調查，用鐵的事實證明漢陽事件是一起冤案。

1985年的最後一天，12月31日，由中央辦公廳主持，中央辦公廳、中央政法委、最高人民檢察院、最高人民法院四大家負責人，中央信訪局負責人，最後審定湖北省委的報告，形成一個會議紀要。張思卿參加了這個會議。中共中央書記處書記、中央政法委書記喬石，中央辦公廳主任王兆國，分別作了批示。就在新年元旦及隨後三天時間裏，中央有關人士緊鑼密鼓地傳遞簽批文件。1986年1月21日，中央正式批覆了湖北省委〈關於「漢陽事件」複查情況和處理善後問題的請示報告〉。

漢陽事件的平反，是一件大明大白的事情，是一件光明磊落的事情，是中央取信於民的明智之舉。我還能有什麼疑忌呢？

2009年9月，蔡甸區政協編輯出版《漢陽一中事件始末》，時任區政協主席梅載書在序言中寫道：「正視歷史與寫出真實並不容易。因為總是有人怕真實，怕現在的也怕過去的真實——歷史。但實踐證明，我們最好是勇

於面對真實，哪怕是不那麼愉快的真實；面對了才能超越，才不致重蹈覆轍。」

其實，所謂為黨諱的顧慮，還比較容易消除。中國共產黨是幾千萬黨員的黨，也不怕得罪誰是不是。縱觀今天社會上，最能拿中國共產黨說三道四的人，並非民主黨派人士，也非無黨派人士，而是黨內人士。一些人得到了共產黨的種種好處，可能還有沒得到的什麼好處，對共產黨耿耿於懷的正是這些人。你信不信？前些年一位朋友請我小酌，席間他常稱中國共產黨為「貴黨」，我當時挺納悶的：難道這位仁兄不是共產黨員？不可能吧！有一回我實在忍不住地問了，原來他也是中國共產黨的正式黨員。為什麼特別加上「正式」的前綴，因為我要強調其貨真價實。

我所經歷的最大的心理障礙，還在於為尊者諱、為親者諱、為賢者諱。

為真實付出的代價

讓謝傑民擔任漢陽事件複查工作組副組長，在第一線主持複查工作，是一個非常英明的抉擇。他是漢陽縣出去的幹部，漢陽縣的方方面面都熟悉，有利於開展工作。又參加過1957年的考察團工作，知道此案的來龍去脈，有利於尋根索源。不過，這個安排，也太具有戲劇性。一位剛剛平反的老師，見到謝傑民的第一面，毫不客氣地說：「你是捉放曹啊！」上世紀50年代，蔡甸多次上演過漢劇《捉放曹》。捉放曹的意思是，捉曹操的是你，放曹操的也是你。

此話有些尖刻。

謝傑民先生是我的老師。這些尖刻的話，我能寫進書稿嗎？

我同兩位作家朋友探討這個問題，他們分別給我的回答是：必須要寫。他們說，如果你回避這樣一個人物，如果你為尊者諱，那些知情的讀者，就會對你這本書提出置疑，就會對這本書的真實性大打折扣。

復查組副組長謝傑民

朋友之一說：這樣一個人物，是特定歷史時期的產物，具有非常典型的意義，他的人生軌跡具有認識價值。

　　朋友之二說：一個人一生，難得真實一回，為什麼不能徹底放鬆，坦坦蕩蕩地寫一本書呢？

　　啊，為了真實，也為了捍衛作家的榮譽，我這裏先向謝老師告罪了。

　　從1957年下半年起，謝老師當我們的班主任，從我們上高二直到畢業。他不教我們班任何課，從未對全班講過話，幾乎不到班裏來。那時我們班像個自治體，由班委會管理全班事務，那時班委會主持人稱為班主席。

　　漢陽事件之後，整個學校彌漫著怪怪的氣氛，常有同學被拉出來公開批判。你越優秀越會有厄運等著你。一位同學的作文寫了「兵馬不動，糧草先行」，就受到荒唐的批判，直至勒令退學。新學年評助學金由班幹部主持，宣佈我不再繼續享受丙等助學金，我為自己辯護無果之後，說了一句氣話：「反正我的心是肉做的」，就為此遭受3次公開批判。同座同學發言，略帶笑意地說：「我看他經常寫日記，是不是可以拿出來，讓我們看看。」我交出了一個日記本。

　　班幹部多次動員同學張轍一上臺批判我，都被他拒絕了，這事讓我沒齒難忘。

　　中秋節那天傍晚，我帶著灰暗的心情，到教室去上晚自習。三班同學姚光裕等在樓梯口，把一塊月餅塞到我手上。我們什麼話也沒有說。這事讓我記住一輩子。

好同學姚光裕

　　那時候，我的感覺是，同學們都在急驟地走向成熟：成熟的世故，成熟的友愛，成熟的虛偽，成熟的謊言，也伴隨著成熟的危險。不久前批鬥老師的場面，移植到了批判同學的會上。當時的年輕學子們，一夜間學會了上綱上線，學會了強詞奪理，學會了斷章取義，學會了翻臉不認人。

　　有一天，謝老師給我佈置一件事，讓我抄下日記本中的兩首詩。有一首打油詩我還記得：「一日為了嚐嚐新，信步走到面窩村，啊呀呀好一隊長蛇

陣，四個面窩一早晨。」面窩是武漢人的一種早點。當時對我批判的關鍵詞是：對現實不滿。我們班的頭號文學愛好者是萬惠傑，他私下裏恭維我說，你那個面窩村的村字用得妙呀。這話讓我受到鼓舞。我想，這是我的「早期作品」，我還有寫得更妙的呢。我索性自動交出第二個日記本，以此證明自己的誠意。班幹部又找出一首詩進行批判，這首詩其實是「為賦新詩強作愁」。（批判之後有位女同學要過日記本去看了。）抄寫的詩稿交給謝老師之後，我意識到要進檔案了，從此整天惶恐不安，精神幾近崩潰。我寫了一張紙條，求見謝老師，托班主席轉呈。謝老師接見了我。

我那時候心比天高，我記住列寧一句話，只有用全人類的知識武裝頭腦，才能做一個真正的共產主義者。我有志於做一個真正的共產主義者呀！

高中畢業，因為「我的心是肉做的」那點事兒，我的操行被評定為丙等，我升學完全無望。

我沒能踏進高等學校的門檻，沒有成為一個真正的共產主義者，我僥倖成為了湖北省作家協會副主席、黨組副書記。1987年，暌違20多年之後，我與謝老師在省委黨校相遇。開學典禮宣佈名單，我聽到他的名字。中午在小餐廳就餐，我四處張望，沒有尋找到他，後來是在盛飯時碰上面。我喊了聲謝老師。他很快反應過來：「啊，道富，我剛才聽到你的名字。」我糾正道：「富道。」謝老師重新喊我：「啊，富道。」很多人愛把我的名字讀做劉道富。再後來，我們至少有兩次在湖北武警總隊迎春招待晚會上相遇，我是那裏的教育顧問，他是省政法委的領導人。

我不想在這本書裏寫這些東西，寫這些東西會沖淡我的大主題。最近一些年，同學們聚會，常請謝老師到場。每次謝老師都同我碰杯，同我碰杯的次數多於其他同學，我感受到所有所有的一切，盡在不言中了。

退出公職之後，我從來不言退休，因為我一直在寫作，而且寫作的狀態良好。2004年，我毅然決定，放棄其他寫作計畫，立即著手寫漢陽事件，我要把這件事作為有生之年的第一要務，我要讓教我語文課的張安健老師在天之靈感到欣慰。我是從漢陽一中走出來的作家，應該有這種神聖的使命感。

謝老師會支持我嗎？我不止一次想到這個問題。徵詢幾位同學的意見，同學都說謝老師肯定會支持。於是，我當面向他提起此事，他的確肯定地回

答支持我。他還在家裏接待過我，向我介紹了一些情況，對我寫這本書提出一些指導性的建議。

當年的那個考察團，就是冤案的炮製者，整體性的聲名狼藉。他們有組織有領導地集體造假，已經構成共同犯罪的事實，給我們共和國造成重大挫折，給我們黨的名譽造成重大損失。我們今天有理由用道義審判它。但是，我們必須注意到，謝老師只是考察團的一員，而且是非領導成員，當年考察團的歷史罪過，不應該由他來承擔，他也承擔不起。

用謝傑民老師的話說，缺乏法制意識、民主意識，滿腦子封建意識，是考察團製造漢陽事件冤案的根源。用現代科學語言來說，考察團的集體造假、共同犯罪，是一種意識形態的集體潛意識使然。

撇開考察團整體而言，考察團裏肯定不乏好人。一些人隨聲附和做過錯事，也非心甘情願，而是身不由己。我們不能怪罪哪一個人。

在我的採訪本上，留下這樣的記錄：謝傑民這個人，「左」得古怪，「左」得出奇。

說這些話的人，都是謝老師當年的同事，漢陽事件的受害者。

一般人都會作出這樣的推導，謝傑民能夠從一個學校老師，一步步升到正廳級位置上，肯定有其特殊的本事。

謝老師當年的同事們對他的印象是，此人學歷不高，口才很好，筆頭很硬。

他原來在漢陽初師當團幹，被抽調到縣肅反辦公室工作，組建考察團時他正在海南出差。一封急電把他催了回來，他獲得進入考察團工作的殊榮，同時也是被推到必須接受歷史拷問的位置上。這是生活的陰差陽錯，還是上帝的刻意編排？

漢陽事件處理過後，謝老師留在漢陽一中，擔任團總支部書記。給他這樣的重用，是不是可以理解為，就是對他在考察團「工作成績」的肯定呢。這些「工作成績」，會不會與加害於當年那些落難者相關呢？

這種聯想自然會將謝教師置於不利的境地。

那是一個人人自危的時期，在考察團立下汗馬功勞的人，也不一定能夠保全自己。考察團政委劉佑鈞，時任行署副專員兼公安處長，留在漢陽縣擔任縣委書記，後來也劃成了右傾機會主義分子。縣公安局副股長賈明光，是

送案卷到北京的有功之臣，吃盡了右派分子的種種苦頭，卻因為沒有正式戴右派帽子，連右派平反的待遇都沒享受到。謝老師能夠安全地走過來，這裏當然有其精明的一面。

你想過沒有，當時如果沒有這個謝傑民，這個謝傑民所要做的事情，還會有另一個張傑民或李傑民去做，所有的考察團成員，誰也擋不住那個咄咄逼人的形勢。就像當年報紙上所發表的那些文章一樣，即使那些記者斗膽不寫，還會有另外一些記者來寫。

我再說一遍，那時誰都身不由己呀。過去的那些年間，很難做到潔身自好，包括偉人在內。

後來，謝老師到了報社，那張報紙是湖北農民報，或是《湖北日報》農村版，我記不清了。再後來，謝老師又到了省委組織部，一直到了處長的位置上。

也許，當時的「左」，是一種自我保護的本能，或者是一種時代的通行色彩。識時務者為俊傑。如果你真不懂得保護自己，像王志成一樣，敢於說出自己的意見，無異於把自己送上砧板，讓那些保烏紗帽的人去剁。

漢陽事件能不能平反，經歷了一個漫長的認識過程。謝老師在組織部工作期間，漢陽一中受害師生找他反映情況的人很多。1980年代初，同學范賢仕去看他，他開口就說：「范賢仕喲，這個一中事件，本無所謂有，也本無所謂無，就不要糾纏這個事了。」這個說法，已經為漢陽事件鬆綁了，當時一個官員能夠這麼說，應該視為思想解放的一大進步。那時，儘管沒有平反，在局部問題上，據說謝老師能夠幫忙的事情還是幫忙了。

我研究了漢陽事件複查資料，我感覺謝老師站在省委政法委秘書長的位置上，能夠最大限度地為漢陽事件受害者說話。他同金敬濤等人到北京向中央呈送複查報告時，喬石在中南海懷仁堂小會議室裏，聽取了他們的彙報。當時有可能定為錯案，也有可能定為冤案。喬石問道：「你們傾向哪一個？」謝老師明確表達了湖北的意見：傾向於定為冤案。喬石肯定湖北省委的報告寫得很實在，當即表示中央研究了儘快批覆。

謝老師說，漢陽事件的成功複查，是幾百人的工作結晶。他說的工作組成員有60多人，比相關文件所說的28人要多得多，也許包括了漢陽縣的配套工作班子成員。謝老師為此付出的努力，應該說是功不可沒。

談起當年對這個事件處理，謝老師對我說：「完全是捕風捉影，楊煥堯確實到一中去了，發展民盟，楊煥堯就成了個核心人物。抓王建國，什麼也抓不到，抓了個不得志。」說起王建國，他陷入深沉的回憶中，「小個子，瘦瘦的，我看這人忠厚。」說到王志成不肯判王建國死刑，他說，「說他右呀，反右鬥爭搞到他頭上了。南下的〔幹部〕，我佩服他那個較勁，堅持原則。」

其實，當年的繫鈴人，並不是以謝老師為首。他只是繫鈴人的行列中的一員。他見證了當年繫鈴的過程，他曉得繫鈴的操作方法，他可以輕而易舉地解開這個繩套。

謝老師參與了繫鈴與解鈴前後兩件事情，這兩件事情有著絕然不同的意義。謝老師對此作何感想呢？他給我談起在中南海懷仁堂小會議室同喬石對話的情景之後，他說，「這個事，是我一生最……」最什麼呢？真要命，採訪本上的潦草字跡，連我自己也無法辨認。是最無悔，是最有幸，是最反「左」，還是最大的安慰？有天深更半夜，想著想著睡不著了，我爬起來翻開採訪本，再看那兩個字像是「如法」。如法？啊，我明白了，這是漢陽土話。所謂如法，就是合乎章法，做事順手的意思。謝老師所說最如法，即到了爐火純青的境界。的確，漢陽事件的解鈴工作，是謝老師一生中做得最如法的一件事，受到了普遍的稱道。

接下來謝老師又說：「還有一件，沒有搞『左』的。」那是在處理文革期間造反派頭子時，一位上層領導人說：「你謝傑民就是右。」按這位領導人的意思要判無期徒刑，而謝老師堅持只判有期徒刑。也許，漢陽事件遺案的教訓，讓人們都聰明起來，不能再搞「左」的一套，也不能以「左」反「左」，倘若以「左」反「左」，那將會「左」得一塌糊塗。我在網上搜索到一個案例，這批被判刑者中有位老幹部，勞改5年之後沒按政策安排工作，他找到謝老師那裏。謝老師接待此人時說，你本來就不應該判刑。雖然已經是事後了，但這是一種態度，一種回到務實的態度。

是「彼一時也，此一時也」嗎？

我想通了，人人都在認識社會的同時，也在不斷完善對自我的認識。

我知道謝老師還幫助過一些人。在漢陽事件還沒有平反時,謝老師就幫過張安健老師。在張安健老師棄世之時,只有謝老師親自去安排他的後事。

「堪稱共產黨人的楷模」的黃克誠,談到如何評價林彪時說過:「在我們黨幾十年的歷史上,沒有錯誤的人是沒有的,沒有講過錯話、做過錯事的人,恐怕一個也找不出來,當然包括我本人在內。」

歷史讓我們明白一個道理,也許我們曾經身不由己地「左」過,也許我們曾經身不由己地「右」過,當經過實踐的檢驗,當真理已經明朗,我們就要回頭了。下一次,請注意囉,注意良心,注意操守,寧可冒一點兒風險,也要做一個說真話講真理掏真心的人。至少,應當學會保持沉默。

我們不能重複這樣一個現象:今天批判了昨天的錯誤,等到明天再來批判今天錯誤。

這個事件向我們昭示:凡今天之所為,要對得起良心,對得起歷史。

抹去陰影

王建國罹難的當天,周本志到漢陽一中報到,當團幹和輔導員。周本志的感受是,漢陽事件的影響深遠,不僅僅在於槍斃4個人,漢陽一中一直處於極左狀態,可以說漢陽一中沒有過一天安逸日子。

周本志老師賦閒在家,住在鄉下寬敞的老宅裏,過著恬淡的生活。他喜歡採集蘆花,用它製作保健枕頭,有點小收入。不過,看似悠閒的日子,內心卻並不平靜。在漢陽一中工作期間,他在一些畢業生的履歷表上,批註過「不宜錄取」4個字,這4個字不由他所決定,但是由他寫下來。他十分懊悔地說:這4個字我是背著良心寫的。

1959年是由您寫這4個字嗎?我問道。

周老師說,1959年也是由我。

我畢業於1959年。

周老師又懺悔地說:幾十年來,心裏最不平衡的就是這4個字。

他原來在漢陽三中工作得好好的,調到漢陽一中這個是非窩子來,只能提心吊膽地過日子。事情就是這樣,你越怕鬼越會撞到鬼。葉志國1958年初

中畢業，在一家集體所有制建築企業當技術員，工作之餘寫了一本《漢陽一中平妖記》，有幾萬字。（我到現在也不知道他寫的什麼內容。）有關方面追查他的後臺。他是周本志的學生，就追查到周本志頭上。其實周本志沒有提出過為漢陽一中翻案的事。周本志從漢陽一中掃地出門，去當小學校長。

很多鬼事相繼出在漢陽一中。

漢陽事件之後，從華中師範學院調來一些助教，充實學校師資力量。我的語文老師鄒國權，自稱研究漢魏六朝文學，他經常給我們灌輸一些學術思想，對我的影響很大。這位湖南籍老師桀驁不馴，學校反右張貼了批他的10多張大字報，他一怒之下全扯了下來。同學們暗暗欣賞他的作風。不知道是不是給他劃了右派，反正他是被批判的對象。像他這樣新來的老師遭殃還有不少。據說後來學校搞出一個什麼反動集團，其中有江西籍的數學老師胡振民，他也是我崇拜的一位做學問的老師，也是來自華中師範學院的助教。他在刑滿釋放之後，因為數學課教得好，一中又把他請回來。

謝傑民老師跟我說過，漢陽事件使學校受害，學生受害，抬不起頭來。受害的學生，不准參軍，升學不錄取，招工不讓走。

因為漢陽事件的牽連，學生中很多人才被永遠埋沒了。我同村的劉保鈞，體育天賦極高，1957年漢陽二中初中畢業。全縣30人考武漢體育學院，考取他一個人。5年制，戶口遷到體院了。上了一年，說是與漢陽事件有牽連，體院惜才，採取折衷辦法，保留學籍，送他回村鍛煉1年，而且希望大隊善待這個學生。過了1年，大隊就不給他開證明，他從此輟學在家。

漢陽二中王體淳有音樂才能，上初中就讀青島音樂學院函授，能拉二胡，能吹笛子，歌也唱得好。音樂老師陳榮鐸說，你從我身上再學不到東西了，送你去考中南藝術師範學院。1958年他考取了，上音樂系聲樂專業，五年制大專班。上了幾個月，因漢陽事件牽連，被勒令退學。漢陽事件發生時，漢陽一中學生給漢陽二中、漢陽三中打過電話，請求聲援。王體淳和劉保鈞僅僅因為接過電話，別的什麼事都沒有，也算牽連上了。隨後他分別考取湖北藝術學院聲樂系，考取湖北省實驗歌舞團，考取南海艦隊，還經湖藝介紹考取電影演員，都被當地攔住了。為了保持每個革命隊伍的純潔性，讓

他留下來污染我們自己的土地吧。

劉保鈞與王體淳

孝感師範的劉成道，是我的遠房兄長，初中的同學。那時我們一直有書信聯絡，有時我在信封上不留地址，而代之以我的學號59012。在漢陽事件爆發時，成道收到我的信，引起同學的注意，以為學號是什麼聯絡暗號。他並沒有向任何人傳播漢陽一中事件資訊，但班上有人出於對他的妒忌，發起了對他的批判。成道受到留校察看的處分，罪名中有一條是「同情漢陽一中事件，不相信黨的領導。」直到1964年孝感師範黨支部才對他進行甄別平反。

正如謝老師所說，漢陽一中的學生，走到哪裏都抬不起頭來，我們不敢說自己的母校名稱，我們不能在外表現得特別優秀，如果你表現得與眾不同，別人就會提出一個問題：你學習成績這麼好，怎麼沒有上大學呢？在軍營中就有戰友這樣問過我。

我有幸逃離漢陽縣。高考之後，我父親已經知道我的事情，他專門回家一趟，讓我到縣委會找兆樹伯，請兆樹伯帶我找縣委白登坤副書記。兆樹伯在縣委會門房工作，我剛到那裏，就碰上白書記路過。白書記從褲子口袋裏摸出煙盒紙，寫道：「李書記，請把劉婆婆的兒子的戶口轉到新溝農場。」我父親的外號叫婆婆，縣裏的幹部都知道。漢陽一中書記李國清接過紙條，二話沒說，就給我辦理了轉移戶口的手續。新溝農場那邊黨委書記王天開接收了我。從此，我到了武漢市東西湖區，當了3年中小教師，第三年校長給了我一個由武漢市東西湖區人民委員會頒發的「工作人員服務證」。

李國清曾任漢陽一中書記

我以為漢陽事件最大的後遺症是，在人們心靈深處留下永遠無法抹去的創傷。特別是我們漢陽人，漢陽一中的師生，一種屈辱感延伸了好多好多年。由於人們親眼看到真相被抹黑，真情被踐踏，真理被褻瀆，使許多人不敢大明大白地說真話動真情講真理了。我的感覺是，也就是從那個年代起，我們這個禮儀之邦變了，變得不怎麼讓人講究尊嚴了。這一個漢陽事件，成為教育界的傷痛，也是年輕人的心靈的傷痛。我們從那時起甚至連憂國憂民的情懷都不敢輕易釋放，因為

一輩子忘不了王天開書記

我們怕戴上對現實不滿的帽子。我們一般不敢同人過度的親密，因為我們怕被指控為小集團。我們必須謹言慎行，因為我們怕被人抓小辮子。如果一個民族的心理不健康，何談自立於世界民族之林啊。

中國共產黨以曠世的氣魄，為漢陽事件冤案徹底平反，此舉已經在海內外產生了巨大的正面影響。我們漢陽人，漢陽一中校友，結束了不明不暗負屈銜冤的日子。我們心頭的陰影在漸漸抹去。我們已經獲得新生的漢陽同胞們，沒有理由不為國家做更多的事情，沒有理由不為自己的生活歌唱。

多少年以後，當人們回首這些往事，也許會驚歎地說，這就是中國經驗啊。

2005年春分開筆
2010年立冬定稿

詞語注釋專欄

縣中：1950年代公立漢陽縣初級中學的俗稱，即漢陽一中。

　黨　：凡未加有任何前輟者，一律指中國共產黨。省委、地委、縣委、
　　　　區委、黨支部亦然。入黨，指加入中國共產黨。

高院：省級高級人民法院的簡稱。

中院：地區級中級人民法院的簡稱。

省廳：省政府的廳級機構的簡稱，本書專指省公安廳。

反標：反動標語、反革命標語的簡稱。

肅反：肅清反革命分子運動的簡稱。本書指1955年7月至1957年開展的
　　　一次。

鳴放：亦稱大鳴大放，中國的政治運動，發生1957～1958年間。

社教：在中國農村開展的社會主義教育運動。

摘右辦公室：辦理摘取右派分子帽子的機構。所謂摘帽，即除掉某種
　　　　「反動分子」的政治身份。

材料：書寫文件俗稱寫材料。所寫文本俗稱材料。

大集體：指非國有亦非私有的集體公共所有制企業。

三中全會：中共第十一屆三中全會。

〔本書保留了引文原文的人名寫法差異，譬如麥漸、麥斯。〕

立此存照

中華人民共和國最高人民法院刑事判決書
1957年度刑複字第203號

　　被告人　王建國　男　年33歲　富農出身　湖北省蘄春縣人　被捕前任漢陽一中副校長　現在押

　　被告人　鍾毓文　男　年32歲　地主出身　湖北省漢陽縣人　被捕前任漢陽一中教員　現在押

　　被告人　楊煥堯　男　年65歲　地主出身　湖北省安陸縣人　被捕前任漢陽縣文化館圖書管理員　現在押

　　上列被告人因現行反革命暴亂一案，經漢陽縣人民法院於1957年8月23日判處王建國、鍾毓文、楊煥堯死刑，立即執行。湖北省孝感地區中級人民法院於1957年8月28日維持一審漢陽縣人民法院判決。被告人等不服，申請復核。本院於1957年9月4日由審判員巫從理擔任審判長，與審判員周增華、荀肇玉組成合議庭，書記員陳文浩擔任記錄，對本案進行審理，現查明：

　　一、被告人王建國，解放前參加過三青團和中國民主青年會。解放後自1952年調任漢陽一中副校長後，因鬧地位和申請入黨未被批准，就對黨仇

視，拉攏同案被告人楊松濤、鍾毓文等一批歷史反革命分子和對黨不滿分子，為首組成反革命集團，進行反黨、反領導，打擊積極分子，挑撥黨群關係等破壞活動。誣衊謾罵漢陽中共縣委是「黑暗的，沒有真理」；「黨員是吃黨飯的」；「韓建勳（該校校長兼黨支部書記）是土改幹部，搞教育工作是外行，不能領導學校工作」；並在學生中進行反蘇、反共、反社會主義的反動宣傳，說：「國民黨抗戰有功勞，共產黨歪曲事實，說成是自己抗戰勝利」；「波匈事件後，資本主義國家都在議論社會主義國家要垮臺，就是社會主義國家，也有部分人對社會主義制度抱懷疑態度」；並說：「學生前途就是金錢、名譽、地位六個大字」等等。今年4月初，王犯從省裏開文教會議回校後，便蓄意煽動鬧事，在校內積極活動。首先在該集團內部故意歪曲毛主席的報告說：「學生鬧事是不可避免的」；「反官僚主義可以罷課、遊行示威」，以後又在學校的黨政工團聯席會議上惡意地歪曲說：「你們不要大驚小怪，克服官僚主義若小民主不行，可以搞大民主，憲法規定了的」。並強調說：「還不開除鬧事學生，可將他們留在校內當治療官僚主義的醫生。」王犯更在學生中捏造事實，說他以前是鬧事的第三名積極分子，寫過很多標語，打過人，來慫恿學生學他鬧事。鳴放開始以後，王犯與被告人楊煥堯互相勾結，共同策劃在校內以發展民主黨派組織為名，借此來擴充其反動勢力。隨後，就煽動鄒振巨[應為鉅]、雷永學等三個共青團員退團，參加民盟，並計畫將集團一批成員拉入民盟，還大肆叫囂「要取消黨委制」，「應由兩黨組織聯合政府，一黨上臺，一黨下臺」。6月初，學校準備開學代會，貫徹勞動教育，王犯竟與楊煥堯、胡平軒在原[此字多餘]詠荷茶樓後面開秘密會議，密謀將學代會內容篡改為發動學生向黨進攻；並研究篡改學生代表的條件，將一些壞分子和落後學生都指派為代表。會後，王犯一面指示該集團骨幹鍾毓文召開接待會先摸學生的底，指明學生鬥爭目標；一面採取欺騙、挑撥、拉攏等手法親自在教師和學生中發動他們攻擊領導。在王犯等的陰謀策動下，致使6月8日學校召開的學代會變為王犯集團向黨進攻的會，提出了「要韓校長回農村工作」，「團支部書記周秉賢回家生產」，「要五個黨員教師離開學校」。讓王犯「當校長」，更揚言：「問題不解決就搞匈牙利事件」。王犯所策劃的這次會議，實際上已成為6月12日漢陽一

中反革命暴亂事件的準備會。6月12日暴亂發生後，中共漢陽縣委曾召開緊急會議（有王犯參加），指出「一中鬧事有違法行為，應組織複課，學生有意見，可派代表來談」。會後，王犯不僅不按指示辦理，反於當晚先後與楊煥堯、楊松濤、張良紹等開秘密會，研究了當天暴亂情況，提出「要有組織，有紀律的鬧」。王犯並下決心說：「事已至此，兵不由將，鬧翻了算了」。陰謀把事鬧得更策略和鬧到底。隨即指使張良紹開班主任緊急會議，強調「不要硬壓學生，要鬧就要有組織有紀律的鬧」。王犯還親至教室煽動學生說：「你們的行動是正義的」。12日王犯派學生吳林去領導鬧，並替其仗膽說：「不要怕，一切有我」。待知道吳林領導不力，便另派有階級仇恨的學生許斯武前往領導，並面示：「你當領導要堅強些，有麼事我負責」。王犯還指使許斯武、吳林帶四、五十個代表準備到省裏去，企圖將事更加鬧大。當暴亂平息後，王犯又親自審閱了學生所寫的、內容極為反動的「告全國同胞書」印發各地。由上可見，王犯在暴亂前積極進行策劃和煽動，暴亂中又掌握該集團成員，親臨指揮，實為這次暴亂事件的首要分子，而被捕後，又拒絕交代，頑抗到底。

　　二、被告人鍾毓文，1942年參加國民黨；1948年與中統特務漢陽蔡甸站站長張克仁（已槍決）密切聯繫，向張彙報過華英小學我地下工作人員情況。解放後，當小學校長時，曾組織反動小集團排斥打擊青年團員和進步教師。1952年到漢陽一中當教員後，參加王建國反革命集團，積極地在學生中進行煽動。曾利用教學之便，有意地佈置學生討論「城鄉距離是共產黨造成的嗎？」挑動學生對黨不滿。當學生知道應城學生鬧事的消息後，鍾犯有意挑撥學生黃家金說：「如果漢陽有事發生，你們是否鬧呢」？在鍾犯的煽動下，黃說：「我要當個鬧事的積極分子」。學生舒遠華寫了一篇「打倒阻止我們志願的惡人⋯⋯」的反動文章，鍾犯就拿去在學生中宣讀。1957年4月21日，鍾犯以紀念「五四」青年節，發揚愛國主義精神，繼承「五四」光榮傳統為名，舉行應屆畢業生三百多人的班會。鍾犯阻止學生在會上掛毛主席的像，故意懸掛「五四」時期學生遊行示威的圖畫，宣揚學生怎樣罷課示威，並示意要學生「踏著先烈們的血跡去填先烈們走出來的光明大道」。以此來鼓動學生鬧事。在鍾犯的反動和欺騙宣傳影響下，這次暴亂事件中就貼

出了「發揚五四運動傳統，漢陽縣委滾下臺來」的反動標語。在學校，決定召開學代會前，鍾犯曾積極向王犯建國提議並一齊策劃在會前召開一次學生接待會。在王犯指示下，親自主持了學生接待會，挑動學生向黨進攻。6月12日，在暴亂中曾有學生張太昌請示鍾犯，「我們這樣鬧，政府是否會用武力鎮壓」？鍾犯竟說：「不會的，這是人民內部矛盾問題，因為你們是正義的，過去國民黨鎮壓學潮就沒有用過槍」。6月13日早上學生已平靜，鍾犯又到他領到[導]的初三（九）班學生中去煽動說：「今天你們還要鬧嗎？鬧事嘛，不要和飯甃[憋]氣，吃飽了再鬧」。在鍾犯的煽動下，初三（九）班學生又敲鐘集合，帶頭哄起全校學生，整隊上街繼續暴亂。當縣委、縣人民委員會等機關財物被搗毀後，有學生問鍾犯是否過火，鍾犯說：「不過火」。在鍾犯一再煽動下，學生鬧得更凶，打傷和捆走前往勸阻的工人和幹部。當學生將幹部捆到學校時，有的教師要去解救，鍾犯竟加以阻止。鍾犯還指示學生阻止新聞記者拍攝照片，毆打新聞記者。在暴亂平息考察團進入學校時，鍾犯又佈置學生黃家林在班上瞭解情況，向其彙報，想採取措施來對付考察團，並污衊考察團劉專員是「官僚主義」。由上可見，鍾犯在暴亂前就與王犯一齊積極進行策劃和煽動鬧事，暴亂發生後，又一再大肆活動，在事後又陰謀破壞考察團的調查活動。實系王犯反革命集團中的骨幹分子。

三、被告人楊煥堯，解放前曾任過偽保衛團團董，偽縣政府承審員、軍法官、偽法院檢察官、國民黨區分部書記等職。楊犯曾發展過國民黨員數名，並佈置監視我黨活動。1939年，楊犯任偽隨縣軍法官時，曾判處我地下工作人員陳國雲、鍾某二人死刑。1947年，任偽孝感地方法院檢察官時，接受兇手楊寇[原文如此]軍賄賂，竟誣雇工楊勝金謀財殺死楊李氏，使楊受冤被押三月以致病死。楊犯在解放後混入革命陣營後，一貫敵視共產黨和人民政府，在歷次運動中散佈反動言論，披著民主黨派的外衣，伺機進行破壞活動。在黨提出「百花齊放、百家爭鳴」的方針和黨開展整風運動以後，楊犯即請示右派分子馬哲民、陸鳴秋，定下了在漢陽縣大肆招兵的計畫，並決定以漢陽一中為其活動據點。隨即搜集該校教員名單，進而與王犯建國勾結，指定由王犯為該校民盟負責人並一起策劃在漢陽一中借發展

民主黨派組織為名，擴充反動勢力。楊犯更大肆活動，到處煽動說：「漢陽縣宗派主義嚴重，牆有太行山高，溝比海洋還深，春風還未吹過城頭山」。並歪曲我黨統戰工作是「統上戰下」。在圖書館中，則乘學生看書的機會，故意介紹和宣揚應城縣學生罷課情況，煽動學生鬧事。楊犯並為首與王犯建國等一起召開秘密會議，陰謀篡改漢陽一中學代會的性質，煽動學生在學代會上向黨進攻。會後即對學生楊孝義等說：「今年招生比例小，不要緊，可以爭取，爭取不上可以罷課遊行示威」。暴亂開始後，楊犯在幕後積極進行指揮，指使學生到郵電局去打電話，陰謀發動漢陽二、三中學生參加，以擴大事件。在楊犯指使下，學生就鬧到郵電局並要打毀電話總機。他還在文化館對正在看書的學生肖書成說：「你們還在這裏搞麼事，這樣熱鬧的場合不出去參加」？煽動他們上街參加暴亂。6月12日晚上，楊犯又到一中，指示王犯把事鬧得更策略一些，說：「你們這樣鬧下去是不好下地的，應有組織有紀律地來鬧」，並鼓勵王犯說：「你要領導起來。」暴亂事件平息後，楊犯為混淆視聽，在民主黨派和民主人士座談會上竟說：「一中鬧事的行為，只要不是同臺灣美蔣有聯繫，還不能認為是反革命活動。貼張把反動標語，也不能算反革命活動」。按楊犯解放前曾進行反革命活動；解放後繼續進行反革命活動；與王犯勾結，策劃和煽動漢陽一中反革命暴亂；發生暴亂後，又在幕後積極進行指揮，實系怙惡不悛的反革命分子。

查上述被告人因敵視共產黨和人民政府，在群眾中挑撥離間，進行反革命宣傳和煽動，並組織反革命集團，為首策劃、組織和指揮漢陽一中的反革命暴亂，陰謀推翻人民民主政權、破壞人民民主制度等罪行，業經一、二兩審審理屬實，並依法判處王建國、鍾毓文、楊煥堯死刑，立即執行，是正確的。被告人的申訴，沒有理由，應予駁回，為此，本院判決如下：

維持一、二兩審判處被告人王建國、鍾毓文、楊煥堯死刑，立即執行的判決。

1957年9月4日

中華人民共和國最高人民法院刑事審判庭第二庭

審判長　巫從理

審判員　荀肇玉
周增華
1957年9月5日
書記員陳文浩
（原載《湖北日報》1957年9月7日）

血歷史 PC0202

新銳文創
INDEPENDENT & UNIQUE

1957年中國大冤案
——漢陽事件〔全紀實文本〕

作　　者	劉富道
主　　編	蔡登山
責任編輯	陳佳怡
圖文排版	楊尚蓁
封面設計	蔡瑋中

出版策劃	新銳文創
發 行 人	宋政坤
法律顧問	毛國樑　律師
製作發行	秀威資訊科技股份有限公司
	114 台北市內湖區瑞光路76巷65號1樓
	電話：+886-2-2796-3638　傳真：+886-2-2796-1377
	服務信箱：service@showwe.com.tw
	http://www.showwe.com.tw
郵政劃撥	19563868　戶名：秀威資訊科技股份有限公司
展售門市	國家書店【松江門市】
	104 台北市中山區松江路209號1樓
	電話：+886-2-2518-0207　傳真：+886-2-2518-0778
網路訂購	秀威網路書店：http://www.bodbooks.com.tw
	國家網路書店：http://www.govbooks.com.tw

出版日期	2012年2月　初版
定　　價	500元

國家圖書館出版品預行編目

1957年中國大冤案：漢陽事件(全紀實文本) / 劉富道著. --
初版. -- 臺北市：新銳文創, 2012.02
　　面；　公分. --（血歷史；PC0202）
　　ISBN　978-986-6094-57-6（平裝）

　1. 政治鬥爭 2. 中國史

628.73　　　　　　　　　　　　　　　　100027326

讀者回函卡

感謝您購買本書，為提升服務品質，請填妥以下資料，將讀者回函卡直接寄回或傳真本公司，收到您的寶貴意見後，我們會收藏記錄及檢討，謝謝！如您需要了解本公司最新出版書目、購書優惠或企劃活動，歡迎您上網查詢或下載相關資料：http:// www.showwe.com.tw

您購買的書名：＿＿＿＿＿＿＿＿＿＿＿＿＿＿＿＿＿＿＿＿＿＿＿＿＿

出生日期：＿＿＿＿＿年＿＿＿＿＿月＿＿＿＿＿日

學歷：□高中 (含) 以下　　□大專　　□研究所 (含) 以上

職業：□製造業　□金融業　□資訊業　□軍警　□傳播業　□自由業

　　　□服務業　□公務員　□教職　　□學生　□家管　　□其它＿＿＿＿

購書地點：□網路書店　□實體書店　□書展　□郵購　□贈閱　□其他

您從何得知本書的消息？

　□網路書店　□實體書店　□網路搜尋　□電子報　□書訊　□雜誌

　□傳播媒體　□親友推薦　□網站推薦　□部落格　□其他＿＿＿＿＿＿

您對本書的評價：（請填代號　1.非常滿意　2.滿意　3.尚可　4.再改進）

　封面設計＿＿＿　版面編排＿＿＿　內容＿＿＿　文／譯筆＿＿＿　價格＿＿＿

讀完書後您覺得：

　□很有收穫　□有收穫　□收穫不多　□沒收穫

對我們的建議：＿＿＿＿＿＿＿＿＿＿＿＿＿＿＿＿＿＿＿＿＿＿＿＿＿

＿＿＿＿＿＿＿＿＿＿＿＿＿＿＿＿＿＿＿＿＿＿＿＿＿＿＿＿＿＿＿＿＿＿

＿＿＿＿＿＿＿＿＿＿＿＿＿＿＿＿＿＿＿＿＿＿＿＿＿＿＿＿＿＿＿＿＿＿

＿＿＿＿＿＿＿＿＿＿＿＿＿＿＿＿＿＿＿＿＿＿＿＿＿＿＿＿＿＿＿＿＿＿

11466
台北市內湖區瑞光路 76 巷 65 號 1 樓

秀威資訊科技股份有限公司　　　收

BOD 數位出版事業部

⋯⋯⋯⋯⋯⋯⋯⋯⋯⋯⋯⋯⋯⋯⋯⋯⋯⋯⋯⋯⋯⋯⋯⋯⋯⋯⋯⋯⋯

（請沿線對折寄回，謝謝！）

姓　　名：＿＿＿＿＿＿＿　年齡：＿＿＿　性別：□女　□男

郵遞區號：□□□□□

地　　址：＿＿＿＿＿＿＿＿＿＿＿＿＿＿＿＿＿＿

聯絡電話：(日)＿＿＿＿＿＿＿　(夜)＿＿＿＿＿＿＿

E-mail：＿＿＿＿＿＿＿＿＿＿＿＿＿＿＿＿